凝心聚力

"十四五"时期国家重点出版物出版专项规划项目

迈向体育强国之路

中国体育改革与创新发展研究文丛

总 主 编 | 易剑东

副总主编 | 李树旺 龙斌

国家出版基金项目

ON THE WAY
TO A SPORTS POWER

凝心聚力

全民健身志愿服务
心理契约治理研究

夏树花 著

北京体育大学出版社

丛书总策划：赵月华　赵海宁
丛书责任编辑：赵海宁
本册责任编辑：赵海宁　曾　莉
本册责任校对：潘海英
封　面　设　计：刘星逸
版　式　设　计：北京禾风雅艺

图书在版编目（CIP）数据

凝心聚力：全民健身志愿服务心理契约治理研究 /
夏树花著 . -- 北京：北京体育大学出版社，2024. 6.
（迈向体育强国之路：中国体育改革与创新发展研究文
丛 / 易剑东总主编）. -- ISBN 978-7-5644-4128-9

Ⅰ . G812.4；D669.3

中国国家版本馆 CIP 数据核字第 2024BT1730 号

凝心聚力——全民健身志愿服务心理契约治理研究　　　　　夏树花　著

NINGXIN JULI—QUANMIN JIANSHEN ZHIYUAN FUWU XINLI QIYUE ZHILI YANJIU

出版发行：北京体育大学出版社
地　　　址：北京市海淀区农大南路 1 号院 2 号楼 2 层办公 B-212
邮　　　编：100084
网　　　址：http://cbs.bsu.edu.cn
发 行 部：010-62989320
邮 购 部：北京体育大学出版社读者服务部 010-62989432
印　　　刷：北京昌联印刷有限公司
开　　　本：710mm×1000mm
成品尺寸：170mm×240mm
印　　　张：18.25
字　　　数：290 千字
版　　　次：2024 年 6 月第 1 版
印　　　次：2024 年 6 月第 1 次印刷
定　　　价：98.00 元

总序

体育强国建设的理论贡献和学术追求

体育强国，对中国人来说至少是一个百年梦想。

早在 1907 年，我国著名教育家张伯苓就提出我国派运动员参加奥运会的设想。

随后的 1908—1909 年，中国大地上流传着著名的"奥运三问"："中国何时派一人参加奥运会？中国何时派一支队伍参加奥运会？中国何时举办奥运会？"

到了 1910 年，在中国历史上第一届全国运动会[1]举办之前，新的"奥运三问"在媒体出现了，其中的第二个问题换成了"何时能于万国运动大会[2]时独得锦标"。

这三个梦想，中国人花了百年才完全实现。

百年前的 1924 年巴黎奥运会，中国曾有四名运动员报名参加网球男子比赛，可惜后来因为种种原因未能如愿。

1928 年，宋如海代表当时的中华全国体育协进会参观了荷兰阿姆斯特丹奥运会。他回国后出版了《我能比呀·世界运动会丛录》，将"Olympia"置换成"我能比呀"，发出了中国人期待在奥运会展露风采的强音。

1932 年美国洛杉矶奥运会上，中国运动员刘长春孤身一人踏上了赛场，成为中国奥运第一人。

1980 年 2 月，中华人民共和国首次派团参加了在美国普莱西德湖举办的第 13 届冬奥会。

1984 年 7 月 29 日，许海峰在美国洛杉矶奥运会射击场上夺得当届奥运会第一枚金牌，国际奥委会主席萨马兰奇亲自颁奖，称这是中国体育史上伟大的一天。

---

[1] 原名"全国学校区分队第一次体育同盟会"，辛亥革命后追认为"第一届全国运动会"。
[2] "万国运动大会"即当时国人对于奥运会的称呼。

2001 年 7 月 13 日，北京成功获得 2008 年奥运会主办权。

大约半年后，杨扬在美国盐湖城举办的第 19 届冬奥会上夺得两枚金牌，实现了中国冬奥会金牌零的突破。

我们的首次夏季奥运会和冬季奥运会之旅都是在美国开启的，金牌零的突破也是在美国实现的，特别是夏季奥运会，首次之旅和金牌零的突破都是在美国洛杉矶。这是一个历史的机缘巧合，似乎也预示着中国人的强国梦的开启和落实。

2008 年 8 月 8—24 日，北京奥运会成功举办，获得了国际奥委会"无与伦比"的评价。2022 年 2 月 4—20 日举行的北京冬奥会，国际奥委会再次给出了完全一样的评价——"truly exceptional"，我们称之为"无与伦比"！

中国的体育强国梦想，从一开始就是在国际环境中自我激励和砥砺前行的产物。我们在与其他国家（或地区）的比较中生发出民族强盛的梦想，我们在屈辱的近代历史中希望通过体育的强大洗刷曾在战争中遭受的屈辱。体育成为中国人强大心灵和强盛梦想的显性承载平台。因为这个平台鲜明、直观、庞大，极易打动人心，也最能凝聚人心。

根据历史记载和旧人回忆，我国最早出现"体育强国"一词应该在 1980 年前后。在中央电视台拍摄的一部体育纪录片中，曾经担任国家体委主任的李梦华亲口坦诚地说："体育强国一词是我提出来的。"

2008 年北京奥运会结束以后，在总结表彰大会上，国家主席胡锦涛在讲话中提出了中国从体育大国向体育强国迈进的战略目标。

2019 年，国务院办公厅发布了《体育强国建设纲要》。

笔者曾经阅读过 20 世纪 80 年代初出版的《体育理论》《体育概论》教材，发现其中已经出现了体育强国建设的指标，包括奥运会金牌总数进入前六名这个硬指标，还有群众体育参与人数比例、人均体育场地面积数、青少年体育成绩达标人数、体育经费占比等指标。这个体育强国的指标，后来还在四个现代化的目标描述中被引用，成为"2000 年的中国体育"中关于中国体育贡献与国家现代化的一个核心表述。

如果说过去提出"体育强国"的概念和口号，代表着我们依托国民经济和社会发展的目标对体育发展提出的要求，那么 2019 年发布的《体育强国建设纲要》则是在我们建设现代化强国的征途中体育与国家同步走向现代化的一个切实而具体的目标。

体育强则中国强，国运兴则体育兴。这句简洁的话语背后，蕴含着体育强国的深刻内涵和深层逻辑。只有在国家经济社会发展处于不断进步的背景下，体育才能获得发展的环境和条件。在国际舞台上，体育的强大往往是国家强盛的重要标志之一。体育强国，必然是先有强国才有强体育，而强体育是展示强国实力的重要标志。这也是体育成为强国标志性力量重要组成部分的应有之义。所以，我们的体育强国建设，包含着两个必然的逻辑进路：体育在国家经济社会发展支撑下逐步强大，进而通过体育的强大昭示和展现国家的强大实力。

《体育强国建设纲要》提出了全民健身、竞技体育、体育产业、体育文化、体育外交五个关键领域逐步发展更好的目标、任务和步骤，开启了中国体育全面实现高质量发展的新征程。

我们来看下具体的表述。

"全民健身更亲民、更便利、更普及"，这是让大众体育走进百姓日常生活的具体要求，是增加群众体育人口和人均体育场地面积乃至体育经费的必然要求，需要我们付出巨大的努力。

"青少年体育服务体系更加健全，身体素养显著提升，健康状况明显改善"，这是国家层面加大对青少年体育投入以取得显著效果的必由之路，展示了对当前我国青少年体育现实加以改变和完善的决心。

"把竞技体育搞得更好、更快、更高、更强"，这是对我国参与国际体育竞争的目标和能力的表述，将"更好"置于"更快、更高、更强"之前，也体现出我们追求中国竞技体育高质量发展和高水平治理的战略目标。

"体育产业更大、更活、更优"，这是我国将体育产业建成国民经济支柱性产业的战略目标的表述，该目标势必要求体育产业规模更大、机制更灵活、效益更优。这不仅可以为体育事业提供强有力的支撑，也可以为国民经济和社会发展作出更大贡献。

"体育文化感召力、影响力、凝聚力不断提高。"体育文化发展是体育事业和体育产业发展的根基和灵魂，指引着体育改革的方向。体育赛事和群众体育活动、体育新闻报道和文化艺术作品等，只有充分发挥感召世人、影响舆论、凝聚人心的功能，才能助推体育强国建设。

"体育对外和对港澳台交往更活跃、更全面、更协调。"体育是举世公认的身体语言和世界语言，体育对外交往是塑造可亲、可敬、可信的中国形象的独特平台。宏大、激越、亲和、直观的体育交往平台是不可替代的对外交往场域。使体育对外交往增加活跃度、拓展影响面、注重协调性是中国建成体育强国的必然要求。

今年1月，笔者有幸参与了国家体育总局政策法规司组织的一次关于构建体育强国建设指标体系的座谈会，其间有机会听取了我国交通运输部一位专家讲解的"交通强国"建设指标体系的构建思路和做法。这次座谈会的召开，也昭示着体育强国建设已经进入了分领域、分阶段、分步骤推进的实质性、全方位谋划与评估的新阶段。

如何分领域和任务、分阶段和步骤建设体育强国，已经成为摆在我们前面的一项具体而切实的使命。

北京体育大学出版社"迈向体育强国之路：中国体育改革与创新发展研究文丛"（以下简称"文丛"）就是在这样的背景下出版的，这是体育文化人对体育强国建设的战略审视、策略思考，更是对中国体育改革和发展实践的理论观照、现实把握。在中国竞技体育，特别是奥运会成绩已经稳定在世界前三名的背景下，我们的文丛首先聚焦在体育强国建设的基础领域：全民健身和青少年体育。这是一次对中国体育基础性、根本性、前提性问题的全面关注，也是一次对体育强国建设奠基性和战略性工程的系统观照。

《使命在肩——我国青少年体育活动促进制度体系研究》的主编肖林鹏教授，目前是北京体育大学管理学院教授、博士生导师，多年来致力于体育管理实践领域的研究和探索，是我国体育公共服务、青少年体育研究学术影响力最大的几位学者之一。他二十多年来深得教育部、国家体育总局等相关部门的信任，主持了一系列关于青少年体育领域的重要研究项目和政策文本的研制，如他先后承接了体育总局青少年体育司"青少年体育活动促进计划"等多项工作性研究项目，主编了《中国青少年体育活动促进发展报告》《中国青少年体育俱乐部发展报告》年度系列等，在我国的青少年体育研究中属于领军型学者。该书着力于我国青少年体育活动促进制度体系的研究，全方位探索社会制度、体育制度和青少年制度的有机整合，力求提炼出支撑我国青少年体育的完整制度元素及其有机互动，为青少年体育活动的全面、深入、普遍开展提供坚实的制度保障。体育强国的根基在青少年，青少年体育是体育强国建设的基础性工程和标志性体现。

《薪火相传——科学计量学视角下我国体育科学学科史研究》一书的作者是王琪教授，现任北京师范大学体育与运动学院副院长、博士生导师，中国高等教育学会体育专业委员会副秘书长、理事，中国教育学会体育与卫生分会理事，教育部普通高校师范类专业认证专家等职。王琪教授长期主要从事体育科学史、学校体育教育、体育教师教育等方面的教学与研究工作，发表了一系列学术界公认的研究成果。该书以科学计量学为研究方法，对1949年以来的体育学科知识流动进行了系统性梳理，从史学视角回顾和归纳了其发展概况、演进阶段、知识特征、流动规模与机制，旨在为中国式现代化建设背景下有序地推进中国特色体育学科体系建设添砖加瓦。习近平总书记曾指出："了解历史、尊重历史才能更好把握当下，以史为鉴、与时俱进才能更好走向未来。"体育强国建设不能缺少对中国体育学科史的探赜，这是由体育学科史自身价值所证明的。当下追溯与挖掘中国体育学科史，总结中国体育学科的历史根源和发展规律，反思中国体育学科在知识流入和知识流出层面上的知识生产模式，可以为未来一段时间内如何围绕中国体育学科基本议题加快构建体育学科体系提供理论参照，也可以为新时代中国体育改革事业持续走向纵深提供历史性支撑。

《培根铸魂——体育教师核心素养的内涵与培养》的作者尹志华教授，现任华东师范大学体育与健康学院教授、博士生导师、博士后合作导师，曾先后担任教育部体育与健康课程标准修订专家组成员兼秘书、教育部体育教师培训课程标准研制组专家、教育部体育与健康教材审查指标研制组专家、教育部全国专业学位水平评估专家等。长期从事体育教师教育、体育课程与教学等方面的教学与研究工作，在体育教师素质与能力研究领域成果丰硕，受到学界的普遍认可，其学术成果具有广泛的社会影响和学术影响。该书基于当前我国核心素养导向体育课程改革的发展趋势，秉持"培养学生体育与健康核心素养的体育教师应该具备相应核心素养"的原则，在系统归纳国内外相关研究的基础上，立足体育教师的核心使命和主要任务，建构了顺应体育教育改革和教育理念更新的体育教师核心素养体系，在内涵阐释和要义明晰的基础上，提出了高水平体育教师核心素养培养的主要策略。学校体育和青少年体育所需要的关键资源之一是高水平的体育师资，这是中国体育强国建设必须补齐的短板。因此，该书的理论价值和现实意义毋庸置疑。

《强国有我——青少年体质健康的社会决定因素及政策应对研究》的作者郇昌店教授，现就职于山东体育学院体育管理学院，教授，教育学博士，硕士研究生导师，兼任中国体育科学学会体育社会科学分会委员、中国体育科学学会青年工作委员会委员。郇昌店教授多年来笔耕不辍，产出了大量高水平的体育学术成果，特别在青少年体育、公共体育服务、体育产业等领域，成果较多，影响较大。该书针对建设体育强国的关键问题，坚持理论与实践相结合，综合运用多学科理论方法，站在健康社会决定因素的视角，关注青少年体质健康的社会决定基础，并讨论了这些因素之间的内在关系，从理论系统性和现实完备性的角度讨论了促进青少年体质健康的公共政策应对问题。体育强国建设的使命之一是为建设健康和谐的社会作出贡献，并在国家经济和社会发展的基础上实现体育事业高质量的发展，该书阐明了青少年体质健康的社会决定因素，提出了政策建议，抓住了体育强国建设的核心问题和关键环节之一，为体育强国建设提供了理论参照与实践指引。

　　《凝心聚力——全民健身志愿服务心理契约治理研究》的作者夏树花副教授，现为河南师范大学体育学院副院长、硕士研究生导师。在全民健身、志愿服务等研究领域取得了众多优秀成果，出版专著《城市社区体育志愿者服务模式研究》，参编国家级规划教材《体育科学研究方法》第三版和第四版、参编群众体育蓝皮书《中国社会体育指导员发展报告（2016—2020）》等。该书从心理契约的研究视角，结合经济学、心理学、管理学等研究理论，讨论了我国全民健身志愿服务的治理问题。要想做好体育强国建设的广泛深入的持续推进工作，必须做好全民健身事业的一个重要群体——全民健身志愿者的工作，一个关键环节——志愿服务治理的工作，把握好心理特质和契约治理就是有力的抓手。本研究从以往鲜受关注的领域深入开展，探讨我国全民健身公共服务体系建设必须面对的现代化治理长效化的核心问题，具有重要的理论价值和切实的决策价值。

　　毋庸讳言，此次的五部著作之间的逻辑关系并不严密，也无法覆盖体育强国建设的五个领域。然而，这五部著作分别基于作者团队扎实的研究基础、独特的研究视角、深入的研究方法，既提出了助力体育强国建设的全民健身、青少年体育、体育教育、体育学科方面的重要问题、理论框架、政策建议或思考，也都从自身视角提出了我国体育改革和发展的思路、策略和改革建议，从而推动我国体育强国建设走向深入、理性和持续。

　　在后续的竞技体育、体育产业、体育文化、体育对外交往等领域，我们将竞争性地选择优秀作品，针对性地遴选优秀学者，聚焦改革和发展的核心问题，推出更多高水平著作，为推动我国的体育强国建设如期完满地实现战略目标和完成主要任务，为建设现代化强国作出新的更大贡献。

　　巴黎奥运会将于当地时间 7 月 26 日 19：30（北京时间 7 月 27 日凌晨 1：30）开幕，成绩已经稳定在世界前三名的中国体育代表团将毫无疑问占据奥运会金牌榜的前列。然而，对于致力于 2035 年建成体育强国的我国来说，通过巴黎奥运会检视我们在国际体育秩序和格局盘整中的战略、国际体育组织决策和管理权力的争取、国际体育事务规则制定和调整中的智慧输出等，将是更加艰难、更加重要的工作。

　　冀望我们的"文丛"汇入这一潮流，有助于推进我国体育事业的高质量发展和体育治理体系和能力的现代化。

易剑东

2024 年 6 月于瑞士洛桑

前言

　　全民健身志愿服务是志愿服务精神与全民健身战略结合的产物，是体育志愿服务的重要组成部分，[1] 也是我国体育事业发展不可或缺的组成部分。体育强国战略的实施，全民健身计划纲要目标的实现，公民体育权利的落实与保障，体育发展方式的转变等，都离不开全民健身志愿服务的支持，对我国全民健身事业发展起到越来越大的作用。[2] 党的十九大报告提出推进志愿服务制度化；党的十九届四中全会提出健全志愿服务体系；党的二十大报告提出完善志愿服务制度和工作体系；《体育强国建设纲要》指出，组织社会体育指导员广泛开展全民健身指导服务，建立全民健身志愿服务长效机制。但全民健身志愿服务发展中存在着一些亟待解决的问题，如服务水平参差不齐、服务积极性低、人员流失严重等，一定程度上造成了"志愿失灵"现象；[3] 全民健身志愿者人员配备不足、等级发展不均衡、管理机制不健全、志愿服务价值体系欠丰富、组织管理体系设计不科学、志愿者管理缺乏长远考虑等治理方面的问题，严重影响了体育强国建设的步伐。为凝心聚力做好全民健身志愿服务，《体育强国建设纲要》将"体育志愿服务工程"列为第八项重大工程，提出加大对欠发达地区社会体育指导员的培训力度；结合大型全民健身赛事活动，鼓励体育专业学生、优秀运动员赴欠发达地区进行志愿服务，提出到 2035 年，体育治理体系和治理能力实现现代化。

---

[1] 李璟圆，罗军. 我国优秀运动员全民健身志愿服务研究 [J]. 体育文化导刊，2019（10）：56-62.

[2] 陈洪平. 后奥运时期我国体育志愿者保障法律制度建设研究 [J]. 武汉体育学院学报，2010，44（3）：29-33.

[3] 李燕平. 志愿者心理契约的质性研究 [J]. 中国青年政治学院学报，2013，32（1）：42-47.

全民健身志愿服务治理体系和治理能力的现代化是体育强国建设的重要保障。全民健身志愿者出于自愿和某种动机，为了达成志愿者与组织之间未成文的相互期待或预期，实现某种心理需求或目标，开展全民健身志愿服务工作。心理契约代表雇员与雇主之间的一种隐性及非正式的理解与默契的关系，[1] 是志愿者对组织责任和自我责任的感知。然而，传统的志愿管理普遍忽视了隐藏在志愿服务组织与志愿者内心认为是"不言而喻"或"心照不宣"的心理契约内容，引起了志愿服务组织与志愿者心理契约破坏或违背，进而导致出现治理失灵问题。以心理契约理论为指导，进一步改善当前全民健身志愿服务工作中的薄弱环节，深入剖析全民健身志愿服务治理机制是解决全民健身志愿服务治理失效的有效途径与新视角。

本研究对全民健身志愿服务相关领域的专家进行深入访谈，根据心理契约理论，编制问卷，选取国家级社会体育指导员（全民健身长期志愿者）和全民健身赛事志愿者（全民健身短期志愿者）进行问卷调研，运用探索性因子分析、验证性因子分析方法，采用 SPSS 26.0、AMOS 26.0 等软件开发全民健身志愿服务治理期待量表、治理履行量表、治理绩效问卷。然后，分析治理期待、治理履行、治理绩效的内在关系，将治理履行作为中介，通过理论模型进一步深入探讨全民健身治理机制，以全民健身治理期待维度为基础，构建全民健身志愿服务治理机制模型——协同治理模型和自治治理模型。分析具有中国特色的全民健身志愿服务典型案例，并对全民健身志愿服务两种治理机制模型进行深入剖析，保障全民健身志愿服务治理的履行，打造出具有本土化特征的全民健身志愿服务体系，引导新时代中国特色社会主义文明实践，助力全民健身活动高质量发展，最终达到体育强国建设目标。

本研究主要内容包括六章。

第一章——绪论。本章阐述了在体育强国建设的背景下，全民健身志愿服务治理研究的依据和价值意义，提出研究问题和研究方法；对心理契约、全民

---

[1] ARGYRIS C.Understanding organizational behavior[M].Homewood, Illinois:Dorsey Press,1960.

健身志愿服务治理、治理机制等国内外相关研究理论成果进行分析，构建了全书的分析框架。

第二章——全民健身志愿服务治理的理论依据。本章以全民健身志愿服务理论为基础，明确了全民健身志愿服务及其治理的内涵和特征。同时，对利益相关者理论、治理与善治理论等治理相关理论进行阐述，明确了研究的方向与建议。一是以心理契约为出发点，分析信任治理、关系治理、组织治理、规范治理、权威治理、合约治理等治理研究，为治理机制构建基础；二是要以志愿者为中心，让志愿者参与志愿服务的决策，提高志愿者的责任意识和参与能力；三是要对政府、企业、项目协会、民间组织、志愿者个人、赞助商、参赛者和观众等利益相关者进行协同治理。

第三章——全民健身志愿服务治理的现实依据。心理契约理论发展较为成熟，被广泛应用于社会领域的人员管理。国外的志愿服务研究多涉及零碎个案；国内研究较为单一，略显粗略。全民健身志愿服务存在培养管理不科学、制度不落地、缺乏科学合理的再培训机制、投入与回报比失衡等问题。此外，全民健身赛事体育志愿者专业人才匮乏，归属感不强及流动性大造成志愿者流失较严重，志愿服务质量和水平亟待提高。全民健身志愿服务满意度分为组织和个人两个维度。其中，组织满意度包括招募选拔、培训、岗位、团队保障；个人满意度包括精神价值和能力提升。

第四章——全民健身志愿服务心理契约治理分析。本章主要针对全民健身志愿服务治理的心理契约理论和维度进行梳理，对长、短期全民健身志愿服务的维度及内部关系进行分析，总结基于心理契约的全民健身志愿服务的治理组织责任策略，不同类型志愿者有不同的特点，通过长、短期志愿者之间互相帮助、互相鼓励、互相关心，去更好地组织服务。按照长、短期志愿服务类型对全民健身志愿服务治理的期待和履行维度进行理论探讨，编制全民健身志愿服务量表的治理期待和治理履行两个构念量表，并对测量项目进行初步删减和修订。

第五章——全民健身志愿服务治理量表构建及分析。本章运用国内外现有理论成果及构建的心理契约结构探讨治理维度，开发治理期待量表、治理履行量表，编制治理绩效问卷。着重分析长、短期志愿服务的治理期待、治理履行、治理绩效三者之间的关系。

第六章——全民健身志愿服务治理机制。本章第一部分梳理心理契约、治理期待、治理履行、治理绩效的内在关系，以治理履行为中介对理论模型"治理期待—治理履行—治理绩效"进行检验。结果表明，长期个人和组织的治理履行是部分中介，短期个人和组织的治理履行是完全中介；说明在长期全民健身志愿服务中，个人、组织的治理期待通过治理履行影响治理绩效；在短期全民健身志愿服务中，个人、组织治理期待必须通过治理履行直接对治理绩效产生影响。第二部分从个人、组织维度，对全民健身志愿服务治理期待进行对比分析，进而梳理出协同治理和自治治理两种机制。结果表明，协同治理机制包括规范治理、诱导治理、沟通治理、保障治理四个维度结构；自治治理机制包括现实治理、行为治理、信任治理、认同治理四个维度结构。第三部分以全民健身志愿服务治理机制为研究媒介，分析具有中国特色的全民健身志愿服务典型案例，并对全民健身志愿服务两种治理机制进行深入剖析，保障全民健身志愿服务的治理达成，凝心聚力促进全民健身志愿服务的高质量开展，加快实现体育强国目标建设的步伐。

此外，为保障全民健身志愿服务心理契约治理内容衔接流畅和逻辑推导的连贯，书中有关心理契约量表维度、治理期待、治理履行等治理方面的关键性综述和结论内容，包括重要的政策文件精神、前后衔接性表达、推导验证方法或思路等会在文中适当重申或出现类似表达，以方便读者阅读理解，特此说明。

夏树花

2024 年 3 月

目录

第一章

绪论

　　志愿者是现代奥林匹克运动的基石，体育志愿服务是社会文明程度的重要标志。[1] 随着我国经济快速发展，全民健身志愿服务渐行渐稳，取得了前所未有的成就。党的十八大以来，党和国家高度重视志愿服务事业的发展。党的十九大报告指出："中国共产党人的初心和使命，就是为中国人民谋幸福，为中华民族谋复兴。"志愿服务要坚持以人民为中心，让志愿服务更大范围惠及人民群众。《体育强国建设纲要》（以下简称《纲要》）指出，组织社会体育指导员广泛开展全民健身指导服务，建立全民健身志愿服务长效机制。《纲要》将"体育志愿服务工程"列为第八项重大工程，提出加大对欠发达地区社会体育指导员的培训力度；结合大型全民健身赛事活动，鼓励体育专业学生、优秀运动员赴欠发达地区进行志愿服务。党的十九大报告提出推进志愿服务制度化；党的十九届四中全会提出健全志愿服务体系；党的二十大报告提出完善志愿服务制度和工作体系。当前，我们应强化顶层设计，强化志愿服务的统筹、运行、管理、保障和规范，积极推进中国特色志愿服务体系建设。促进志愿服务事业发展，需要进一步健全志愿服务工作协调机制，加强党对志愿服务的领导，坚定走中国特色志愿服务之路。全民健身志愿服务治理研究有助于引导新时代中

[1] 邱辉，孟昭雯. 1949 年—2019 年我国体育志愿服务发展的成就、问题与展望 [J]. 北京体育大学学报，2020，43（4）：150–156.

国特色社会主义文明实践，有助于将其融入社会主义核心价值体系建设，从而精心培育和发展体育公益、慈善和志愿服务文化。在建设体育强国的背景下，全民健身志愿服务需要进一步提升和优化，进一步改善当前全民健身志愿服务工作中的薄弱环节，以心理契约理论为支撑，加强全民健身志愿公共服务治理质量和水平，打造有中国特色的、具有本土化特征的全民健身志愿服务治理机制，加快体育强国建设进程。

第一节　选题依据

一、治理现代化对全民健身志愿服务治理提出新要求

党的十八大开启了推进国家治理体系和治理能力现代化的新篇章，标志着我国迈进了中国特色社会主义事业建设的新阶段。[1] 党的十九届四中全会对完善国家治理体系作出全面部署，成为我国国家治理机制创新的里程碑。[2] 党的二十大报告指出，要"健全城乡社区治理体系，及时把矛盾纠纷化解在基层、化解在萌芽状态"。《纲要》中提出："到 2035 年，形成政府主导有力、社会规范有序、市场充满活力、人民积极参与、社会组织健康发展、公共服务完善、与基本实现现代化相适应的体育发展新格局，体育治理体系和治理能力实现现代化。"因此，在"推进国家治理体系和治理能力现代化"这一全面深化改革总目标的背景下，体育治理作为国家治理的重要组成部分，实现体育治理体系和治理能力的现代化，不仅顺应我国经济社会发展的战略需要和全面深化改革

---

[1] 陈洪. 国家体育治理体系和治理能力现代化探析 [J]. 北京体育大学学报，2014，37（12）：7–12.

[2] 中央党校（国家行政学院）习近平新时代中国特色社会主义思想研究中心. 创新国家治理机制　切实提升治理效能 [N/OL]. 经济日报，2019–12–10（15）[2024–05–04].http://paper.ce.cn/jjrb/html/2019–12/10/content_407972.htm.

的时代要求，也是推动我国体育事业健康快速发展的必经之路。[1] 党的十九届四中全会进一步指出，必须加强和创新社会治理，完善党委领导、政府负责、民主协商、社会协同、公众参与、法治保障、科技支撑的社会治理体系，并首次提出人人有责、人人尽责、人人享有的社会治理共同体。2020 年 10 月，党的十九届五中全会再次强调了建设社会治理共同体的目标，不仅为当前我们党和国家加强和创新社会治理提供了理论指引，更为新时代加强和创新全民健身志愿服务治理提供了发展思路和实践依托。

全民健身志愿服务可以促进体育文化繁荣发展，融入社会主义核心价值体系建设。国家积极推进治理体系和治理能力现代化，创新社会体制和社会治理体系，推进社会体制改革，改进社会治理方式，为全民健身志愿服务提出新要求，为全民健身志愿服务治理提供了重要机遇。

二、社会主义现代化建设下志愿服务事业发展面临诸多治理桎梏

志愿服务是党和国家事业的重要组成部分，是社会主义现代化建设的重要力量。迈进 21 世纪以来，我国的志愿服务事业进入高速发展期。但一直以来，在志愿服务治理过程中仍存在志愿者人员配备不足、等级发展不均衡、管理机制不健全、志愿服务价值体系欠丰富、组织管理体系设计不科学、志愿者管理缺乏长远考虑等问题；全民健身志愿者队伍存在着服务水平参差不齐、服务积极性低、人员流失严重等问题，在一定程度上造成了我国的"志愿失灵"现象。因此，全民健身志愿服务发展面临着许多治理困境。在全民健身快速发展的势头下，加强全民健身志愿服务治理，提升志愿服务质量，积极探索我国《全民健身计划纲要》实施从"管理"走向"治理"的创新发展之路，不仅是广大人民的迫切希望，更是助力国家全民健身战略的重要举措。

我国经济社会正处在转型升级重要阶段，志愿服务发展受到现实条件制约，其地位、模式、机制在全民健身治理过程中，未能摆脱"过度的行政依赖"，

---

[1] 马迎志. 我国城市马拉松赛事治理研究 [D]. 南昌：江西财经大学，2018.

导致参与治理的结果和效应不够显性。在实际参与治理的进程中，矛盾和问题也逐渐凸显。随着志愿者和志愿组织的数量激增，各组织发展方式各不相同，部分志愿组织的志愿者良莠不齐，志愿团队自身粗放治理，消耗了"内力"。[1]现实中，志愿者流失尤为严重，由于忽视隐藏在志愿者内心"不言而喻"或"心照不宣"的心理契约内容，引起心理契约违背，进而导致产生"治理失灵"的困境。[2] 显然，关注志愿者心理契约对志愿服务显得格外重要。综上，如何深入挖掘全民健身志愿服务心理契约，提升全民健身治理绩效，是目前全民健身志愿服务面临的主要课题。

三、心理契约理论拓宽了全民健身志愿服务的治理思路

党的十八大以来，以习近平同志为核心的党中央不断创新社会治理的理念思路、体制机制、方法手段，引领着基层社会治理取得了巨大成就。志愿服务是人民群众自我组织、自我管理、自我服务的实践形式，也是群众参与基层社会治理的重要方式，能够有效弥补政府服务和市场服务的不足与缺位，为政府分忧、为百姓解难。近年来，各地积极推动志愿服务参与管理公共事务、丰富社会服务等日常工作，以共建推动共治，以共治促进共享，取得良好效果。新时代，我国体育的发展动力正由政府驱动的自上而下，转向自下而上的基层"共建共治共享"。以组织化的草根体育填补单位体育衰落后的空白，重建体育根系，对中国体育的发展和治理具有战略意义。[3]

心理契约代表雇员与雇主之间的一种隐性及非正式的理解与默契的关系，[4] 志愿者心理契约是志愿者对自我责任和组织责任的感知，是志愿者和组织之间的桥梁。我们要发挥志愿服务在推进社会治理现代化中的重要作用，实

[1] 王文光. 泉州市志愿服务组织管理的政府行为研究 [D]. 泉州：华侨大学，2020.

[2] 蔡文著，杨慧. 农产品营销中心理契约治理机制模型与测量研究——基于江西省农户的调研 [J]. 当代财经，2016，382（9）：77-87.

[3] 任海. 中国体育治理逻辑的转型与创新 [J]. 体育科学，2020，40（7）：3-13.

[4] ARGYRIS C.Understanding organizational behavior[M].Homewood,Illinois:Dorsey Press,1960.

现政府治理与社会调节、居民自治良性互动，以心理契约为基础，拓宽全民健身志愿服务治理思路，积极构建基层社会治理新格局。

四、全民健身志愿服务治理研究助力《纲要》有效落实

全民健身志愿服务是志愿服务精神与全民健身战略结合的产物，是体育志愿服务的重要组成部分。[1]2014年10月，国务院印发了《关于加快发展体育产业促进体育消费的若干意见》，把全民健身上升为国家战略。2015年，"健康中国"首次写入政府工作报告，党的十八届五中全会提出推进健康中国建设。2016年，中共中央政治局审议通过的《"健康中国2030"规划纲要》不仅明确全民健康是全面建成小康社会的重要内涵，而且确立了加快推进健康中国建设具有优先发展的战略地位。党的十九大提出"广泛开展全民健身活动，加快推进体育强国建设"。"广泛开展"意味着全民健身活动的覆盖面要达到一定的广度。全民健康的达成，有赖于全民健身志愿服务的支撑。全民健身志愿服务能否长效化发展关系全民健身战略的实现。[2]《纲要》特别强调加大对欠发达地区社会体育指导员的培训力度；鼓励体育专业学生、优秀运动员赴欠发达地区进行志愿服务。体育志愿服务工程要求建立健全全民健身志愿服务组织体系，建立全民健身志愿者注册、培训与管理体系，建立全民健身志愿服务统计体系和志愿服务成效评估体系等。

在当前体育事业改革的关键时期，发展全民健身志愿服务，建构全民健身志愿服务组织，完善群众体育的服务体系，促进体育公共服务的均等化发展，对推动我国大众体育的发展将起到非常重要的作用。[3][4]基于此，深入研究全民健身志愿服务治理机制，服务全民健身国家战略，使全民健身志愿服务与全民健身协调发展，是有效推动体育强国建设的迫切需要。

---

[1] 李璟圆，罗军. 我国优秀运动员全民健身志愿服务研究 [J]. 体育文化导刊，2019（10）：56-62.

[2] 万发达，赵元吉，邱辉. 健康中国视域下我国体育志愿服务长效化发展研究 [J]. 体育学刊，2020，27（4）：56-60.

[3] 苗大培，魏来，林洁，等. 构建我国体育志愿者组织的理论探讨 [J]. 体育科学，2004（9）：4-7.

[4] 贾学龙. 体育志愿者发展研究 [D]. 桂林：广西师范大学，2013.

第二节　研究目的及研究意义

一、研究目的

本研究以心理契约理论为切入点，研究全民健身志愿服务的治理机制及措施，并对中国特色全民健身志愿服务治理机制进行案例剖析，旨在满足新时代我国全民健身发展的需要，保障和促进全民健身志愿服务治理履行行为的实现，以期达到全民健身志愿服务助推体育强国建设的目标。

二、研究意义

（一）理论意义

（1）将心理契约理论引入全民健身志愿服务领域，构建较为完整的全民健身志愿服务治理机制，以期运用新的视角和研究范畴去解决全民健身志愿服务问题。

（2）了解全民健身志愿服务治理现状，开发治理期待量表、治理履行量表，构建志愿服务组织与志愿者的新型关系，丰富和完善我国全民健身志愿服务治理理论体系。

（二）实践意义

本研究的结论对我国全民健身志愿服务行为意义重大，有利于培养更优秀的志愿者团体，对提升全民健身志愿服务质量和水平具有重要的参考意义。

（1）为全民健身志愿服务各参与方提供判断、维持和治理方式，实现志愿服务有效激励，提高志愿服务的治理绩效，同时为全民健身志愿服务可持续发展提供可供参考的决策依据。

（2）有助于增加基于隐含的承诺而产生的、对不断变化的互动关系中彼此权利义务的主观理解，厘清志愿服务中的责、权、利关系，减少和积极应对志愿者心理契约违背，促进心理契约的达成，积极拓展全民健身志愿服务治理范围，提升治理能力和治理水平。

第三节　研究对象与研究方法

一、研究对象

以基于心理契约理论的全民健身志愿服务治理为研究对象，从心理契约视角出发，对全民健身志愿服务质量及满意度、治理期待、治理履行、治理绩效进行研究。以全民健身志愿服务的志愿者为调查对象，并选取全民健身长、短期志愿者作为典型代表进行调研。其中，全民健身长期志愿者以我国 7 个城市（北京、西安、贵阳、厦门、广州、上海、郑州）培训的国家级社会体育指导员为主；全民健身短期志愿者以 2019 郑开国际马拉松赛志愿者，2019 年郑州第十一届全国少数民族传统体育运动会志愿者，武汉、北京、上海地区的全民健身赛事志愿者为主，具有典型的代表意义。

二、研究方法

（一）文献资料法

文献资料法作为理论研究的基本分析方法，旨在通过梳理与本研究的相关知识和专家学者研究，以及该研究主题的国内外研究动态，探明研究主题的研究对象性质和状况。从整体层面上对相关研究有一定把握后，引申出自己的观点，进行理论架构和逻辑分析。本研究依托国内外影响力较强的文献数据库，采用基于共词分析的文献计量法，检索与心理契约理论、全民健身志愿服务、治理机制三个领域相关的文献资料。同时，查阅相关书籍和资料，从宏观视角把握心理契约理论和全民健身志愿服务治理的研究现状，厘清全民健身志愿服务治理的历史演进趋势，以提高分析的可靠性、准确性，为本研究奠定理论基础。

（二）专家访谈法

本研究通过电话访谈和网络信件交流的方式，结合走访基层的国家级社会体育指导员和全民健身赛事志愿者，了解全民健身志愿服务治理的价值与作用。通过与不同地区从事志愿者管理工作的职能部门负责人、协会组织管理者以及从事志愿者培训工作的负责人进行交谈，充分了解全民健身志愿服务治理的内容和现状，总结其在全民健身志愿服务治理方面的启示。

（三）问卷调查法

在广泛搜集、阅读全民健身志愿服务相关研究的基础上，本研究借鉴国内外现有的成熟测量量表，编制相关调查量表问卷，采用分层随机抽样方式确保调查的质量、权威性。

向研究对象发放"全民健身志愿服务满意度问卷""全民健身志愿服务治理期待量表问卷""全民健身志愿服务治理履行量表问卷""全民健身志愿服务治理绩效问卷"，问卷发放情况如表 1-1 所示。短期志愿者问卷由组委会联系各高校负责人发放；长期志愿者通过培训班发放纸质问卷，通过协会微信群发放网络问卷。

表 1-1　问卷发放情况　　　　　　　　　　　单位：份

类型	满意度问卷	治理期待量表问卷	治理履行量表问卷	治理绩效问卷
长期	600	403	403	403
短期	900	425	425	425

（四）案例分析法

本研究采用案例分析法主要是为了增强研究的鲜活性和说服力，为论证相关问题提供有力论据。主要关注在全民健身志愿服务治理过程中存在的典型问题及有益经验，有针对性地选取相关案例，进行较为全面、系统的论述，充实研究论据，增强论证力度。以具有中国特色的广场舞自治治理机制和 2019 郑开国际马拉松赛协同治理机制为例，进行案例分析，剖析全民健身志愿服务治理机制。

（五）数理统计法

本研究采用 SPSS 26.0 以及 AMOS 26.0 等对问卷数据进行信效度检验，使用描述性统计、相关分析、独立样本 t 检验、单因素方差分析和线性回归等统计学分析方法，进行探索性因子分析、验证性因子分析、结构方程模型、中介作用等统计分析工作，通过反复研究分析得出最终结果。

（六）逻辑分析法

逻辑分析法贯穿于整个研究始终。通过搜集整理相关文献资料，进行广泛阅读，分析得出的相关数据，构建心理契约理论下全民健身志愿服务治理机制，随后归纳分析得出结论，最终总结、提炼全民健身志愿服务治理机制。

第四节　研究思路

整体思路紧紧围绕国家治理体系和治理能力现代化背景下，以全民健身志愿者为调查对象，选取全民健身长、短期志愿者进行研究，具体研究思路如图 1-1 所示。

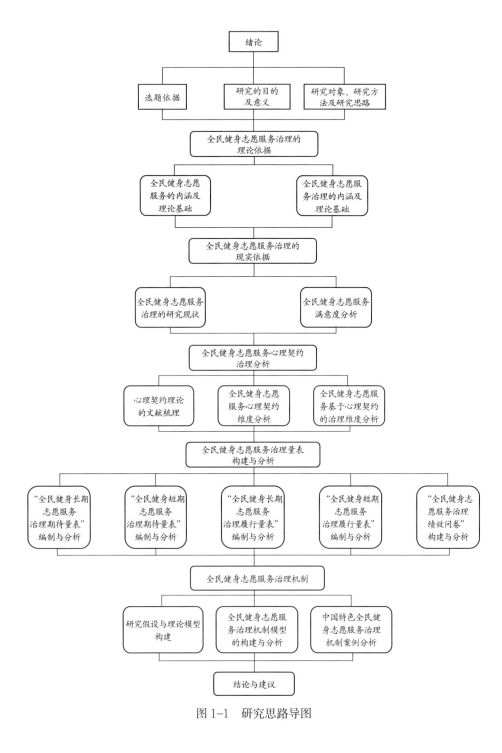

图 1-1 研究思路导图

第二章

全民健身志愿服务治理的理论依据

本章主要梳理全民健身志愿服务及治理的相关研究进展，分析全民健身志愿服务的内涵及理论基础、全民健身志愿服务治理的内涵及理论基础。

第一节　全民健身志愿服务的内涵及理论基础

一、全民健身志愿服务的概念及内涵

（一）全民健身志愿服务

志愿服务覆盖了许多领域，主要包括扶贫济困、帮老助残、扶幼助弱、环境保护、社会公益活动和大型社会活动。体育志愿服务大多为了推进社会、社区、个人及团体体育的发展，不以换取报酬为目的提供自己的劳动、技术和时间的一种活动。一般认为，体育志愿服务的内容包括为体育竞技赛事提供接待服务、现场管理、后勤服务和医疗卫生服务。具有中国本土特色的全民健身志愿服务，是指"以推动全民健身运动广泛开展为目的，自愿无偿地服务他人和社会的公益性全民健身活动"，是志愿服务精神与全民健身战略结合的

产物，是体育志愿服务的重要组成部分。[1] 袁锋和张晓林（2015）[2] 认为，全民健身志愿服务是指动员和激发广大社会人士，包括体育界人士以及其他社会有志之士，以志愿者公益性服务的方式，参与群众体育的普及、推广和开展活动的一种群众体育社会化、生活化、常态化和制度化的创新性发展方式。

在本研究中，全民健身志愿服务主要是指以国家级社会体育指导员（全民健身长期志愿者）和全民健身赛事志愿者（全民健身短期志愿者）为主体，自愿贡献个人的时间精力和智慧，在不为物质报酬（或极少报酬）的前提下，为推动全民健身事业的发展，自愿为全民健身提供服务的公益性活动。

（二）全民健身志愿者

目前，全民健身志愿者的概念暂未统一。国外对体育志愿者有着不同的界定。例如，《日本体育白皮书》定义体育志愿者："为推进社会、社区、个人及团体体育的发展而不以换取报酬为目的地提供自己的劳动、技术和时间的志愿者。"[3] 国内学者将开展志愿服务主体界定为志愿者，而体育志愿者则是普通志愿者中的一部分，将体育志愿者界定为"为全民健身事业和（大型）体育赛事提供志愿服务，自愿贡献个人时间和精力，不为物质报酬而提供服务的人员"。[4]

在借鉴全民健身志愿服务定义的基础上，根据本研究目的，认为全民健身志愿者是指"不以物质报酬为目的，利用自己的知识和能力为他人无偿提供体育锻炼指导和服务的人"，本研究的全民健身志愿者主体是国家级社会体育指导员 [5] 和全民健身赛事志愿者。

[1] 李璟圆，罗军. 我国优秀运动员全民健身志愿服务研究 [J]. 体育文化导刊，2019（10）：56–62.

[2] 袁锋，张晓林. 我国全民健身志愿服务现状及发展策略研究 [J]. 广州体育学院学报，2015，35（1）：40–43.

[3] 梁绿琦，余逸群. 论青年志愿服务对社会进步的意义与作用 [J]. 北京教育（高教版），2006（Z1）：44–46.

[4] 黄桑波. 我国体育志愿服务现状及研究的理论视角 [J]. 武汉体育学院学报，2009，43（10）：24–27.

[5] 程丽平，冯伟. 全民健身志愿者激励机制研究 [J]. 吉林体育学院学报，2014，30（4）：34–38.

二、全民健身志愿服务相关理论

（一）克拉里（Clary）多因素功能动机理论

克拉里等认为，志愿者参与志愿服务是带有目的性的，并且是做好计划加入志愿工作的，并不是毫无目的地参加志愿服务工作；志愿者的社会背景有所差异，其加入动机也有所不同。黄龙英（2019）[1]研究发现，志愿者参与志愿服务的动机是各有不同的，都会因为自身背景掺杂不同因素。人们做一件事情是为了满足自身的某种内在需求。因此，志愿者加入志愿服务活动，也是为了满足自身的某种功能动机。

志愿服务动机是志愿者进行志愿服务的内在动力。了解志愿者服务动机对志愿者管理有很重要的参考价值。分析相关文献发现，同一个志愿服务可能伴随着多种志愿服务动机。通过现场对众多志愿者的访谈，搜集了志愿者的动机。志愿服务动机可以概括为：乐于奉献，志愿工作是一种社会责任，使自己受到锻炼；提高、获得其他知识和技能，了解社会；学到实践经验、展示自己才能、觉得很有趣；体验生活；朋友、同学参加了志愿工作，扩大社交圈子，结交朋友；得到社会的认可与褒奖，学校有相关的奖励政策，有利于就业或出国留学；受到志愿者招募宣传感召；完成学校强制任务。

（二）理性选择理论

理性选择理论建立在这些前提下：第一，个人是自身最大利益的追求者。第二，在特定情境中有不同的行为策略可供选择。第三，人在理智上相信不同的选择会导致不同的结果。第四，人在主观上对不同的选择结果有不同的偏好排列。[2]理性选择可以概括为最优化或效用最大化，即理性行动者趋向于采取最优策略，以最小代价取得最大收益。理性选择理论是指人们做一件事是建立在理性之上，由一个指定的情境挑选出最有利的谋略。回溯理论渊源，理性选

[1]　黄龙英. 全民健身赛事志愿者参与动机研究 [D]. 湘潭：湖南科技大学，2019.

[2]　李相贤. 从艺术到商业——中国电影的理性选择取向 [J]. 艺苑，2007（4）：61–62.

择理论以"交换理论"最早出现在大众视野中，是由齐美尔提出的互动与交换发展而来。[1]

但是，志愿者还是有很大不同：他们是主动参与志愿服务的，大多是为了精神层面的满足，忽略了自身获得的经济利益；他们想要从志愿服务中获得更多，奉献自己，希望得到更多的精神利益，这恰恰是志愿服务可持续发展的动力源泉。在一般人们认知中，志愿者不求回报，他们加入志愿服务毫无所求，这完全是对志愿者的误解。理性选择理论认为，人都是以利己为动机的。志愿者选择志愿服务是力求以最小的经济代价去追逐和满足自身最大的其他利益，但不仅仅是经济利益。[2] 全民健身志愿者在志愿服务过程中，缺少物质以及精神激励，心理得不到满足，便可能造成志愿者流失、服务质量不佳，甚至终止志愿服务，完全不利于全民健身的发展。

（三）社会资本理论

科尔曼（Coleman）认为，社会资本是指个人在一种组织结构中所处的位置的价值。于群体而言，社会资本是指群体中使成员之间互相支持的那些行为和准则的积蓄。社会资本是与物质资本和人力资本并存的。帕特南（Putnam）在科尔曼的基础上，将社会资本从个人层面上升到集体层面，并把其引入政治学研究中，从自愿群体的参与程度角度来研究社会资本。

对志愿者来说，理性选择理论是针对自身的，而社会资本则是从志愿者个人的层面上升到集体层面，是志愿者和社会网络之间的互惠合作，在志愿者群体发展的基础上增加注意力，在一定程度上促进志愿者社会组织的发展。帕特南指出，公民对于公共事务的参与有助于产生自发的社会网络组织及成员间的信任和规范。全民健身志愿者参与志愿服务不仅面对自己，还需要通过社会参与进入社会网络进行交际。[3] 鲁哲（2008）[4] 认为，体育志愿者依据社会资本理

[1] 侯钧生. 西方社会学理论教程 [M]. 天津：南开大学出版社，2006.
[2] 卢学晖. 理性选择理论的理论困境与现实出路 [J]. 天津行政学院学报，2015，17（3）：53–59.
[3] 黄桑波. 我国体育志愿服务现状及研究的理论视角 [J]. 武汉体育学院学报，2009，43（10）：24–27.
[4] 鲁哲. 论现代市民社会的城市治理 [M]. 北京：中国社会科学出版社，2008.

论的内涵界定具有较大借鉴意义，因其更注重人自身的行动能动性。人通过有目的的行动可以获得社会资本。

（四）新公共服务理论

新公共服务理论是建立在新公共管理理论之上的理论。登哈特（2014）[1] 在对传统公共行政，特别是新公共管理进行反思和批判的基础上，通过比较分析，阐述了新公共服务的基本理论内涵：①服务于公民，而不是服务于顾客，[2] 公共服务的消费者不仅仅是"顾客"，他们更重要的是"公民"；②追求公共利益；③重视公民权胜过重视企业家精神；[3] ④思考要具有战略性，行动要具有民主性；⑤承认责任并不简单；⑥服务而不是掌舵；⑦重视人，而不只是重视生产率。[4]

王占坤（2015）[5] 认为，新公共服务理论对公共体育服务体系的建设具有重要意义。首先，重视人，坚持人本主义的服务理念。体育事业的发展离不开人。在公共体育服务过程中，要使不同区域和人群可以平等享受公共体育服务，这是当前建设服务型政府的关键。其次，服务于公民，让公民真正平等地参与公共体育服务，[6] 增强公民的社会责任感，加强政府和公民的联系。

三、全民健身志愿服务的应用

志愿服务随着 2008 年北京奥运会的成功举办而迅速发展。[7] 回溯我国全民健身志愿服务发展历程，发现研究以体育志愿服务为主，并且赛事志愿服务居多，

[1] 登哈特 JV, 登哈特 RB. 新公共服务：服务，而不是掌舵 [M]. 丁煌，译. 北京：中国人民大学出版社，2014.
[2] 李辉，王学栋. 政府角色的隐喻：理论意蕴与现实启示 [J]. 行政论坛，2012，19（4）：27-31.
[3] 王宇峰. 积极福利视域下政府 – 社会服务机构联动机制分析 [J]. 鞍山师范学院学报，2021，23（1）：24-30.
[4] 何颖清. 广州市食品安全监管系统政务微信运营优化研究 [D]. 广州：华南农业大学，2019.
[5] 王占坤. 浙江省公共体育服务体系建设研究 [D]. 福州：福建师范大学，2015.
[6] 王振涛，刘新刚，单清华，等. 基于政府购买服务环境下开发体育公共管理软件的理论探析 [J]. 山东农业大学学报（自然科学版），2017，48（3）：472-477.
[7] 共青团北京市委. 志愿者的微笑是北京最好的名片 [J]. 前线，2008（8）：76-77，有改动.

赛事志愿服务发展脉络较为清晰；而我国常态化体育志愿服务起步较晚，发展脉络较为模糊。[1] 在当前全民健身志愿服务研究中，志愿者有关的研究相对充足，大部分集中于对志愿者的组织、管理和培养研究。因此，全民健身志愿服务的研究也大多关注志愿者的组织、管理和培养。为厘清全民健身志愿服务的发展状况，本研究从全民健身长、短期志愿服务维度，对各学者的研究进行了分析归纳。

（一）全民健身长期志愿服务

全民健身活动的高质量开展需要一支专业、科学且高素质的社会体育指导员队伍，但目前社会体育指导员整体存在数量规模、人员结构发展不均衡等问题。其中，社会体育指导员个人能力参差不齐、整体素质不高、管理难度较大等问题尤为突出。我国学者多从社会体育指导员的现状及所面临的问题对社会体育指导员展开研究。肖谋文（2001）[2]、冯娟等（2004）[3]、孙天明（2004）[4]、武笑玲等（2004）[5]、成民铎等（2006）[6]、丁宁等（2007）[7]、袁国伟（2009）[8]、李亚莉等（2009）[9]、唐立成（2009）[10]、阎守扶等（2010）[11]、姜广义（2013）[12]、

[1] 邱辉，孟昭雯. 1949 年—2019 年我国体育志愿服务发展的成就、问题与展望 [J]. 北京体育大学学报，2020，43（4）：150–156.

[2] 肖谋文. 广州市社会体育指导员现状与发展 [J]. 体育学刊，2001（6）：20–21.

[3] 冯娟，林昭绒，李文慧，等. 珠江三角洲社会体育指导员现状与发展对策研究 [J]. 武汉体育学院学报，2004，38（1）：24–26.

[4] 孙天明. 江苏省社会体育指导员现状与对策研究 [J]. 山东体育学院学报，2004（4）：51–53.

[5] 武笑玲，马美棠，高茂章，等. 城市社会体育指导员队伍现状调查及对策研究 [J]. 北京体育大学学报，2004，（9）：1187–1188.

[6] 成民铎，苏红鹏. 太原市社会体育指导员现状调查与研究 [J]. 成都体育学院学报，2006（3）：48–51.

[7] 丁宁，朱凤军，丁亮. 上海市健身中心社会体育指导员情况调查与分析 [J]. 成都体育学院学报，2007，140（1）：39–41.

[8] 袁国伟. 宁夏回族自治区社会体育指导员现状与对策研究 [J]. 现代教育科学，2009（S1）：173–174.

[9] 李亚莉，刘少英. 湖南省社会体育指导员现状与发展对策 [J]. 沈阳体育学院学报，2009，28（3）：43–46.

[10] 唐立成，唐立慧，肖生鹏. 我国城市社区体育志愿者人力资源开发问题与对策研讨——以天津市城市社区为例 [J]. 山东体育学院学报，2009，25（8）14–17.

[11] 阎守扶，李思琪，赵立. 北京市社会体育指导员发展现状与对策研究 [J]. 中国体育科技，2010，46（6）：103–104.

[12] 姜广义. 吉林省社会体育指导员与社区体育的和谐发展 [J]. 体育学刊，2013，20（6）：34–37.

袁晋文（2013）[1]、周玉强等（2016）[2][3]通过对各地区社会体育指导员的研究发现，社会体育指导员的问题集中在：从数量到等级结构相对于社会需求差距较大、年龄偏高、学历偏低、专业水平参差不齐、人数少、场地器材缺乏、报酬少、组织管理松散、激励机制缺乏等。当前，社会体育指导员队伍的培养、培训遇到瓶颈，其路径亟须优化。

李相如等（2002）[4][5]、黄彦军（2003）[6]、项立敏（2006）[7]、陈立农等（2006）[8]、刘青健（2007）[9]、唐吓建（2009）[10]，郭芸静（2016）[11]指出：我国社会体育指导员科学指导水平不足；服务质量低下，地区差异明显；内部结构需要优化，分类不明确；培训内容不科学。李相如（2009）[12]探讨了我国社会体育指导员的发展历程与未来走向。于善旭（2010）[13]，于善旭（2013）[14]概括了我国社会体育指导员制度发展的主要特征，指出社会体育指导员制度的

---

[1]　袁晋文. 河南省社会体育指导员现状调查与对策研究 [D]. 郑州：郑州大学，2013.

[2]　周玉强，闫民. 山东省社会体育指导员队伍建设存在问题分析 [J]. 中国成人教育，2016（11）：119–122.

[3]　周玉强，闫民. 山东省公益性社会体育指导员队伍发展困境及优化路径 [J]. 山东体育学院学报，2017，33（6）：26–30.

[4]　李相如. 日本大众体育和社会体育指导员的发展概况 [J]. 首都体育学院学报，2002（4）：12–14.

[5]　李相如，展更豪，林洁，等. 我国社会体育指导员的现状调查与研究 [J]. 体育科学，2002，22（4）：27–30.

[6]　黄彦军. 困扰社会体育指导员发展的主要因素 [J]. 体育学刊，2003（2）：43–45.

[7]　项立敏. 我国社会体育指导员现状的社会学研究 [J]. 山东体育学院学报，2006（4）：27–30.

[8]　陈立农，金成全，李钦升，等. 我国社会体育指导员发展的困惑与对策 [J]. 西安体育学院学报，2006（4）：7–10.

[9]　刘青健. 中国社会体育指导员动态发展比较研究 [J]. 北京体育大学学报，2007，30（7）：901–903.

[10]　唐吓建. 福建省社会体育指导员人才市场需求与高校社会体育专业培养现状的吻合性研究 [D]. 福州：福建师范大学，2009.

[11]　郭芸静. 江苏省社会体育指导员协会发展现状的调查与研究 [D]. 南京：南京体育学院，2016.

[12]　李相如. 我国社会体育指导员的发展历程与未来走向 [J]. 体育文化导刊，2009，89（11）：1–4.

[13]　于善旭. 我国公益社会体育指导员工作发展的基础与对策 [J]. 上海体育学院学报，2010，34（1）：58–61.

[14]　于善旭. 我国社会体育指导员制度建立 20 年发展述略 [J]. 天津体育学院学报，2013，28（5）：369–375.

发展前景和现实任务。卢志成（2015）[1]指出，社会体育指导员现状调查研究不断深化，国内外研究从介绍转向比较，培养与培训研究关注质量及制度建构，素质能力研究趋向量化测量，制度与管理研究分歧与共识并存。张晓杰（2016）[2]提出，建立网络信息平台对公益社会体育指导员进行约束和监督，完善评估反馈机制，施行合理的薪酬制度，建立和完善人才队伍开发机制。于善旭（2018）[3]认为，公益社会体育指导员工作应当在国家志愿服务体系中实现特色化发展。于文谦等（2020）[4]认为，残疾人社会体育指导员现有人才培养路径存在着培养数量失衡、供需结构失调、课程设置失效的问题。

可见，我国社会体育指导员现存的问题主要是：总体数量不足、区域化发展差异大、等级发展不均衡、管理机制不健全等。

（二）全民健身短期志愿服务

根据对相关文献的回顾与总结发现，我国对全民健身赛事志愿服务的研究主要归入体育赛事志愿服务的研究中。因此，本研究对体育赛事进行梳理。体育赛事志愿服务的研究主要集中在北京申奥成功之后，尤其是在 2008 年北京奥运会、2010 年广州亚运会举办前后最为集中。目前，学术界对体育赛事志愿者研究的范围较为广泛，但主要集中于以下几个领域。

1. 体育赛事志愿者服务价值研究

李学君（2003）[5]认为，奥运志愿者无偿的劳动降低了国家的成本。另外，志愿者这一特殊的身份有利于弘扬社会文明。吕红芳（2007）[6]认为，奥运志

[1] 卢志成. 社会体育指导员研究进展与前瞻——基于 20 年文献分析 [J]. 中国体育科技，2015，51（5）：100–108.

[2] 张晓杰. 公益社会体育指导员存在的问题及对策研究 [J]. 当代体育科技，2016，6（10）：108–109.

[3] 于善旭. 公益社会体育指导员工作纳入我国志愿服务体系的探讨 [J]. 体育学研究，2018，1（3）：37–47.

[4] 于文谦，季城，呼晓青. 残疾人社会体育指导员人才培养问题剖析与路径优化 [J]. 体育学刊，2020，27（4）：61–66.

[5] 李学君. 奥运会青年志愿者价值的深层思考 [J]. 成都体育学院学报，2003（5）：20–23.

[6] 吕红芳. 奥运会志愿者的价值思考 [J]. 中国科技信息，2007（1）：137–138.

愿者的价值主要表现在奥运文化和人文内涵等方面，2008 年北京奥运会是志愿者展示中华人文精神的大舞台。韩燕（2009）[1] 分别从对运动本身及举办国政治影响力两个方面，阐述了体育赛事志愿者的价值，具体来说体现在节约开支、传播人文精神、净化社会风气、保证赛会顺利进行等。

2. 体育赛事志愿者服务动机及激励方面的研究

成就、归属需要、自我检验与提高、娱乐与交往及权力（殷小川和田惠芬，2006），[2] 获得认同及奉献精神（黄昆仑和汪俊，2013），[3] 阅历、能力、经验、简历、荣誉以及奖励的渴求同时也伴随着奉献精神（赖其军，2012）[4] 等是体育赛事志愿服务的主要动机。王兴华（2017）[5] 研究得出，志愿者的服务动机随性别、志愿服务经历、专业背景的不同而不同。虽然学者们对体育赛事志愿者服务动机的划分略有差异，但都认为掌握志愿者服务动机，并据此来管理志愿者能有效避免志愿者资源的浪费，在体育赛事志愿者管理中具有重要意义。因此，应建立激励机制、合理使用外部激励（周立英，2008）；[6] 注重精神激励，要满足其内心需求，注重表彰、评奖等外在激励（乾清华，2008）；[7] 关注动机与需求、激励内容和手段以及奖惩制度等（黄大林和黄晓灵，2018）；[8] 加强物质、精神、环境、政策方面的激励（董津津，2015）；[9] 以上均有利于提高赛事志愿者的满意度。

---

[1] 韩燕. 大型运动会志愿者价值研究 [J]. 湖北体育科技，2009，28（4）：398–399.

[2] 殷小川，田惠芬. 大型体育赛事志愿者的动机分析与 2008 北京奥运会志愿者的管理对策 [J]. 首都体育学院学报，2006（1）：29–31.

[3] 黄昆仑，汪俊. 大型体育赛事高校大学生志愿者服务动机研究——以第 26 届深圳世界大学生运动会为例 [J]. 广州体育学院学报，2013，33（5）：27–32.

[4] 赖其军. 我国大学生体育志愿活动机状况及激励策略研究 [J]. 成都体育学院学报，2012，38（12）：85–88.

[5] 王兴华. 大学生参与体育赛事志愿服务动机研究 [J]. 体育文化导刊，2017（2）：157–161.

[6] 周立英. 大型体育赛事志愿者的激励与管理研究 [D]. 长沙：中南大学，2008.

[7] 乾清华. 大型体育赛事志愿者激励管理初探——以世界青年田径锦标赛为例 [J]. 西安体育学院学报，2008（1）：32–34.

[8] 黄大林，黄晓灵. 体育赛事志愿者激励机制研究——以 2016 年重庆国际马拉松赛为例 [J]. 西南师范大学学报（自然科学版），2018，43（2）：96–102.

[9] 董津津. 第十二届全运会志愿者激励研究 [D]. 沈阳：沈阳体育学院，2015.

3. 体育赛事志愿者管理治理方面的研究

宋玉芳（2005）[1]将奥运志愿者的管理分为奥运前、中、后三个阶段。张建华等（2006）[2]认为，缺乏专门的赛事志愿者管理、组织、招募、培训与分配。周向红和祝健敏（2009）[3]认为，志愿者管理存在法律法规保障和组织管理体系不健全以及志愿服务价值体系不完善的问题。李致富（2007）[4]提出，拓宽报名渠道、加大宣传力度、对志愿者准确定位。学者们大多是以2008年北京奥运会和2010年广州亚运会为契机对体育赛事进行研究，对全民健身赛事志愿者的研究主要着眼于赛事志愿者的价值、服务动机及激励、管理研究等方面。

第二节　全民健身志愿服务治理的内涵及理论基础

一、全民健身志愿服务治理的相关概念

（一）治理与治理机制

1. 治理

治理是政府的治理工具，是指政府的行为方式，以及通过某些途径用以调节政府行为的机制。"治理"一词往往和"管理"混淆，"治理"相对于"管理"一词含义更为复杂。当前学者们认为，现代的治理的含义与其在我国古代的含

---

[1] 宋玉芳. 奥运会志愿者管理研究 [J]. 体育科学，2005（2）：86–94.

[2] 张建华，高嵘，毛振明. 大型国际性运动会志愿者招募与培训经验的研究 [J]. 体育科学，2006（11）：26–33.

[3] 周向红，祝健敏. 城市重大体育赛事志愿服务管理机制中的问题研究 [J]. 北京体育大学学报，2009，32（4）：11–13.

[4] 李致富，陈锡尧. 重大体育赛事志愿者招募与选拔机制探究 [C]// 中国体育科学学会. 第八届全国体育科学大会论文摘要汇编（一）. 上海体育学院经济管理学院，2007：1.

义有差异。程杞国（2001）[1]认为，治理在我国没有具体含义与之对应，是外来词"governance"的具体内涵。因此，需追溯其源头，在管理学、经济学、政治学各个研究领域探索全民健身志愿服务治理的真正内涵。它包括有权迫使人们服从的正式机构和规章制度，以及种种非正式安排。而凡此种种均由人民和机构或者同意，或者认为符合他们的利益而授予其权力。

与统治、管制不同，治理指的是一种由共同的目标支持的活动，这些管理活动的主体未必是政府，也不一定要依靠国家的强制力量来实现。从本质上看，治理行政与管制行政有很大的不同。治理行政是一个上下互动的过程。政府、非政府组织以及各种私人机构主要通过合作、协商、伙伴关系，通过共同目标处理公共事务，故其权力向度是多元的，并非纯粹自上而下。社会力量在治理中的作用日益增强，也可以通过正常途径，自下而上地对政府施加影响。[2]

2. 治理机制

机制是传统工程学上的概念，本指机器的构造与运作原理，后泛指社会或自然现象的内在组织和运行的变化规律。

目前"治理机制"没有确切的专业界定，学者们也对治理机制的内涵进行了不同探讨。谭日辉（2018）[3]将治理机制特征总结为：治理机制本质是公共责任；治理机制的治理对象是多元主体，包括政府、市场、社会和公民自身等所有组织和个体，并且每个主体都不得排除在外，他们都拥有享有治理成果的相关权益；治理机制是多维度、犬牙相制治理；治理机制过程中的关系是相互合作的关系，国家—市场—社会组织相互联系，互助协作；治理机制的最小单位是社会成员个人的主动积极性，治理机制不仅需要规则指导进行约束，同时社会成员个人也是治理机制可持续运行的根本保障；治理机制的目标是及时解决问题，治理机制的特有精神是在相互联系、相互合作的基础上，根本目的是达成治理中的多元治理主体相互合作关系。一般认为，"治理机制"是有规定

[1]　程杞国. 从管理到治理：观念、逻辑、方法 [J]. 南京社会科学，2001（9）：47–50.
[2]　陈广胜. 走向善治 [M]. 杭州：浙江大学出版社，2007.
[3]　谭日辉. 北京社区治理机制研究 [M]. 北京：中国社会科学出版社，2018.

的设定框架，是提前制定好在一定规则内运行的过程。常说的治理体系背后的内涵为组织管理问题，是指治理机制中的"物质单位"这一含义：治理过程中，多元主体在一定规则内，在提前设定好的框架内，如政治经济文化的设定框架中进行运行的过程，即多元主体不能违背"游戏规则"。在当前社会发展过程中，政府和社会组织都需要进行组织管理。因此，治理机制的内涵概括为在特定规则内，提前设定好框架，在此框架内治理的多元主体与治理机制互相配合、相辅相成。

（二）基于心理契约理论的全民健身志愿服务治理

1. 心理契约

阿吉里斯（Argyris）被认为是最早提出心理契约概念的学者，他在《理解组织行为》（*Understanding Organizational Behavior*）一书中提出了这样的现象。这种雇员与雇主之间的关系，阿吉里斯用"心理的工作契约"来进行命名。[1] 李文森（Levinson）、普瑞斯（Price）等对心理契约的概念和内涵进行了明确界定，提出心理契约是组织与员工之间隐含的、未公开说明的相互期望的总和，这些期望都具有内隐性特性，其中一些期望（如工资）在意识上清楚些，而另一些（如晋升）则较模糊。鉴于李文森在心理契约概念的发展上作出了重要贡献，故被称为"心理契约之父"。[2] 罗宾逊（Robinson）等深化了卢梭（Rousseau）关于心理契约概念的研究，进一步明确指出雇员对于相互责任的信念是指雇员对外显和内在的雇员贡献（努力、能力和忠诚等）与组织诱因（报酬、晋升和工作保障等）之间的交换关系的承诺的理解和感知。莫里森（Morrison）、罗宾逊（1997）沿着卢梭、罗宾逊等的研究路线，对心理契约概念进一步予以明确，并将心理契约界定为：一个雇员对其与组织之间的相互义务的一系列信念，这些信念建立在对承诺的主观理解的基础上，但并不一定被组织或者其代理人所意识到。心理契约代表雇员与雇主之间的一种隐性及非正式的理解与默契的

---

[1] LEVINSON H,PRICE C R,MUNDEN K J,et al.Men,management,and mental health[M].Cambridge,MA: Harvard University Press,1962.

[2] 同 [1].

关系[1]，卢梭等学者认为，心理契约是单边关系[2][3]，而沙音（Schein）、赫里欧（Herriot）等学者提出双边关系观点，认为心理契约由员工和组织双方对相互责任的感知构成[4][5]。

综上所述，不管是从组织还是志愿者视角来说，心理契约的概念即志愿者基于各种形式（书面的、口头的、组织制度和组织惯例约定的）承诺对工作与交换关系中彼此义务和责任的个人理解。

2. 基于心理契约理论的治理

对"心理契约"这一名词概念的研究最早出现在有偿工作领域。企业管理领域经常用心理契约去解释员工流失现象，不同领域治理都运用了心理契约这一重要概念。黄微（2013）[6]在明确各自的心理期望和责任的前提下，构建了公司与农户合作渠道关系治理机制模型。蔡文著和杨慧（2016）[7]认为，心理契约治理就是要通过恰当的措施来对农户心理契约的形成与发展施加影响。心理契约治理机制就是指一个渠道成员控制另一个渠道成员心理契约形成、发展以及违背的具体方式与措施。

对心理契约在志愿者领域的研究较少。例如，李燕平（2013）[8]认为，志愿者和志愿服务两者间的关联同样可以用心理契约来表述，可以借助志愿者的心理对志愿者管理发挥作用。全民健身志愿者这个特殊的群体与公司员工不同，志愿者同组织之间没有雇佣关系，没有纸面上的合同。因此，在参与志愿活动、与非营利组织互动的过程中，全民健身志愿者会形成一些对组织的要求；志愿

[1]　ARGYRIS C.Understanding organizational behavior[M].Homewood,Illinois:Dorsey Press,1960.

[2]　ROUSSEAU D M.Psychological and implied contracts in organizations[J].Employee Responsibilities and Rights Journal,1989,2（2）:121–139.

[3]　ROUSSEAU D M.New hire perceptions of their own and their employer's obligations:a study of psychological con–tracts[J].Journal of Organizational Behavior,1990,11（5）:389–400 .

[4]　SCHEIN E H.Organizational psychology[M].Englewood Cliff,NJ:Prentice Hall,1965.

[5]　HERRIOT P,PEMBERTON C.A new deal for middle managers[J].People Management,1995（12）:32–35.

[6]　黄微. 基于心理契约治理机制的农业龙头企业与农户合作渠道绩效研究 [D]. 金华：浙江师范大学，2013.

[7]　蔡文著，杨慧. 农产品营销中心理契约治理机制模型与测量研究——基于江西省农户的调研 [J]. 当代财经，2016，382（9）：77–87.

[8]　李燕平. 志愿者心理契约的质性研究 [J]. 中国青年政治学院学报，2013，32（1）：42–47.

者对组织责任的这些认识并不公开表达出来，而是以一种隐性的、心理契约的形式存在。全民健身志愿服务治理是指通过恰当的措施对全民健身志愿服务心理契约的形成与发展施加影响。在当今的社会治理中，政府越来越重视全民健身志愿服务组织的参与和推动，须重新认识全民健身志愿服务治理。全民健身志愿服务治理要从志愿者的心理契约出发，稳定把握和践行心理契约的基本内容，保持志愿服务稳定性，才能真正提升志愿服务质量，从根本上治理，最终提升全民健身志愿服务治理绩效。

3. 全民健身志愿服务的心理契约治理

心理契约理论主要应用于企业责任方面，本研究提出的全民健身志愿服务治理指的是通过组织和个人层面的治理措施对全民健身志愿者参与志愿服务活动施加影响。根据心理契约理论，全民健身志愿服务治理主要从全民健身志愿者角度期待全民健身志愿服务的治理的达成情况，探讨对志愿者组织和志愿者个人的心理期望和责任履行情况，反向可以反映出志愿者期望从组织和个人得到什么（不管是物质上还是心理上）。调查对象主要为国家级社会体育指导员（全民健身长期志愿者）和全民健身赛事志愿者（全民健身短期志愿者）。全民健身志愿者指导服务对象参与志愿服务活动，对全民健身志愿者和服务对象的心理有很大的考验，主要是依靠自身的感受和动机参与活动。志愿者本身也是一种奉献型的工作，对志愿服务活动的参与度在很大程度上是依靠自身的觉悟。心理契约是一种非正式的契约，没有明文规定，所以其对志愿者的治理有特殊之处。以心理契约理论为出发点，对全民健身志愿服务治理进行研究，根据志愿者心理状态的敏感性进行分析，保持志愿者心理稳定性，提升治理品质、治理绩效。

4. 全民健身志愿服务治理机制

我国对于志愿服务机制的研究分析不多，其中一类研究是从现象上大致阐述志愿服务机制的缺失和不完善。例如，孙宝云和孙广厦（2007）[1]认为，中

---

[1] 孙宝云，孙广厦. 志愿行为的主体、动机和发生机制——兼论国内对志愿者运动的误读 [J]. 探索，2007（6）：118-121.

国的志愿服务缺乏足够的社会认知，志愿者队伍建设不稳定，缺乏长效机制；余逸群（2005）[1] 则对青年志愿服务的组织建设和保障机制进行了研究，认为政策和法律是志愿服务长效性的重要保障机制。还有部分学者从社会学和系统科学的相关原理对志愿服务运行机制进行了研究，如高海燕（2010）[2] 提出青年志愿服务的运行机制主要包括招募机制、培训机制、激励机制、评价机制和保障机制五个构成要素。近年来，在政府相关部门的大力支持与推动下，我国的全民健身志愿服务取得显著成效，但在实际的服务治理过程中，仍存在志愿者人员配备不足、专业化程度较低、服务质量不高、地区差异显著以及缺乏持续性等问题，缺乏全民健身志愿服务治理机制的研究。全民健身志愿服务治理机制是指在提前设定好政治、经济、文化活动的框架内，以推动全民健身运动广泛开展为目的，追求多元治理主体（政府—企业—项目协会—民间组织—志愿者个人—赞助商—参赛者和观众）之间的互助合作，根据共同制定的规则进行运转的一个过程。

全民健身志愿者有着很强的自愿性和无偿性，治理的个人感受和评价影响着治理的实际开展。全民健身志愿服务的治理是否达到了全民健身志愿者的心理期待，履行的实际满足程度，以及如何完善全民健身志愿服务治理，需要合理评价组织和个人治理的履行情况。全民健身志愿服务治理绩效指志愿者在志愿服务活动中的完成程度和满意程度，是通过治理其行为进行组织治理从而达成的治理效果，用于评定全民健身志愿服务治理完成情况、职责履行程度。从管理学角度，全民健身志愿服务治理绩效分为个人绩效和组织绩效。

二、全民健身志愿服务治理的理论基础

（一）心理契约理论

1960 年，阿吉里斯最早提出心理契约概念，并在管理学领域引入心理契约

[1] 余逸群. 青年志愿服务的组织建设和保障机制 [J]. 北京青年政治学院学报，2005（3）：17-20.
[2] 高海燕. 青年志愿服务运行机制研究 [D]. 天津：天津商业大学，2010.

的理念，指出员工与企业之间，不仅仅只存在着一纸合同或者协议来约定双方的关系，还存在着非正式的、在内心的对对方的一种心理期待，也在约束着员工和企业的行为，对于各自履行自己的义务有着重要的意义。[1]科特尔（Kotter）（1973）[2]和沙音（1980）[3]认为心理契约是一份隐性的介于个人与组织之间的协议，罗宾逊、克拉茨（Kraatz）、卢梭（2014）[4]做了实证分析，提出员工对于组织的心理期待主要包括公平的待遇、丰富的工作内容、交流学习的平台等七个方面；员工在工作中对自我的心理期待主要包括对组织忠诚、自愿做分外工作、接受工作调动等。在形成心理契约过程中，特恩利（Turnley）和费尔德曼（Feldman，1999）[5]认为员工心理契约期望主要分为三种形式：一是组织向其作承诺；二是对组织文化感知；三是对组织运行的特殊期望。

许潚（Chun Hui）、李（Cynthia lee, Northeastern University）、卢梭（2004）[6]从心理契约理论出发，研究了组织公民行为的影响因素，验证了西方的心理契约形式对中国的普遍性，并探讨了中国的心理契约与组织公民行为。我国学者陈加洲等（2004）[7]结合中国的社会和文化背景，对心理契约进行了系列研究，并将心理契约定义为主观心理约定，是一种存在雇佣双方心中、无形的相互责任，并指出心理契约的主观性、动态性等特点。此外，陈加洲通过环境因素、心理契约特点等相关因素探讨了心理契约概念兴起的原因。李原（2002）[8]基

[1] ARGYRIS C.Understanding Organizational Behavior[M].Homewood,Illinois:Dorsey Press,1960.

[2] KOTTER J P.The psychological contract:managing the joining–up process[J].California Management Review,1973,15（3）.

[3] SCHEIN E H.Organizational psychology[M]. New Jersey:Prentice Hall,1980.

[4] ROBINSON S L,KRAATZ M S,ROUSSEAU D M.Changing obligations and the psychological.contract:a longitudinal study[J].Academy of Management Journal,1994,37（1）:137–152.

[5] TURNLEY W H,FELDMAN D C.The impact of psychological contract violations on exit,voice,loyalty,and neglect.[J].Human Relations,1999,52（7）:895–922.

[6] HUI C,LEE C,ROUSSEAU D M.Psychological contract and organizational citizenship behavior in China: investigating generalizability and instrumentality[J].Journal of Applied Psychology，2004,89（2）:311–321.

[7] 陈加洲,凌文辁,方俐洛. 员工心理契约结构维度的探索与验证 [J]. 科学学与科学技术管理,2004（3）:94–97.

[8] 李原. 员工心理契约的结构及相关因素研究 [D]. 北京：首都师范大学，2002.

于国外研究成果，将心理契约的期望范畴进一步扩大完善，认为期望的内容只是心理契约的一部分，这部分内容包括两者对彼此的责任与义务的承诺。简单来说，其指出员工在工作中认为自己会得到且有资格去得到与他们付出相对应的回报。罗晓扬（2004）[1]认为，心理契约是员工与组织之间对对方的期待，是一种无形的期望，表达了组织对员工的吸引力以及员工对于组织、对工作尽职尽责的态度，具有隐性、动态、双向和非客观性的特质。

在心理契约的概念方面，学者们有着很大的分歧，但在心理契约的特点方面基本保持一致。心理契约是在认知层面存在于双方的内心深处的对于彼此之间责任的感知，不需要有文字记录或口头约定，而是以一种期望的方式把自己对自己的责任、自己对组织的责任内敛于心的表现形式，这也是心理契约的主观性的特点。正因为心理契约没有明文规定责任，也没有专门的监督体制，所以心理契约的内容也会随着事情的改变而变动，这也体现了心理契约的不确定性。心理契约还具有双向性，由于心理契约是组织与个人两者之间的关系，一方面是个人对自己在工作中的期待，包括自我提升、组织的发展；另一方面是个人对组织的期待，包括组织给予的归属认同、发展机会等。在心理契约中，组织和成员的地位是对等的，没有主次之分，都是重要的角色。心理契约最重要的特点就是动态性，这一特性决定了心理契约的形式没有固定的标准，不仅是对于不同时期，对于不同的群体也是有着很大的差别。这对心理契约的维持与维护有着重要的意义，在现实与心理期待发生偏差时，心理契约可能就面临着破裂的危险，打破之前的心理平衡。随着工作观念的变化、组织的成长、员工需求的发展，心理契约也会随之而进行改变，可能是对于成长的渴求、自我提升、组织关怀等方面的要求。正是不断变化的心理契约，才会使得组织和成员不断改变自我，促进工作的开展更加顺利。心理契约的破坏包括未能完成责任与义务的履行，又或者是双方在某些观点上产生偏差，随着偏见的产生，就会引起失望，从而破坏心理契约，加剧两者之间的关系向负面的方向发展。

---

[1]　罗晓扬. 针对知识型员工特征的有效激励 [J]. 商业时代，2004（11）：20–21.

综上所述，心理契约的内部结构是复杂的，容易受到不同因素的影响，是不同于纸质契约的一种非常抽象的心理研究，属于特殊的群体。对于志愿者这种非营利性质的工作，与其探讨纸质合同的规范性，不如探讨深层的心理机制。运用心理指导行为，才能实现更有力的管理，这对全民健身志愿服务治理机制的研究具有重要的指导意义。

（二）治理与善治理论

俞可平是治理与善治研究的代表人物之一，是中国民主治理的主要倡导者之一。他借鉴西方治理理论，为我国治理研究贡献了巨大力量，包括对治理和善治的基本内涵和发展脉络、我国政府治理变迁等进行了梳理分析。首先，俞可平（2002）[1] 认为治理侧重于政府管理，是公共管理活动或过程，主要指四个方面：公共权威、管理规则、治理机制和治理方式。国外研究中，善治的具体内涵主要是以公共利益最大化为根本目标的公共管理过程，是一种较为新颖的政府与公民关系，其基本内涵是政府和公民合作管理公共生活，是双方最好的状态。[2] 俞可平进一步对治理和善治的相关内涵进行了对比分析，深入探析治理、善治的基本含义，分析了治理、善治和传统统治的区别："治理"和"统治"有很大区别，主要表现在统治的权威、权力运行的向度；其管理范围、权威的基础和性质都存在较大差异。[3] 同时，他也总结了善治的基本要素。[4] 然后，俞可平（1999）[5] 针对西方理论和实务，总结出治理的背景脉络与产生原因，他认为从根本原因出发，西方政治学、管理学的学者们提倡治理而去除统治，是因为他们看到了社会资源配置之后的市场失效与国家失效。面对国家失效与市场失效，人们常常采用构建治理机制来调和，这也是治理理论从何而来的根本原因。如果说治理理论强调对政府国家及市场的管理与控制，那么善治理论

---

[1] 俞可平. 全球治理引论 [J]. 马克思主义与现实，2002（1）：22–23.

[2] 俞可平. 治理和善治引论 [J]. 马克思主义与现实，1999（5）：38–39.

[3] 同 [1].

[4] 俞可平. 全球治理引论 [J]. 马克思主义与现实，2002（1）：23–24.

[5] 同 [2].

是在治理理论产生的社会基础上，由政府国家和市场之外的第三方领域充分发挥效能的实践过程，是实现公共利益最大化的社会管理过程。

最后，回归到当前我国治理问题。俞可平（2014）[1] 针对我国治理问题进行了探究，目前，我国在制度层面的现代化还有所欠缺。以现在我国来说，器物层面的现代化往往会因为缺少制度层面的现代化停滞不前。因此，我国的发展不仅需要器物层面的现代化，同时也需要推进制度层面的现代化。国家治理现代化等同于制度的现代化，或者说政治现代化。针对我国治理现代化提出的背景，俞可平（2014）[2] 指出，改革开放之初的问题与当前所面临的问题是不同的，现在我国主要的任务是发展经济。随着我国经济取得的巨大成就，但是经济所产生的一系列问题如何解决，分配财富要如何实现公平公正？这是亟待解决的问题。因此，需要国家实施制度约束，保障公平正义。进一步为我国推进治理现代化提出的相应建议包括：进一步解放思想、加强顶层设计、总结地方经验、学习国外经验。[3]

针对治理和善治理论的梳理，是在"国家失效"和"市场失效"的基础上提出的，善治的实质是权力的转移，是国家的权力向社会的转移和回归，是还政于民的过程，更多是依赖公民意识的决心。全民健身志愿服务志愿治理的背景恰恰也是源于公民，强化公民自治、善治、乐治意识，以群众为主体。用治理机制调和国家失效和市场失效，这也是治理理论产生的工具意义的原因。因此，把治理和善治理论作为全书的研究理论基础，为全民健身志愿服务治理机制的研究提供思路。全民健身志愿服务治理机制是根据心理契约理论构建，由全民健身志愿服务治理期待总结得出。全民健身志愿服务治理期待通过治理履行对治理绩效产生影响。因此，全民健身志愿服务治理机制是指在提前设定好的政治、经济、文化活动框架内，以推动全民健身运动广泛开展为目的，追求多元治理主体之间的互助合作，根据共同制定的规则最终达到全民健身志愿服

---

[1]　俞可平. 国家治理现代化的若干问题（上）[N]. 福建日报，2014-06-08（7）.

[2]　俞可平. 国家治理现代化的若干问题（下）[N]. 福建日报，2014-06-16（11）.

[3]　赵晓强. 国家治理法治化问题研究 [D]. 长春：吉林大学，2019.

务善治目标。

（三）利益相关者理论

利益相关者理论是关于价值创造和交易者理论及如何有效管理生意的理论，它最早产生于 20 世纪，[1] 广泛应用于企业管理学、商业伦理学、经济学、法学和社会学等领域的相关研究；研究主体由企业向政府、社区、城市、社会团体以及相关的经济和社会环境等主题进行延伸；[2] 研究国家由发达国家向发展中国家递进。随着利益相关者理论的发展，它的广泛应用也逐渐由原来的企业治理领域向社会治理领域转变。[3]

利益相关者理论中联系最为密切的概念可概括为：利益相关者影响、利益相关者参与和利益相关者共同治理。[4] 同时，以这三个概念为基础，王身余（2008）[5] 认为可以划分为三个阶段。①第一个阶段为利益相关者影响阶段：这是利益相关者理论的开始阶段，由于外部变化有许多不确定性，主要聚焦于组织和利益相关者的相互影响，重点在利益相关者对组织绩效的影响。[6] ②第二阶段是由利益相关者参与阶段向第三阶段利益相关者共同治理阶段过渡，[7] 其提出的组织对利益相关者不存在任何义务，已经被完全代替和超越。③第三阶段为利益相关者共同治理阶段，已经属于成熟阶段，很多学者广泛研究，并且在社会治理领域中，学者们对利益相关者的合作关系这一突出主题进行了热

[1] 爱德华·弗里曼，杰弗里·哈里森，安德鲁·威克斯，等. 利益相关者理论：现状与展望 [M]. 盛亚，李靖华，译. 北京：知识产权出版社，2013.

[2] 高峻. 生态旅游学 [M]. 北京：高等教育出版社，2010.

[3] 李文炜. 农业环境问题的行为基础与治理机制创新——基于利益相关者理论视角 [D]. 重庆：西南大学，2012.

[4] 郭柏林，杨连生. 大学青年教师职业角色冲突的影响因素及调适策略——基于院校组织视角的实证研究 [J]. 中国人民大学教育学刊，2021（1）：135–150.

[5] 王身余. 从"影响""参与"到"共同治理"——利益相关者理论发展的历史跨越及其启示 [J]. 湘潭大学学报（哲学社会科学版）2008，32（6）：28–35.

[6] JOHN K.Differentiating stakeholder theories[J].Journal of Business Ethics,2003（46）:71–83.

[7] 葛晓鹏. 我国农村客运服务供给机制与实现路径研究 [D]. 北京：北京交通大学，2018.

烈探讨。[1] 利益相关者的多元主体在治理中都是平等状态，治理遵循的是平等合作规则。杨瑞龙等（2000）[2] 认为利益相关者的多元主体和股东平等地参与公司治理，注重对利益相关者的权益和股东的权益进行平等对待。

利益相关者理论同样适用于全民健身志愿服务治理。全民健身志愿服务协同治理机制是以利益相关者理论和协同治理理论为指导。全民健身志愿服务治理中的利益相关者包括政府、企业、项目协会、民间组织、公民个人等多元主体，他们拥有平等权益，要遵循平等合作的逻辑进行治理。治理理论强调在治理主体上，多元主体参与共同治理的重要性，政府不再是治理过程中的单一主体，相反应与其他利益相关者共同组成治理行为主体。随着社会多元主体的迅速发展，利益相关者共同治理趋势逐渐形成。

（四）社区治理理论

社区治理是由于社区建设和治理理论的发展而产生的，但在讨论治理理论的共性时，它所强调的是"自治"这一概念，强调多方参与和居民自治。[3] 社区治理摒弃传统的政府为主导的观念，[4] 邱梦华等（2013）[5] 认为社区治理应在治理理论的基础上，强调社区本身最核心的是居民自治和多方参与，政府作为社区治理权力主体之一，应该发挥引导、服务的特点，而非行政性的强制。社区治理具有社区自治和社区居民参与的双重特点。祝良（2018）[6] 认为社区治理要首先考虑社区居民利益，在社区治理中，多元主体共同参与，共同合作承担责任，完善社区治理。

社区治理理论的核心是"居民自治"和"多元主体参与"，对全民健身志

[1] EDWARD T J,SULLEY G.Complexity in local stakeholder coordination:decentralization and community water management in northern Ghana[J].Public Administration and Development,2002,22（2）:135–140.

[2] 杨瑞龙，周业安. 企业的利益相关者理论及其应用 [M]. 北京：经济科学出版社，2000：112.

[3] 庄晓惠，郝佳欣. 社区治理理论视角下我国城市居民委员会的角色重塑 [J]. 广西社会科学，2016（11）：160–164.

[4] 夏建中. 中国城市社区治理结构研究 [M]. 北京：中国人民大学出版社，2012：96.

[5] 邱梦华，秦莉，李晗，等. 城市社区治理 [M]. 北京：清华大学出版社，2013：20.

[6] 祝良. 创新社会治理背景上海市社区体育治理体系研究 [D]. 上海：上海体育学院，2018.

愿服务治理具有借鉴意义。

（五）社会治理理论

社会治理理论强调在社会管理向社会治理转变的过程，最终实现公共利益最大化。[1]陶希东（2017）[2]认为社会治理具有治理的共性，同时也具有社会的特征，并对社会治理内涵进行了分析：社会治理是结合当代治理理念模式的延伸，使社会中的多元主体政府、市场、社会、民众，以协商、协作、互动等方式，整合社会资源，解决社会问题的一种新的理论思路。社会治理强调社会公民的自我管理与自治，由多元主体进行合作共治，故社会治理强调多元主体之间平等合作关系。[3]俞可平（2000）[4]认为社会治理的本质就是在治理理论指导下的社会管理。

社会治理理论的本质对完善全民健身志愿服务治理具有借鉴意义。

（六）协同治理理论

"协同治理"一词最早从欧洲产生。在当前阶段，作为社会重大问题行政领域的热门话题之一，不同领域学者都对协同治理进行了不同研究。目前还没有确定的含义界定。我国对协同治理研究起步较晚，但已逐渐被学者们运用在我国社会管理事务中。协同治理的概念是政府和非政府部门协同合作而产生的，在各学者的研究中也衍生了许多相似概念，如公私伙伴关系、民营化、网络治理、协作性社会重大事务管理。[5]何水（2008）[6]认为协同治理通过社会多元主体参与社会公共事务，提升治理效能，最终完成维护增强公共利益的目的。他对协同治理内涵进行了具体探究，主要探究了参与主体的多元性。协同治理是各主

---

[1] 陈家刚. 从社会管理走向社会治理 [N]. 学习时报，2012-10-22（006）.

[2] 陶希东. 社会治理体系创新：全球经验与中国道路 [J]. 南京社会科学，2017（1）：62-70.

[3] 周红云. 从社会管理走向社会治理：概念、逻辑、原则与路径 [J]. 团结，2014（1）：28-32.

[4] 俞可平. 治理与善治 [M]. 北京：社会科学文献出版社，2000：12.

[5] 黄心如. 我国尘肺病问题多主体协同治理机制与运行演化研究 [D]. 徐州：中国矿业大学，2020.

[6] 何水. 协同治理及其在中国的实现——基于社会资本理论的分析 [J]. 西南大学学报（社会科学版），2008（3）：102-106.

体根据个人情况和行动回应现实情况的整体需要，各个主体相互协同进行优化组合，由过去的单一管理式向多双互动改变，向多元主体的合作伙伴关系转变，最终实现提升治理效能目标的治理模式。[1]

　　"利益契合"是多元主体参与治理的动力机制，即志愿服务利益相关者在志愿服务治理中均能够获得和实现自身所期许的利益诉求。因此，明确各个志愿服务利益相关者的利益诉求，遵循公平合理的利益均衡和分配原则，保障各参与治理主体的利益诉求得到合理公平分配，是成功构建"政府主导、部门协同、全社会共同参与"的志愿服务利益相关者协同治理模式的关键。明确包括志愿活动举办城市（举办地政府）、企业、项目协会、民间组织、志愿者个人、赞助商、参赛者和观众在内的各个志愿服务利益相关者的利益诉求，是推动志愿服务利益相关者成为参与全民健身志愿服务协同治理多元主体的前提。志愿服务利益相关者的利益诉求主要分为物质诉求、精神诉求和政治诉求三种类型。通过分析志愿服务利益相关者的诉求，了解其心理期待，并尽力达成各方心理契约，明确各参与主体对自身的权责利，使治理主体均能在赛事治理中找准自身定位，促进协同治理机制的形成，有效实现主体间权利的统一和权力的制衡。

　　因此，全民健身志愿服务协同治理需要非政府组织、企业、项目协会、民间组织和志愿者个人、赞助商、参赛者和观众共同参与。各主体根据个人情况和行动回应现实情况的整体需要，相互协同进行优化组合。各主体拥有不同的社会资源，担负着不同的社会责任，通过合作治理，推动全民健身志愿服务多元治理模式的形成和发展。此外，在治理的过程中，要形成由过去的单一管理式向多双互动改变的治理模式，同时向多元主体的合作伙伴关系转变，最终实现提升全民健身志愿服务治理绩效的目标。

　　综上所述，本研究以全民健身志愿服务理论为基础，按照治理理论的逻辑，对相关概念进行探析，明确了全民健身志愿服务治理的内涵和特征，同时，对

---

[1]　薛瑞. 皖北城市社区治理中居民参与冷漠问题研究 [D]. 贵阳：贵州师范大学，2017.

治理与善治理论、利益相关者理论等进行阐述，分析全民健身志愿服务治理有重要意义的观点：一是要以个人为中心，让个人参与志愿服务的决策，增强个人的责任意识和参与能力；[1] 二是以心理契约为出发点，通过对信任治理、关系治理、组织治理、规范治理、权威治理、合约治理等治理研究对治理机制进行构建；三是以利益相关者理论为指导，对政府、企业、项目协会、民间组织、个人等多元利益相关者进行协同治理。

三、基于心理契约理论的全民健身志愿服务治理类型及应用

（一）信任治理

吴中伦等（2010）[2] 认为私营企业的持续发展必须维持劳动关系，并提出在构建私营企业和劳动关系时应将心理契约理论贯穿其中，并系统地梳理了心理契约、组织内信任和劳动之间的关系。楚龙娟（2012）[3] 将协同确定为制约灾害救援的重要环节，认为人道组织协同需要以心理契约为媒介来建立信任和促进。王娜和李源（2013）[4] 对心理契约与合作进行了研究探索，分析了心理契约的表现形式、类型、违背动机对合作的影响。研究发现，信任是最容易受影响的因素；并总结出：合作前不需做明确承诺；过程中要及时处理冲突等问题；要遵守社会性承诺。赵丽丽（2016）[5] 认为监理工程师心理契约与信用行为的作用机理为：要提高监理工程师的参与度，提升个人的信任和自主性；要遵守公平原则；要合理沟通，建立沟通渠道明确相互的心理契约；业主要及时关注监理工程师的心理契约。

[1] 王振涛，刘新刚，单清华，等. 基于政府购买服务环境下开发体育公共管理软件的理论探析 [J]. 山东农业大学学报（自然科学版），2017，48（3）：472-477.

[2] 吴中伦，陈万明，沈春光. 私营企业劳动关系信任治理的实证研究：心理契约视角 [J]. 统计与决策，2010（7）：183-186.

[3] 楚龙娟. 人道供应链中的快速信任评估模型和治理机制 [D]. 成都：西南交通大学，2012.

[4] 王娜，李源. 组织成员间心理契约的违背对合作的影响 [J]. 吉林师范大学学报（人文社会科学版），2013，41（4）：90-93.

[5] 赵丽丽. 基于激励理论的监理工程师信用治理研究 [D]. 天津：天津大学，2016.

（二）关系治理

杨慧和蔡文著（2013）[1] 进一步探索订单农业中的龙头企业和农户的合作关系，剖析隐藏在龙头企业和农户内心的心理契约，通过推动龙头企业和农户关系中的渠道关系，为治理机制研究提供新思路。王彦勇（2014）[2] 以利益相关者的关系为突破点对品牌治理进行研究，主要包括三个方面：①品牌治理中利益相关者的参与原因；②品牌治理中利益相关者的参与表现；③如何衡量品牌治理对利益相关者的治理效果。蔡文著和杨慧（2014）[3] 以心理契约为视角，对龙头企业与农户的渠道关系进行了治理机制研究，发现渠道关系的治理方式是影响龙头企业与农户合作关系的主要因素，认为解决"治理失灵"问题需要以心理契约这一新的方式对龙头企业和农户的渠道关系进行治理。苏娜（2015）[4] 梳理服务外包中有关心理契约与正式契约、关系契约的关系，双方心理契约预期与控制理论的结合，人事调整等关键点，经实证研究探寻服务外包治理的有效途径：关注客户满意度，提升服务外包的发展。

（三）组织治理

李志英（2010）[5] 对民营企业的非正式组织治理路径进行了探索研究，即推进民营企业非正式组织的发展，强化了民营企业的治理路径。张蕾（2010）[6] 通过研究行政组织与公务员的心理契约，发现如果行政组织与公务员之间的心理契约失衡，对组织的发展是完全不利的，故要不断提升相互之间的心理契约，同时进行更新和完善，重新平衡行政组织与公务员之间的心理契约。周杨和王

---

[1] 杨慧，蔡文著. 订单农业中龙头企业与农户合作关系研究的新进展 [J]. 河北学刊，2013，33（2）：128–132.

[2] 王彦勇. 基于利益相关者的品牌治理研究 [D]. 济南：山东大学，2014.

[3] 蔡文著，杨慧. 龙头企业与农户渠道关系治理机制创新——以心理契约为视角 [J]. 江西社会科学，2014，34（1）：215–221.

[4] 苏娜. 服务外包中心理契约应用的理论述评 [J]. 技术经济与管理研究，2015（12）：72–76.

[5] 李志英. 民营企业非正式组织治理路径研究 [D]. 秦皇岛：燕山大学，2010.

[6] 张蕾. 行政组织与公务员心理契约问题研究 [D]. 长春：长春工业大学，2010.

征（2011）[1] 分析员工自身的心理特征，以比较优势理论为理论基础，从科研型组织中的员工个人特征出发，将高成就动机的激励模型运用到科研型激励机制研究中，为高新企业治理提供理论参考。夏超臣（2014）[2] 基于契约关系的视角，研究 PPP 项目利益相关者组织之间的关系，弥补显性契约单独治理的缺陷。张卓琼（2014）[3] 基于契约理论，以 A 空管局为例，对劳动派遣中不完全契约提出相应的治理机制：正式契约治理、关系契约治理，并发现单一治理机制的缺陷，总结出治理措施。代鹏（2014）[4] 从心理契约出发，基于双重契约探索母子公司财务冲突问题，并研究出相应的生成机理和协调机制。

（四）规范治理

王雷和邓行智（2011）[5] 从不完全契约出发，对联合创业投资中的契约不完全性进行研究，构建了三方面的治理机制：投资契约机制、管理创新机制和有效组织心理契约机制，完善了联合创业投资治理，规范了投资合约中的不完全事宜，稳定了联合创业投资，提升了对联合创业投资的治理效能和投资绩效。沈承诚（2012）[6] 以心理契约违背模型为基础，探索经济特区治理困境的内生性，探析地方政府核心行动者的动力衰竭，提出必须通过制度规引和愿景管理的实现，对地方政府核心行动者的心理契约违背进行防范。蔡文著和杨慧（2013）[7] 对农产品营销中心理契约治理机制模型进行了构建与测量，认为龙头企业和农户合作过程中，应该以渠道关系为主导，并提出两方面观点：一方面，在农产品营销中，龙头企业应该确立正式契约和规范契约，构建渠道权威、合约和规

[1] 周杨，王征. 科研型组织激励机制创新研究 [J]. 科技进步与对策，2011，28（15）：154–156.
[2] 夏超尘. PPP 项目利益相关者组织间关系研究 [D]. 重庆：重庆大学，2014.
[3] 张卓琼. 劳务派遣中不完全契约治理研究 [D]. 上海：上海交通大学，2014.
[4] 代鹏. 基于双重契约的母子公司财务冲突研究 [D]. 济南：山东大学，2014.
[5] 王雷，邓行智. 不完全契约下的联合创业投资治理机制研究 [J]. 中国科技论坛，2011（6）：112–118.
[6] 沈承诚. 经济特区治理困境的内生性：地方政府核心行动者的动力衰竭 [J]. 社会科学，2012（2）：27–36.
[7] 蔡文著，杨慧. 农产品营销中农户感知心理契约对农户行为的影响——基于江西省农户调研的实证研究 [J]. 经济管理，2013，35（2）：165–174.

范治理机制，对农户进行有效治理，维护和农户之间的稳定关系；另一方面，龙头企业从心理契约出发，根据心理契约的发展规律对农户的心理契约进行及时掌控，并对其进行干预诱导，稳定农户的信任和承诺水平，防止农户机会主义行为发生，完善农产品营销中心理契约治理机制。张存达和蔡小慎（2014）[1]从心理契约这一视角出发，探索公职人员利益冲突的治理，认为公职人员基于权、责、利和组织互相达成的隐性的、非正式的契约，能够在利益冲突发生时，稳定公职人员的心理状态。

除以上治理类型，学者们还对权威治理、合约治理等类型进行了研究。蔡文著和杨慧（2013）[2]认为签约的双方假如拥有一定的权力，然后以威胁方式对待对方是权威机制。韦茨（Weitz）和贾（Jap，1995）[3]研究发现，不同治理机制对协调双方的营销活动具有协调作用，可以促进或是抑制发展。当通过合约治理机制进行治理时，双方根据合同达成协议制约，并且双方都拥有一定权利，当一方违背合同，则会受到相应惩罚，另一方可以通过起诉或者其他方式使对方得到相应处罚，比如研究中经常提到的龙头企业和农户，通过签订合同达成合约机制。另有研究发现，合约治理机制是成员之间通过合约相互制约、相互控制；而规范治理机制是用成员之间隐性的互相信任、合作的关系来规范双方的行为。

由于全民健身治理研究较少，故对治理理论进行归纳总结，为全民健身治理机制提供理论支撑。

---

[1]　张存达，蔡小慎. 心理契约视角下公职人员利益冲突的治理 [J]. 湖南社会科学，2014（1）：83–87.

[2]　蔡文著，杨慧. 农产品营销中农户感知心理契约对农户行为的影响——基于江西省农户调研的实证研究 [J]. 经济管理，2013，35（2）：165–174.

[3]　WEITZ B A,JAP S D.Relationship marketing and distribution channels[J].Journal of the Academy of Marketing Science,1995,23（4）:305–320.

第三章

全民健身志愿服务治理的现实依据

全民健身志愿者是我国体育事业的重要人力资源之一。由于全民健身志愿服务具有公益性、志愿性，且志愿者来自社会各阶层，因此，志愿者的素质水平参差不齐。在实际中，常常出现志愿服务上岗率不高、实际发挥作用不足等现象。但是，全民健身志愿服务长、短期志愿者作为我国全民健身公共服务体系的主要部分，其职能的发挥和作用的体现对国家全民健身战略的实施有着深远的意义。因此，全民健身志愿者服务治理问题必将成为学术界关注的重要议题。

第一节　全民健身志愿服务治理的研究现状

一、治理研究现状

"治理"问题在我国许多研究领域均有涉及，现有志愿服务治理的研究或多或少借鉴了关于"治理"问题的已有研究成果。因此，有必要对治理研究现状进行简要的回顾。

（一）其他领域的治理研究

研究发现，治理研究集中在公司治理、综合治理、乡村治理、环境治理、基层治理等领域。公司治理研究大多从结构、上市公司、法人治理结构、股权结构、公司绩效等主题进行研究。我国公司治理研究遵循从公司治理结构到公司治理机制、从公司治理原则到公司治理评价等脉络。[1] 综合治理研究大多针对社会治安综合治理、小流域综合治理、水土保持治理生态环境等主题进行研究。乡村治理研究聚焦结构、体系、模式和困境等研究主题，其中，乡村振兴、治理有效、新型城镇化、乡村治理转型、乡村善治等是研究的前沿与热点话题。[2] 环境治理研究对绩效审视、环境治理的理论与实践反思、环境治理的社会机制等议题开展了多维度研究。[3] 在公共性社会关系性质发生变化的条件下，中国基层治理的改革和转型涉及政府治理、社会治理和市场治理等领域的主体结构及其功能界分。[4]

（二）体育领域治理研究相关现状

全球体育治理研究集中于组织腐败、兴奋剂、操纵比赛、假球黑哨等问题，尤其是国际奥林匹克委员会治理和国际单项体育联合会治理。综观国内研究发现，学者们主要将治理理论与服务型政府建设相结合，从社会组织、不同群体、企业等角度谈论如何将治理理论应用到各行业。

目前，治理理论在体育领域中的研究主要集中于公共服务建设、体育社会组织等。在公共服务建设方面，武东海（2013）[5]，裘鹏等（2013）[6] 对公共体育服务模式进行了研究，发现了应该摒弃传统的、以政府为主导的"治理失灵"

[1]　李维安，郝臣，崔光耀，等. 公司治理研究 40 年：脉络与展望 [J]. 外国经济与管理，2019，41（12）：161–185.

[2]　王晔，刘平. 我国乡村治理研究进展与趋势——基于 CiteSpace 的可视化分析 [J]. 农业经济，2020（8）：45–47.

[3]　陈涛. 环境治理的社会学研究：进程、议题与前瞻 [J]. 河海大学学报（哲学社会科学版），2020，22（1）：53–62.

[4]　周庆智. 改革与转型：中国基层治理四十年 [J]. 政治学研究，2019，144（1）：43–52.

[5]　武东海. 多中心治理视域下创新公共体育服务供给模式研讨 [J]. 武汉体育学院学报，2013，47（5）：30–40.

[6]　裘鹏，付甲. 善治理论视角下国家体育公共服务的"多元治理"模式研究 [J]. 沈阳体育学院学报，2013，32（2）24–26.

状况，提出了"多元共建"的思想，认为公共体育服务应在治理、决策、监督主体等方面进行新型治理模式的探索。在体育社会组织方面，管理学领域的学者们认为，政府应由传统的主导者转换为保障者，让体育社会组织实现自治。丁一飞和于可红（2011）[1] 对老年体育社会组织治理进行了研究，认为应该通过多元主体参与的方式进行合作协调，促进老年体协的社会组织和私人机构治理，形成自治网络管理体系。张伟和李建国（2015）[2] 指出体育组织在体育领域中的研究主要集中在发展现状与政府关系等方面。

综上所述，治理理论在国内体育领域的应用正处于初步探索阶段，主要集中于公共服务建设、体育社会组织等研究，逐步扩展到学校体育、职业体育的发展与改革。[3]

二、基于心理契约理论的治理研究现状

在国外，心理契约理论被广泛应用于研究社会责任、组织承诺、服务管理等问题。国内学者则运用心理契约理论对忠诚度作用机理、行为激励模型、人力资源管理及人员流失等方面进行研究。国外运用心理契约理论对志愿者的动机、性格（Liao，2005）[4]、义务（Vantilborgh et al，2012）[5] 及志愿可持续性（Christine et al，2011）[6] 进行了探讨。国内的相关研究较为单一，主要围绕管

[1] 丁一飞，于可红. 公共治理理论对构建老年体育组织服务体系的启示 [J]. 浙江体育科学，2011，33（1）：7-9.

[2] 张伟，李建国. 创新社会治理视域下社会体育组织研究述评与前瞻 [J]. 都体育学院学报，2015，27（1）：4-7.

[3] 苏莹. 体育社会组织参与社会治理方式研究 [D]. 福州：福建师范大学，2016.

[4] LIAO-TROTH M A. Are they here for the long haul? The effects of functional motives and personality factors on the psychological contracts of volunteers[J].Nonprofit and Voluntary Sector Quarterly,2005,34,（4）:510-530.

[5] VANTILBORGH T,BIDEE J,PEPERMANS R G, et al.A new deal for NPO governance and management: implications for volunteers using psychological contract theory[J].Voluntas,2011, 22（4）:639-657.

[6] CHRISTINE S,SUE K,PETER O.A psychological contract perspective to the link between non-profit organizations'management practices and volunteer sustainability[J].Human Resource Development International,2011,14（3）:321-336.

理问题开展。例如，刘琪（2010）[1]、叶莎莎（2010）[2]、李燕平（2014）[3] 等从心理契约角度对博物馆、医院志愿者以及非营利组织的管理和激励进行了研究。李燕平（2013）[4] 则通过质性分析发现 8 个方面的契约要求。国内关于体育赛事志愿者管理现状、管理模式及激励的研究较多，但深入程度不足。例如，宋玉芳（2005）[5]、王双丽（2006）[6]、曾其令（2008）[7] 等做了相应研究。仇军（2010）[8]、黄汉升（2011）[9]、张颖（2014）[10] 则分别在书评中谈到职业体育的契约治理和公共治理，未发现体育志愿服务心理契约方面的研究。

　　国外学者从志愿者服务的生态环境学角度，将志愿服务分为三个维度：心理维度、价值维度和社会维度，通过分析它们之间的关系，对志愿服务进行相关治理。[11] 史璇和江春霞（2019）[12] 在论述企业社会责任的履行及治理时，提出社会责任是企业被强制履行和自愿履行的综合，需要相对严格的监管机制来加以促进。谢宗晓和林润浑（2016）[13] 认为，履行是指组织对于自身制度化的外部表达。韦茨和贾（1995）[14] 将渠道关系治理机制分为权威治理机制、合约

[1] 刘琪. 基于心理契约的世博会志愿者管理问题研究 [D]. 上海：上海交通大学，2010.

[2] 叶莎莎. 从心理契约角度对我国非营利组织志愿者管理研究 [D]. 西安：西北大学，2010.

[3] 李燕平. 基于心理契约论的非营利组织志愿者管理 [J]. 中国青年政治学院学报，2014，33（2）：111-116.

[4] 李燕平. 志愿者心理契约的质性研究 [J]. 中国青年政治学院学报，2013，32（1）：42-47.

[5] 宋玉芳. 奥运会志愿者管理研究 [J]. 体育科学，2005（2）：86-94.

[6] 王双丽. 我国大型体育赛事志愿者的激励问题与管理对策研究 [D]. 武汉：华中师范大学，2006.

[7] 曾其令. 单项体育赛事志愿者管理模式研究 [J]. 福建体育科技，2008（4）：1-4.

[8] 仇军. 职业体育的契约治理与组织制度的层次演进——《职业体育组织形态与制度安排》书评 [J]. 体育学刊，2010，17（12）：126-128.

[9] 黄汉升. 职业体育市场的专用性与公共治理——《职业体育组织形态与制度安排》书评 [J]. 当代财经，2011（2）：129.

[10] 张颖. 职业体育的契约治理——评《职业体育的组织形态与制度安排》[J]. 中国教育学刊，2014（6）：124.

[11] 杨中兵，王江萍. 多元参与的全民健康路径实践研究——以国家级社会体育指导员培训为例 [J]. 北方民族大学学报，2021（4）：147-152.

[12] 史璇，江春霞. 互联网"独角兽"企业社会责任的履行及治理 [J]. 理论探讨，2019（4）：115-119.

[13] 谢宗晓，林润辉. 信息安全制度化 3I 模型 [J]. 中国标准导报，2016（6）：30-33.

[14] WEITZ B A,JAP S D.Relationship Marketing and Distribution Chanmels[J].Joumal of the Academy of MarketingScience,1995,23（4）,305-320.

治理机制和规范治理机制。陈乐泉（2012）[1] 把关系权威治理方式划分为强制性权力与非强制性权力，按照集权程度、特异性知识、人情往来、人际信任和关系权威将组织关系治理划分为五个维度。查希尔等（Zaheer et al，1995）[2]。将关系治理分为结构维度和关系性规则。楚龙娟（2012）[3] 从评审机制、管理机制和保障机制三个方面阐述对信任的治理机制。祝慧和谢祈星（2016）[4] 基于交易、关系、发展和理念四个维度对员工进行人力资源管理开展了研究。李瑞昌和李婧超（2013）[5] 从政府认可、社会评价、组织管理和个体偏好四个维度开展志愿服务动机影响因素的治理研究。席军良（2021）[6] 认为，加强党建是志愿服务治理的有效抓手；基层志愿服务要走向"善治"，应建立和谐的政治关系，并利用大数据技术建立"网格＋网络"治理体系。汪伟全（2021）[7] 在谈及社区应急志愿者时，也提出志愿组织和志愿者要找准定位，做到"关口前移"和"重心下移"。我国部分学者认为，志愿服务活动存在一些内在的特殊机制或特征 [8]；志愿组织在理念、专业分工和贴近群众方面也有其独特优势 [9]；志愿服务组织应按照章程开展自治和实施民主管理，全力发展基层"党建引领"

[1] 陈乐泉. 龙头企业感知心理契约对渠道关系治理方式的影响机理研究 [D]. 南昌：江西财经大学，2012.

[2] ZAHEER A，VENKATRAMAN N.Relational governance as an interorganizational strategy: an empirical test of the role of trust in economic exchange[J].Strategic Management Journal,1995,16（5）:373–392.

[3] 楚龙娟. 人道供应链中的快速信任评估模型和治理机制 [D]. 成都：西南交通大学，2012.

[4] 祝慧，谢祈星. 政策支持与治理创新: 非营利组织人力资源管理策略探讨 [J]. 云梦学刊，2016，37（6）：87–92.

[5] 李瑞昌，李婧超. 国内外志愿者服务动机稳定性研究述评 [J]. 复旦公共行政评论，2013（2）：209–226.

[6] 席军良. 志愿类社区社会组织的孵化与治理——新时代党建引领社区治理的有效抓手 [J]. 中南民族大学学报（人文社会科学版），2021，41（9）：91–97.

[7] 汪伟全. 社区应急志愿者参与公共安全治理的影响因素分析——基于新冠肺炎疫情背景的 Nvivo 质性研究 [J]. 社会科学辑刊，2021（4）：46–55.

[8] 王名，蓝煜昕，王玉宝，等. 第三次分配：理论、实践与政策建议 [J]. 中国行政管理，2020（3）：101–105.

[9] 裴斌. 论乡村"善治"进路中的基层志愿服务——以浙江嵊州"村嫂"为讨论基础 [J]. 甘肃社会科学，2021（3）：159–166.

型志愿服务，形成志愿服务的全嵌入治理模式。[1]

　　志愿服务是充分发挥社会体育指导员作用的重要形式。体育志愿者的利己性是开展体育志愿组织治理的出发点。[2]梁金辉等（2016）[3]认为公共体育服务主体角色履行意识是公共体育服务发展最重要的部分，履行的过程更关注内部制度与外部制度和监管要求的一致性。黄洁等（2016）[4]组织通过履行其对个人的责任，使个人对组织产生归属感，愿意为组织的发展做出更大的贡献。于善旭（2018）[5]认为，公益性的社会体育指导员的志愿服务组织对社会体育指导员激励工作不到位、管理部门工作能力水平不足和队伍建设管理与使用相脱节。长期以来，志愿服务存在兜底化、僵化、依赖化和淡化等问题，社会体育指导员管理松散、责任不明，工作具有不稳定性、随意性强，[6]社会体育指导员数量严重不足、指导率不高，[7]以及培养目标笼统和评价机制单一，存在着"志愿失灵"现象[8]、行政化、家长制作风，人才流失严重，上岗率不高，常态化、长效化不足的问题。[9]此外，社会体育指导员还面临着职业岗位缺乏、人才培养模式滞后与供需错位、管理体制不健全[10]、城乡发展不均衡、参与指导频率低和无定点挂牌指导点等困难，造成管理体制、激励机制欠缺，缺少交流、参与积极性不高，

[1]　郭彩琴，张瑾．"党建引领"型城市社区志愿服务创新探索：理念、逻辑与路径 [J]．苏州大学学报（哲学社会科学版），2019，40（3）：15-20．

[2]　张大为，成婉毓，刘兵，等．社会资本视角下体育志愿服务研究的国际经验与中国镜鉴 [J]．武汉体育学院学报，2020，54（12）：26-32．

[3]　梁金辉，傅雪林，王实．满意度和需求度二维耦合视角下的首都公共体育服务评价 [J]．首都体育学院学报，2016，28（6）：496-502．

[4]　黄洁，王晓静．企业员工社会责任对组织公民行为的影响研究——基于心理契约的中介作用 [J]．山东社会科学，2016（2）：179-183．

[5]　于善旭．公益社会体育指导员工作纳入我国志愿服务体系的探讨 [J]．体育学研究，2018，1（3）：37-47．

[6]　舒宗礼，夏贵霞．"三社联动"：我国社区青少年体育治理的模式选择、实践探索与优化策略 [J]．体育科学，2020，40（11）：42-52．

[7]　刘青健．中国社会体育指导员动态发展比较研究 [J]．北京体育大学学报，2007（7）：901-903．

[8]　李燕平．志愿者心理契约的质性研究 [J]．中国青年政治学院学报，2013，32（1）：42-47．

[9]　江华，任德利，刘莎莎．我国全民健身日活动开展特征与策略 [J]．体育文化导刊，2019（2）：46-51．

[10]　欧吉林．小康时代我国社会体育指导公共服务体系研究 [J]．西南师范大学学报（自然科学版），2021，46（2）：142-148．

素质参差不齐，难以满足全民健身个性化需求。[1]

目前，心理契约理论发展较为成熟，被广泛应用于社会领域的人员管理。国内契约理论研究已围绕职业体育展开，但鲜有全民健身志愿服务治理及其治理绩效方面的研究。国内对社会体育指导员志愿服务治理的相关研究多集中于志愿服务动机、组织内外部治理、利用大数据构建治理体系等方面，对履行方面的研究也多集中于心理契约遵守及破坏、企业员工责任[2]等方面，较少关注社会体育指导员志愿服务治理方面的内容。

三、全民健身志愿服务治理研究现状

从我国情况分析，目前国内涉及全民健身志愿服务管理的研究较少，更多从志愿者组织管理机制的整体情况进行分析，且多聚焦大型赛事志愿者和社区志愿公共服务工作，对日益发展的群众性体育赛事、全民健身赛事研究较少，并且对相关机制的构建以及长效发展的研究不够完善。[3] 总体来说，大多是关于全民健身服务组织、公共服务、社区体育治理等管理方面的研究，较少关注全民健身志愿服务治理。因此，对全民健身志愿者治理机制的相关研究需要完善。

（一）全民健身长期志愿服务

我国学者围绕社会体育指导员的管理及发展问题进行了很多研究和探讨，李建国（2001）[4]提出应建立社会体育指导员派遣的新型制度。赵栩博（2006）[5]认为社会体育指导员的职业化符合市场需求和法律制度规定。戴俭慧（2008）[6]提出我国应当借鉴国外经验，促进我国社会体育指导员发展进一步专业化。我

---

[1] 杨中兵，王江萍. 多元参与的全民健康路径实践研究——以国家级社会体育指导员培训为例 [J]. 北方民族大学学报，2021（4）：147-152.

[2] 何奎. 企业员工责任对新生代员工组织公民行为影响研究 [J]. 管理学刊，2018，31（1）：33-43.

[3] 何震宇. 群众性体育赛事志愿者管理长效机制研究 [D]. 上海：上海体育学院，2020.

[4] 李建国. 转型社会的社区体育发展模式研究 [D]. 上海：上海体育学院，2001.

[5] 赵栩博. 试论公益型社会体育指导员的职业化 [J]. 成都体育学院学报，2006（2）：46-49.

[6] 戴俭慧. 国外体育指导员资格认证制度的启示 [J]. 体育学刊，2008（5）：33-36.

国社会体育指导员存在培养管理不科学、制度不落地、缺乏科学合理的再培训机制、服务投入与回报比失衡等问题，导致社会体育指导员服务供给不足、指导员本身积极性不高、提供的服务质量不高等一系列问题。[1]

（二）全民健身短期志愿服务

随着体育赛事举办数量迅猛增加，体育赛事志愿者群体已成为国家大型赛事、救援服务中的一支重要力量。大型体育赛事的举办能够引起社会的广泛关注，使大众对于志愿服务文化和志愿服务精神有更全面更深入的了解，也能产生一定的榜样效应和示范效应。体育赛事志愿者以无偿、优质的服务保障了赛事的顺利进行，赢得了参赛者及社会大众的认可与好评。近年来，我国全民健身短期志愿服务发展取得显著成效。李璟圆和罗军（2019）[2]认为，目前我国优秀运动员全民健身志愿服务优势日益凸显，但是难以满足人民群众日益增长的科学健身需求。万发达等（2020）[3]提出，体育志愿服务人才队伍日趋扩大，但服务质量有待提升。邱辉和孟昭雯（2020）[4]认为我国体育志愿服务存在以下问题：理念普及欠缺、组织薄弱、服务效率低、运行机制不顺畅、法治化滞后、数据库不健全等。万发达等（2020）[5]认为，体育志愿者骨干更新速度过快、人才结构不合理、专业人才匮乏、体育志愿者组织归属感不强及流动性大等是制约志愿服务质量的重要因素。此外，体育志愿者流失也比较严重，出现了"被培训不上岗，上岗的志愿者却没有被培训"现象和"想参加体育志愿服务，却找不到体育志愿服务组织"的困惑，说明了体育志愿者的服务质量和水平亟待提高。

目前，国内学者对志愿者管理的研究主要为大型体育赛事的志愿服务管

---

[1]　张慧方. 政府购买社会体育指导员服务的研究 [D]. 南昌：南昌航空大学，2018.

[2]　李璟圆，罗军. 我国优秀运动员全民健身志愿服务研究 [J]. 体育文化导刊，2019，208（10）：56–62.

[3]　万发达，赵元吉，邱辉. 健康中国视域下我国体育志愿服务长效化发展研究 [J]. 体育学刊，2020，27（4）：56–60.

[4]　邱辉，孟昭雯. 1949 年—2019 年我国体育志愿服务发展的成就、问题与展望 [J]. 北京体育大学学报，2020，43（4）：150–156.

[5]　万发达，赵元吉，邱辉. 健康中国视域下我国体育志愿服务长效化发展研究 [J]. 体育学刊，2020，27（4）：56–60.

理。[1]乾清华（2008）[2]认为，体育志愿者管理应当人性化，以满足志愿者荣誉感和价值体现。邱明强（2012）[3]从管理投入和工作条件的视角探讨了体育赛事志愿者参与动机与激励制度的关系，发现体育赛事志愿者参与动机与激励制度的要素之间存在非常显著的影响关系。魏婉怡（2016）[4]认为，个人–任务搭配、个人–团体搭配以及集中管理型对志愿者被赋予权利产生影响。庄燕菲（2018）[5]对我国体育赛事志愿者的长效机制进行了初步探索。曾雪（2019）[6]认为应选择合适的志愿者培训机构，注重志愿者的人文关怀，不仅要注重内部激励，还应具备多样的外部激励措施。徐珍（2020）[7]认为，目前国内外对体育赛事志愿者管理主要集中在对志愿者的外部管理因素、个体特征和心理因素等几个方面。

综上所述，有关体育赛事志愿者管理的研究主要包括：管理投入、培训、招募方式、工作条件等因素，影响志愿者工作满意和投入的因素有招募过程的不合理、志愿者与组织的不匹配和通用培训内容不全面等。[8]

第二节　全民健身志愿服务满意度分析

2019 年，《纲要》将体育志愿服务工程确定为体育强国建设的九大工程

[1] 卢志成，刘华荣，李建国. 体育志愿服务研究进展与前瞻——基于 10 年文献分析 [J]. 成都体育学院学报，2012，38（9）：38-43.

[2] 乾清华. 大型体育赛事志愿者激励管理初探——以世界青年田径锦标赛为例 [J]. 西安体育学院学报，2008（1）：32-34.

[3] 邱明强. 体育赛事志愿者参与动机与激励制度研究 [J]. 体育与科学，2012，33（1）：78-82.

[4] 魏婉怡. 基于结构方程模型的我国体育赛事志愿者模型构建研究 [J]. 北京体育大学学报，2016，39（11）：45-50.

[5] 庄燕菲. 体育志愿者的长效机制初探——基于杭马志愿服务活动的思考 [J]. 浙江体育科学，2018，40（3）：21-24.

[6] 曾雪. 索契、平昌冬奥会志愿者组织体系研究 [D]. 北京：北京体育大学，2019.

[7] 徐珍. 体育赛事志愿者管理对志愿者响应影响的心理机制研究 [D]. 武汉：武汉体育学院，2020.

[8] 薛朝. 基于个体特质的体育赛事志愿者工作满意度与投入影响研究 [D]. 武汉：武汉体育学院，2020.

项目之一，并且提出了具体的要求：包括建立全民健身志愿者注册、培训与管理体系，形成完善的志愿者招募、注册、培训、服务、激励流程制度。建立全民健身志愿服务统计体系和志愿服务成效评估体系，完善以精神激励为主、物质奖励为辅的志愿者表彰激励机制，推动建立志愿者保险制度。全民健身活动和体育赛事对于志愿者的需求量大且需要的志愿服务类型多，在志愿者的管理上难免会遇到各种各样的问题。因此，充分了解全民健身志愿者满意度现状，致力于探寻影响全民健身志愿者满意度的主要因素，并结合服务现状分析对应的策略，从而推动全民健身志愿服务事业持续健康发展，显得尤为迫切和重要。

一、全民健身志愿服务满意度问卷的编制及发放

为了解全民健身志愿者对志愿服务的满意度现状，编制"全民健身志愿服务满意度问卷"。

（一）调查目的

满意度的研究虽然在国内外开展较多，不乏相对完善的问卷，但在全民健身志愿服务领域，对于全民健身志愿者满意度调查的问卷却寥寥无几。为了梳理全民健身志愿者满意度的具体内容，问卷的编制工作从三个方面入手：①收集相关问卷；②通过对相关专家进行访谈，收集他们对全民健身志愿者满意度的看法；③进行开放式调查，进一步了解全民健身志愿者满意度所包含的具体内容。

（二）调查对象

以北京（138名）、西安（59名）、贵阳与厦门（123名）、郑州（244名）共564名全民健身志愿者为调查对象。

（三）调查方法与工具

通过 Excel 2020、SPSS 26.0 软件，对调查的结果和数据进行统计学处理，主要运用描述性统计及相关分析、独立样本 t 检验、单因素方差分析等统计学

分析方法。描述性统计及相关分析主要用于志愿者的人口特征、志愿服务经历、继续服务意向等现状描述；独立样本 t 检验用于分析两组定类数据的满意度之间的差异情况，如男女性志愿者满意度之间是否存在差异；单因素方差分析用于多组（两组以上）的定类数据的志愿者满意度之间的差异情况，如不同年级的志愿者的满意度之间是否存在差异。

（四）问卷的设计

根据研究需要，在前期大量文献综述基础上，对涉及全民健身满意度的问题进行咨询、访谈。随后，对部分志愿者进行访谈，完成相关资料搜集，形成问卷初稿。下一步邀请专家对问卷的内容进行指导，并结合专家建议进行多次修改，最终形成全民健身志愿者满意度调查的正式问卷。

（五）问卷的信效度检验

1. 信度

信度主要是指测量结果的可靠性、一致性和稳定性，信度分析用于研究定量数据的回答可靠性。常用的信度测量方法有重测信度、复本信度、分半信度[1]和 Cronbach's α（克龙巴赫 α）信度。根据本研究及调查对象的特殊性，问卷信度的测量采用 Cronbach's α 信度值。完成回收问卷的整理后，使用 SPSS 26.0 对问卷的可靠性进行分析，结果如表 3–1 所示。

表 3–1　问卷可靠性分析结果

题项	Cronbach's α	项数
全民健身志愿者问卷	0.927	25

一般认为，α 系数的取值在 0~1，系数越高、信度越高，问卷的内部一致性越好。α 值在 0.75 以上具有使用价值。全民健身志愿者的信度值为 0.927，说

---

[1] 分半信度分析常通过计算和比较 Spearman–Brown（斯皮尔曼 – 布朗）系数和 Guttman Split–Half（格特曼分半）系数的数值来实现。

明问卷的信度较好,可用于进一步分析和研究。

2. 效度

常见的问卷效度分析包括内容效度和结构效度。针对问卷的内容效度,邀请 5 位专家(2 位教授、1 位副教授及 2 位组委会工作人员)对问卷效度进行评价,评价结果如表 3–2 所示。

表 3–2 问卷内容效度评价结果

评价内容	非常不合理	不太合理	合理	比较合理	非常合理
问卷设计评价	0	0	1	2	2
问卷内容评价	0	0	1	1	3

使用因子分析法对量表题项结构效度进行检验,首先进行了 KMO 和 Bartlett 球形检验,结果如表 3–3 所示,全民健身志愿者满意度问卷 KMO 值为 0.934,全民健身志愿者满意度问卷的 Bartlett 球形检验显著性为 0,说明适合做因子分析。因子载荷介于 0.403~0.830,都大于 0.35 的最小可接受值,这说明该问卷的结构效度很高。

表 3–3 题项结构效度检验

题项	参数	数值
KMO	取样适切性量数	0.934
Bartlett 球形检验	卡方（χ^2）	7 812.30
	自由度（df）	300
	显著性（P）	0

(六)问卷的发放与回收

本次调查发放 600 份问卷,回收 598 份问卷,剔除 36 份无效问卷,保留 564 份有效问卷,回收率 99.67%,有效率 94.31%。

二、全民健身志愿服务满意度的调查结果与分析

（一）全民健身志愿服务人口特征分析

在全民健身志愿者满意度问卷调查中，共回收 564 份有效问卷。对其人口特征进行分析，结果如表 3-4 所示。从性别组成来看，其中男性 202 人、女性 362 人，分别占到 35.82%、64.18%。从年龄组成来看，志愿者队伍还是以广大中老年为主，主要以 41~50 岁、51~60 岁、61 岁及以上为主，其中，41~50 岁有 125 人、51~60 有 139 人、61 岁以上有 193 人，40 岁以上年龄段占比高达 81.03%。从服务年限来看，志愿者指导年限主要为 7~12 年、13~19 年，其中，7~12 年有 252 人，13~19 年有 141 人，分别占到 44.68% 和 25%。从志愿者从事的工作来看，大多是企业退休职工和教师，分别占到了 37.59% 和 23.4%。从年收入来看，志愿者年收入 1 万 ~3 万元（不足）有 140 人、3 万 ~6 万元（不足）有 171 人，分别占到 24.82% 和 30.32%。并且，在全民健身志愿服务中，从事日常健身指导工作的有 266 人，占到 47.16%；从事组织管理工作为 185 人，占到了 32.8%。

表 3-4　全民健身志愿者人口特征统计结果

名称	选项	数量 / 人	占比 / %
性别	男	202	35.82
	女	362	64.18
年龄 / 岁	20 及以下	2	0.35
	21~30	21	3.72
	31~40	84	14.89
	41~50	125	22.16
	51~60	139	24.65
	61 及以上	193	34.22

续表

名称	选项	数量 / 人	占比 / %
学历	高中及以下	188	33.33
	大专	173	30.67
	本科	166	29.43
	硕士及以上	37	6.56
从事年限 / 年	3 及以下	17	3.01
	4~6	84	14.89
	7~12	252	44.68
	13~19	141	25.00
	20 及以上	70	12.41
职业	学生	7	1.24
	教师	132	23.40
	医生	12	2.13
	公务员	68	12.06
	企业员工	39	6.91
	个体户	13	2.30
	企业退休员工	212	37.59
	其他	81	14.36
年收入 / 万元	无收入	6	1.06
	＜ 1	145	25.71
	1~ ＜ 3	140	24.82

续表

名称	选项	数量/人	占比/%
年收入	3~ < 6	171	30.32
	6~ < 10	77	13.65
	≥ 10	25	4.43
服务类型	日常健身指导	266	47.16
	组织管理	185	32.80
	其他	113	20.04

（二）全民健身志愿服务现状分析

1. 指导项目结构分析

由图 3-1 可知，在全民健身志愿者经常指导的项目中，健身养生气功的占比最高，占到了 30.32%；其次是健身操舞，占到 25.89%；然后是太极拳（剑）、各种球类运动，分别占到了 13.65% 和 10.64%。

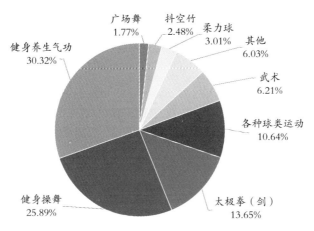

图 3-1　全民健身志愿者经常指导的项目

2. 工作场所分布分析

分析全民健身志愿者工作场所，各个选项的分布情况，由表3-5可知，拟合优度检验呈现出显著性（χ^2=133.392，P=0<0.05），意味着各选项的选择比例具有明显差异性，可通过响应率或普及率进一步分析其对比差异性。具体来看，社区健身站点、公园广场的响应率和普及率明显较高，说明这两处是全民健身志愿者经常工作的场所；其次，学校、体育场馆、小区广场也是全民健身志愿者经常工作的场所，分别占到了18.37%、18.37%、15.19%。

表3-5 全民健身志愿者工作场所响应率和普及率统计结果（n=556）

题项	响应		普及率 /%
	数量 / 人	响应率 /%	
社区健身站点	239	22.98	42.38
小区广场	158	15.19	28.01
公园广场	215	20.67	38.12
学校	191	18.37	33.87
体育场馆	191	18.37	33.87
其他	46	4.42	8.16
卡方拟合优度检验：χ^2=133.392，P=0			

3. 年服务次数与时长结构分析

由图3-2可知，全民健身志愿者年服务次数最多的选项是61~150次，占到了32.98%；其次选项是0~60次，占到了29.08%。

由图3-3可知，在全民健身志愿者年服务时长方面，42.20%的志愿者年服务时长在200小时及以上；22.87%的志愿者在150~200小时（不足）；年服务时长在100~150小时（不足）的占到了22.16%；只有12.77%的志愿者的年服务时长在100小时以下。

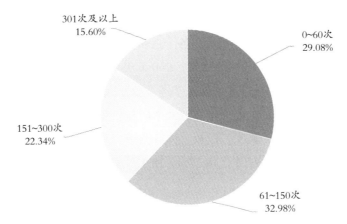

图3-2　全民健身志愿者年服务次数

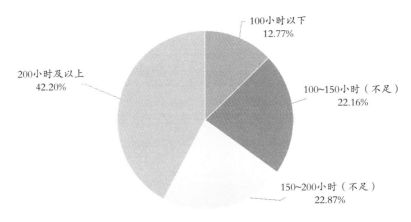

图3-3　全民健身志愿者年服务时长

4. 常用教学方法与训练方法结构分析

（1）常用教学方法。

分析全民健身志愿者常用教学方法各个选项的分布情况，可以用卡方拟合优度检验阐明。由表3-6可知，拟合优度检验呈现出显著性（χ^2=416.130，P=0<0.05），意味着各选项的选择比例具有明显差异性，可通过响应率或普及率进一步对比差异性。具体来看，讲解法、示范法、完整与分解法三项的响应率和普及率明显较高，说明此三项是全民健身志愿者最常用的教学方法；相对较少用到提示法和多媒体教学法。

表3-6　全民健身志愿者常用教学方法响应率和普及率统计结果（n=564）

题项	响应		普及率 /%
	数量 / 人	响应率 /%	
讲解法	382	20.83	67.73
提示法	120	6.54	21.28
示范法	462	25.19	81.91
完整与分解法	326	17.78	57.80
预防与纠错	263	14.34	46.63
讨论法	161	8.78	28.55
多媒体教学法	120	6.54	21.28
卡方拟合优度检验：χ^2=416.130，P=0			

由图3-4可知，在全民健身志愿者常用教学方法普及率方面，81.91%的志愿者常用示范法；67.73%的志愿者常用讲解法；其他常用的教学方法为完整与分解法、预防与纠错法等。

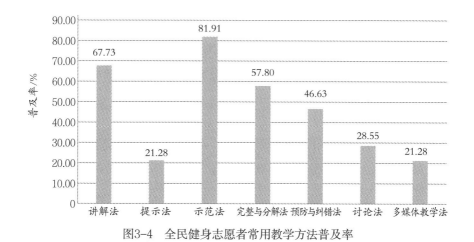

图3-4　全民健身志愿者常用教学方法普及率

（2）常用训练方法。

分析全民健身志愿者常用训练方法各个选项的分布情况，可以用卡方拟合优度检验阐明。由表 3-7 可知，拟合优度检验呈现出显著性（χ^2=131.018，P=0<0.05），意味着各选项的选择比例具有明显差异性，可通过响应率或普及率进一步对比差异性。具体来看，持续训练法、重复训练法、综合训练法等三项的响应率和普及率明显较高，[1] 说明此三项是全民健身志愿者常用的训练方法；相对较少用到变换训练法和间歇训练法。

表 3-7　全民健身志愿者常用训练方法响应率和普及率统计结果（n=564）

题项	响应		普及率 /%
	数量 / 人	响应率 /%	
持续训练法	367	22.20	65.07
重复训练法	359	21.72	63.65
间歇训练法	218	13.19	38.65
变换训练法	159	9.62	28.19
竞赛训练法	231	13.97	40.96
综合训练法	319	19.30	56.56
卡方拟合优度检验：χ^2=131.018，P=0			

由图 3-5 可知，在全民健身志愿者常用训练方法普及率方面，65.07% 的志愿者常用持续训练法；63.65% 的志愿者常用重复训练法；其他常用的训练方法为综合训练法、竞赛训练法等。

5. 志愿服务经历分析

分析志愿服务经历各个选项的分布情况，可以用卡方拟合优度检验阐明。由表 3-8 可知，拟合优度检验呈现出显著性（χ^2=575.409，P=0<0.05），意味着各

[1] 李琪. 线上汉语教学的多通道互动模式研究 [D]. 沈阳：沈阳师范大学，2021.

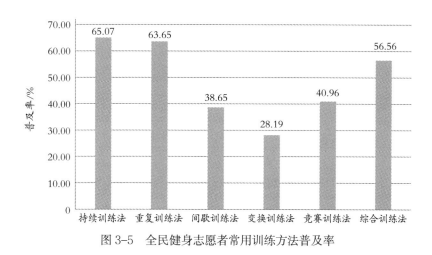

图 3-5　全民健身志愿者常用训练方法普及率

选项的选择比例具有明显差异性。[1] 具体来看，社区服务、文化教育、赛会服务等三项的响应率和普及率明显较高，说明此三项志愿服务是广大全民健身志愿者经常参加的；医疗卫生、城市运行、邻里守望等三项服务是全民健身志愿者较少参加的。

表 3-8　全民健身志愿服务经历响应率和普及率统计结果（n=564）

题项	响应		普及率 /%
	数量 / 人	响应率 /%	
邻里守望	55	5.57	9.75
社区服务	331	33.50	58.69
城市运行	47	4.76	8.33
文化教育	174	17.61	30.85
绿色环保	96	9.72	17.02
医疗卫生	29	2.94	5.14

[1]　林琳. 公安院校大学英语混合式教学模式满意度调查与反思 [J]. 四川警察学院学报，2021，33（5）：130–138.

续表

题项	响应		普及率 /%
	数量 / 人	响应率 /%	
赛会服务	256	25.90	45.39
卡方拟合优度检验：χ^2=575.409，P=0			

由图 3-6 可知，在全民健身志愿服务经历普及率方面，58.69% 的志愿者参加过社区服务；45.39% 的志愿者参加过赛会服务；其他常参加的志愿服务为文化教育、绿色环保等。

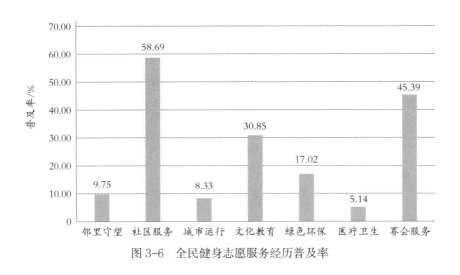

图 3-6　全民健身志愿服务经历普及率

（三）全民健身志愿服务满意度及影响因素分析

1. 组织满意度及影响因素分析

（1）招募选拔满意度及影响因素分析。

调查志愿者招募选拔的满意度，对满意度从"非常不满意"到"非常满意"分别赋值 1~5，结果如表 3-9 所示，全民健身志愿者对招募过程满意度均值为 4.351，说明志愿者对招募选拔的满意度达到了比较满意的水平。51.42% 的志愿者对招募工作非常满意，35.82% 的志愿者对招募工作比较满意，志愿者对招募方式的满意度达到了较高的水平，但也有部分志愿者对志愿者的招募选拔工作表示不满。

表 3-9　全民健身志愿者招募选拔满意度调查结果

题项	项目	非常不满意	比较不满意	一般	比较满意	非常满意	满意度均值
对于招募过程	数量 / 人	3	14	55	202	290	4.351
	占比 /%	0.53	2.48	9.75	35.82	51.42	

为探究影响全民健身志愿者招募选拔满意度因素及各类别志愿者对招募选拔满意度之间的差异，运用 SPSS 26.0 对调查数据进行分析，两组间数据差异性比较采用独立样本 t 检验，多组间差异性比较采用方差分析，定义检验水准为 0.05，$P<0.05$，差异具有统计学意义，分析结果如表 3-10 所示。通过单因素分析结果发现，学历、年龄、从事年限、年收入、服务类型和是否加入志愿者协会的 P 值均大于 0.05，差异无统计学意义。性别、职业的 P 值小于 0.05，差异具有统计学意义。男性、其他职业对志愿服务的招募满意度相对高一些。因此，性别、职业是影响志愿者招募选拔满意度的主要因素。

表 3-10　全民健身志愿者招募选拔满意度单因素分析结果统计结果

变量	分组	数量 / 人	均值 ± 标准差	t/F	P
性别	男	202	4.49 ± 0.62	3.290	0.001**
	女	362	4.28 ± 0.87		
学历	高中及以下	188	4.34 ± 0.83	0.036	0.991
	大专	173	4.35 ± 0.80		
	本科	166	4.37 ± 0.77		
	硕士及以上	37	4.35 ± 0.75		

续表

变量	分组	数量 / 人	均值 ± 标准差	t/F	P
年龄 / 岁	20 及以下	2	4.00 ± 0	1.002	0.416
	21~30	21	4.33 ± 0.86		
	31~40	84	4.45 ± 0.65		
	41~50	125	4.42 ± 0.71		
	51~60	139	4.25 ± 0.80		
	61 以上	193	4.34 ± 0.90		
从事年限 / 年	3 及以下	17	4.12 ± 1.05	0.523	0.719
	4~6	84	4.39 ± 0.89		
	7~12	252	4.33 ± 0.82		
	13~19	141	4.36 ± 0.70		
	20 及以上	70	4.40 ± 0.71		
职业	学生	7	4.29 ± 0.76	2.306	0.025*
	教师	132	4.46 ± 0.68		
	医生	12	4.00 ± 0.60		
	公务员	68	4.35 ± 0.71		
	企业员工	39	4.23 ± 0.84		
	个体户	13	4.38 ± 0.77		
	企业退休职工	212	4.24 ± 0.92		
	其他	81	4.57 ± 0.67		

续表

变量	分组	数量/人	均值 ± 标准差	t/F	P
年收入/万元	无收入	6	4.50±0.84	0.688	0.633
	＜1	145	4.32±0.80		
	1~＜3	140	4.34±0.84		
	3~＜6	171	4.33±0.74		
	6~＜10	77	4.49±0.79		
	≥10	25	4.24±0.97		
服务类型	日常健身指导	266	4.29±0.82	2.884	0.059
	组织管理	185	4.46±0.72		
	其他	113	4.30±0.84		
是否加入志愿者协会	是	352	4.35±0.80	0.046	0.963
	否	212	4.35±0.80		

注：*表示 $P < 0.05$，**表示 $P < 0.01$。

（2）培训满意度及影响因素分析。

从图 3-7 可以看出，志愿者参加培训次数最多的为 3 或 4 次，占到了 51.77%；其次是 5 或 6 次，占到了 21.63%，参加 1 或 2 次培训的只占 9.22%。

由图 3-8 可知，从参加培训方式来看，有 50.53% 的志愿者是站点推荐，还有 28.37% 的志愿者是上级指派，只有 19.86% 的志愿者是自己报名。

分析志愿者认为培训后有效的考核方式的各个选项的分布情况，可以用卡方拟合优度检验阐明。由表 3-11 可知，卡方拟合优度检验呈现出显著性（χ2=266.946，$P=0<0.05$），意味着各选项的选择比例具有明显差异性。从图 3-9 来看，理论考试、技能考核两项的普及率明显较高，说明志愿者认为理论考试和技能考核是培训后有效的考核方式。

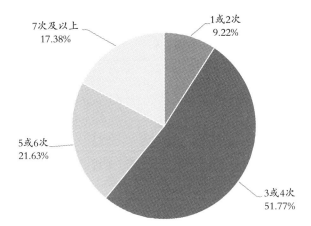

图3-7 全民健身志愿者参加培训次数

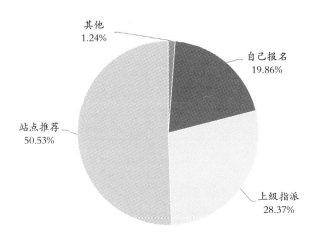

图3-8 全民健身长期志愿者参加培训方式

表3-11 全民健身志愿者考核方式响应率和普及率统计结果（n=549）

题项	响应		普及率 /%
	数量 / 人	响应率 /%	
理论考试	351	36.9	61.02

续表

题项	响应		普及率 /%
	数量 / 人	响应率 /%	
技能考核	365	38.4	63.75
模拟指导	189	20.57	34.43
其他	45	4.90	8.20
卡方拟合优度检验：χ^2=266.946，P=0			

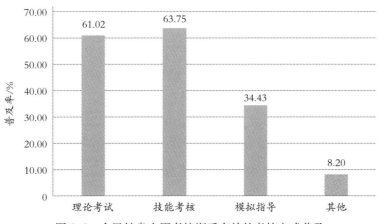

图 3-9　全民健身志愿者培训后有效的考核方式普及

调查志愿者培训的满意度，对满意度从"非常不满意"到"非常满意"分别赋值 1~5，调查结果如表 3-12 所示。对培训方式、培训内容、培训效果等方面满意度的均值分别为 4.395、4.434、4.872，志愿者对于培训满意度整个维度的满意度均值为 4.567，达到了比较满意的水平。对于培训方式，52.84% 的志愿者表示非常满意；对于培训内容，47.16% 的志愿者表示非常满意；对于培训效果，88.65% 的志愿者表示非常满意。

表 3-12　全民健身志愿者培训满意度调查结果

题项	项目	非常 不满意	比较 不满意	一般	比较 满意	非常 满意	满意度 均值
培训方式	数量 / 人	3	11	44	208	298	4.395
	占比 /%	0.53	1.95	7.8	36.88	52.84	
培训内容	数量 / 人	0	5	11	282	266	4.434
	占比 /%	0	0.89	1.95	50	47.16	
培训效果	数量 / 人	0	1	6	57	500	4.872
	占比 /%	0	0.18	1.06	10.11	88.65	

为探究影响志愿者培训满意度的因素，对相关变量单因素分析，分析结果如表 3-13 所示。性别、学历、从事年限、职业、年收入、服务类型、参加培训次数的 P 值均明显大于 0.05，差异无统计学意义；年龄、参加培训方式、培训天数评价的 P 值分别为 0.045、0.016、0.019，都明显小于 0.05，差异具有统计学意义。61 岁及以上全民健身志愿者、自己报名参加培训、认为"培训天数明显不够，理应增加"，这几个选项的均值为各组间最高。因此，上述都是影响志愿者培训满意度的因素。

表 3-13　全民健身志愿者培训满意度单因素分析结果统计结果

变量	分组	数量 / 人	均值 ± 标准差	t/F	P
性别	男	202	4.56 ± 0.37	0.301	0.764
	女	362	4.57 ± 0.38		
学历	高中及以下	188	4.61 ± 0.38	1.687	0.169
	大专	173	4.56 ± 0.37		
	本科	166	4.53 ± 0.37		
	硕士及以上	37	4.50 ± 0.35		

续表

变量	分组	数量／人	均值 ± 标准差	t/F	P
年龄／岁	20 及以下	2	4.17 ± 0.24	2.289	0.045*
	21~30	21	4.48 ± 0.40		
	31~40	84	4.52 ± 0.31		
	41~50	125	4.52 ± 0.40		
	51~60	139	4.52 ± 0.40		
	61 及以上	193	4.62 ± 0.39		
从事年限／年	3 及以下	17	4.5 ± 0.39	0.452	0.771
	4~6	84	4.56 ± 0.39		
	7~12	252	4.57 ± 0.39		
	13~19	141	4.59 ± 0.32		
	20 及以上	70	4.52 ± 0.44		
职业	学生	7	4.57 ± 0.37	1.078	0.736
	教师	132	4.5 ± 0.42		
	医生	12	4.5 ± 0.27		
	公务员	68	4.59 ± 0.33		
	企业员工	39	4.55 ± 0.38		
	个体户	13	4.46 ± 0.32		
	企业退休职工	212	4.6 ± 0.36		
	其他	81	4.59 ± 0.37		
年收入／万元	无收入	6	4.44 ± 0.34	0.353	0.880

续表

变量	分组	数量/人	均值 ± 标准差	t/F	P
年收入/万元	< 1	145	4.51 ± 0.36	0.353	0.880
	1~ < 3	140	4.61 ± 0.38		
	3~ < 6	171	4.59 ± 0.31		
	6~ < 10	77	4.54 ± 0.46		
	≥ 10	25	4.4 ± 0.47		
服务类型	日常健身指导	266	4.56 ± 0.37	0.478	0.620
	组织管理	185	4.59 ± 0.36		
	其他	113	4.55 ± 0.41		
参加培训次数/次	1 或 2	52	4.49 ± 0.41	1.009	0.388
	3 或 4	292	4.57 ± 0.37		
	5 或 6	122	4.59 ± 0.32		
	7 及以上	98	4.56 ± 0.41		
参加培训方式	自己报名	112	4.60 ± 0.33	3.483	0.016*
	站点推荐	285	4.56 ± 0.38		
	上级指派	160	4.59 ± 0.35		
	其他	7	4.14 ± 0.84		
培训天数评价	明显不够，理应增加	77	4.62 ± 0.37	3.325	0.019*
	略微不够，适当增加	196	4.58 ± 0.36		
	已经足够，不需增加	260	4.57 ± 0.35		
	时间过长，需要减少	31	4.38 ± 0.58		

注：*表示 $P < 0.05$。

（3）团队满意度及影响因素分析。

志愿者之间的关系不是脱节、孤立存在的，而是相互联系、相互影响的。志愿者之间关系是否融洽、管理者对普通志愿者的管理是否得当、高效，都会对志愿者的情绪和态度产生一定的影响，进而影响志愿服务工作的质量和效率。因此，志愿者对团队满意度的评价也是关注的重点。

对志愿者团队满意度进行调查，调查结果如表 3-14 所示。管理者的沟通配合、服务对象的沟通理解、所在团队氛围、团队的安全保障、制定的发展规划、团队的健身指导、信息管理系统、团队的监督情况的满意度均值分别为 4.436、4.465、4.550、4.142、4.250、4.222、4.197、4.196。志愿者团队整体满意度均值为 4.307，达到了比较满意的水平。具体来看，对管理者的沟通配合非常满意的占比 53.55%；对服务对象的沟通理解非常满意的占比 55.14%；对所在团队氛围非常满意的占比 57.98%；对团队的安全保障非常满意的占比 47.16%；对制定的发展规划非常满意的占比 46.28%；对团队的健身指导非常满意的占比 39.72%；对信息管理系统非常满意的占比 47.52%；对团队的监督情况非常满意的占比 45.92%。

表 3-14　全民健身志愿者团队满意度调查结果

题项	项目	非常 不满意	比较 不满意	一般	比较 满意	非常 满意	满意度 均值
管理者的沟通配合	数量 / 人	2	8	34	218	302	4.436
	占比 /%	0.35	1.42	6.03	38.65	53.55	
服务对象的沟通理解	数量 / 人	0	8	33	212	311	4.465
	占比 /%	0	1.42	5.85	37.59	55.14	
所在团队氛围	数量 / 人	1	0	7	229	327	4.550
	占比 /%	0.18	0	1.24	40.60	57.98	
团队的安全保障	数量 / 人	18	28	76	176	266	4.142
	占比 /%	3.19	4.96	13.48	31.21	47.16	

续表

题项	项目	非常 不满意	比较 不满意	一般	比较 满意	非常 满意	满意度 均值
制定的发展 规划	数量 / 人	7	11	77	208	261	4.250
	占比 /%	1.24	1.95	13.65	36.88	46.28	
团队的健身 指导	数量 / 人	3	11	68	258	224	4.222
	占比 /%	0.53	1.95	12.06	45.74	39.72	
信息管理 系统	数量 / 人	17	19	68	192	268	4.197
	占比 /%	3.01	3.37	12.06	34.04	47.52	
团队的监督 情况	数量 / 人	12	19	74	200	259	4.196
	占比 /%	2.13	3.37	13.12	35.46	45.92	

对影响全民健身志愿者团队满意度进行单因素分析，分析结果如表 3-15 所示。性别、学历、年龄、从事年限、职业、年收入这几个变量对应的 P 值均大于 0.05，差异无统计学意义。服务类型、年服务时长这两个变量的 P 值分别为 0.046、0.032，均小于 0.05，差异具有统计学意义。均值比较方面，从服务类型来看，组织管理的团队满意度比较高，日常健身指导的团队满意度最低；从年服务时长来看，100~150 小时（不足）的均值最高，200 小时及以上的相对较低。因此，服务类型、年服务时长是影响志愿者团队满意度的因素。

表 3-15　全民健身志愿者团队满意度单因素分析结果统计结果

变量	分组	数量 / 人	均值 ± 标准差	t/F	P
性别	男	202	4.39 ± 0.50	1.856	0.064
	女	362	4.30 ± 0.59		
学历	高中及以下	188	4.28 ± 0.60	1.473	0.221
	大专	173	4.40 ± 0.53		

续表

变量	分组	数量 / 人	均值 ± 标准差	t/F	P
学历	本科	166	4.32 ± 0.55	1.473	0.221
	硕士及以上	37	4.36 ± 0.53		
年龄 / 岁	20 及以下	2	4.5 ± 0.18	0.833	0.526
	21~30	21	4.3 ± 0.57		
	31~40	84	4.4 ± 0.52		
	41~50	125	4.3 ± 0.58		
	51~60	139	4.24 ± 0.66		
	61 及以上	193	4.3 ± 0.63		
从事年限 / 年	3 及以下	17	4.30 ± 0.65	0.007	1.000
	4~6	84	4.30 ± 0.64		
	7~12	252	4.31 ± 0.62		
	13~19	141	4.30 ± 0.57		
	20 及以上	70	4.31 ± 0.55		
职业	学生	7	4.36 ± 0.46	1.630	0.124
	教师	132	4.40 ± 0.53		
	医生	12	4.07 ± 0.57		
	公务员	68	4.31 ± 0.59		
	企业员工	39	4.24 ± 0.54		
	个体户	13	4.45 ± 0.51		
	企业退休职工	212	4.23 ± 0.67		
	其他	81	4.39 ± 0.58		
年收入	无收入	6	4.21 ± 0.57	1.375	0.232
	＜ 1	145	4.30 ± 0.59		

续表

变量	分组	数量/人	均值 ± 标准差	t/F	P
年收入	1~＜3	140	4.29±0.60	1.375	0.232
	3~＜6	171	4.31±0.61		
	6~＜10	77	4.42±0.54		
	≥10	25	4.08±0.81		
服务类型	日常健身指导	266	4.26±0.64	3.090	0.046*
	组织管理	185	4.40±0.55		
	其他	113	4.28±0.58		
年服务时长/小时	100以下	72	4.30±0.59	2.955	0.032*
	100~150（不足）	125	4.44±0.51		
	150~200（不足）	129	4.29±0.60		
	200及以上	238	4.25±0.64		

注：* 表示 $P < 0.05$。

2. 个人满意度及影响因素分析

（1）精神价值满意度及影响因素分析。

全民健身志愿者精神价值满意度调查结果如表3-16所示。

表3-16 全民健身志愿者精神价值满意度调查结果

题项	项目	非常不满意	比较不满意	一般	比较满意	非常满意	满意度均值
实现了个人价值，奉献了自我	数量/人	1	6	18	120	419	4.684
	占比/%	0.18	1.06	3.19	21.3	74.3	
传播了无私奉献的精神	数量/人	4	2	15	145	398	4.651
	占比/%	0.71	0.35	2.66	25.71	70.57	

续表

题项	项目	非常 不满意	比较 不满意	一般	比较 满意	非常 满意	满意度 均值
促进了健身文化的交流	数量 / 人	1	1	21	167	374	4.617
	占比 /%	0.18	0.18	3.72	29.61	66.31	
感受到了精神愉悦	数量 / 人	3	5	14	151	391	4.635
	占比 /%	0.53	0.89	2.48	26.77	69.33	
传播了互帮互助的精神	数量 / 人	2	5	15	163	379	4.617
	占比 /%	0.35	0.89	2.66	28.9	67.2	
获得了社会的赞誉	数量 / 人	2	10	49	202	301	4.401
	占比 /%	0.35	1.77	8.69	35.82	53.37	
为志愿者树立了良好形象	数量 / 人	2	1	16	159	386	4.642
	占比 /%	0.35	0.18	2.84	28.19	68.44	
志愿服务扩大了志愿者的社会影响	数量 / 人	2	2	16	156	388	4.642
	占比 /%	0.35	0.35	2.84	27.66	68.79	
志愿服务优化了社会人力资源配置	数量 / 人	5	19	61	190	289	4.310
	占比 /%	0.89	3.37	10.82	33.69	51.24	
志愿服务节省了社会资源，提高经济效益	数量 / 人	3	15	69	197	280	4.305
	占比 /%	0.53	2.66	12.23	34.93	49.65	

此外，对全民健身志愿者精神价值满意度进行单因素分析，保留有显著影响的因素，分析结果如表3-17所示。性别、学历、年龄、从事年限、职业、年收入、服务类型、参加培训次数、参加培训方式这几个变量对应的 P 值均大于0.05，差异无统计学意义。均值比较中，在参加培训方式方面，自己报名的个

人精神价值满意度比较高。

表 3-17　全民健身志愿者精神价值满意度单因素分析结果

变量	分组	数量 / 人	均值 ± 标准差	t/F	P
性别	男	202	4.57 ± 0.37	0.301	0.828
	女	362	4.57 ± 0.38		
学历	高中及以下	188	4.53 ± 0.52	0.103	0.958
	大专	173	4.56 ± 0.5		
	本科	166	4.56 ± 0.48		
	硕士及以上	37	4.54 ± 0.48		
年龄 / 岁	20 及以下	2	4.8 ± 0.28	1.197	0.309
	21~30	21	4.66 ± 0.42		
	31~40	84	4.61 ± 0.43		
	41~50	125	4.59 ± 0.49		
	51~60	139	4.49 ± 0.53		
	61 及以上	193	4.53 ± 0.54		
从事年限 / 年	3 及以下	17	4.7 ± 0.45	0.769	0.546
	4~6	84	4.48 ± 0.55		
	7~12	252	4.54 ± 0.5		
	13~19	141	4.55 ± 0.42		
	20 及以上	70	4.50 ± 0.57		
职业	学生	7	4.62 ± 0.42	1.878	0.571

续表

变量	分组	数量/人	均值 ± 标准差	t/F	P
职业	教师	132	4.6 ± 0.42	1.878	0.571
	医生	12	4.52 ± 0.41		
	公务员	68	4.58 ± 0.43		
	企业员工	39	4.49 ± 0.56		
	个体户	13	4.68 ± 0.44		
	企业退休职工	212	4.47 ± 0.58		
	其他	81	4.66 ± 0.40		
年收入/万元	无收入	6	4.50 ± 0.69	0.991	0.422
	< 1	145	4.55 ± 0.46		
	1~ < 3	140	4.57 ± 0.46		
	3~ < 6	171	4.49 ± 0.57		
	6~ < 10	77	4.63 ± 0.44		
	≥ 10	25	4.60 ± 0.48		
服务类型	日常健身指导	266	4.52 ± 0.53	0.953	0.386
	组织管理	185	4.56 ± 0.47		
	其他	113	4.60 ± 0.50		
参加培训次数/次	1 或 2	52	4.58 ± 0.56	2.612	0.51
	3 或 4	292	4.59 ± 0.43		
	5 或 6	122	4.48 ± 0.59		
	7 及以上	98	4.46 ± 0.50		

续表

变量	分组	数量/人	均值±标准差	t/F	P
参加培训方式	自己报名	112	4.61±0.41	4.843	0.471
	站点推荐	285	4.54±0.54		
	上级指派	160	4.52±0.49		
	其他	7	4.45±0.37		

（2）能力提升满意度及影响因素分析。

由表3-18可知，全民健身志愿者认为，解决突发问题的能力得到了提高、沟通交流能力得到了提高、人际交往能力得到了提高三项的满意度均值分别为4.293、4.415、4.369，志愿者能力提升的整体满意度均值为4.359，处于一般偏上水平。

表3-18　全民健身志愿者能力提升满意度调查表

题项	项目	非常不满意	比较不满意	一般	比较满意	非常满意	满意度均值
解决突发问题的能力得到了提高	数量/人	4	6	67	231	256	4.293
	占比/%	0.71	1.06	11.88	40.96	45.39	
沟通交流能力得到了提高	数量/人	0	7	31	247	279	4.415
	占比/%	0	1.24	5.50	43.79	49.47	
人际交往能力得到了提高	数量/人	0	7	69	197	291	4.369
	占比/%	0	1.24	12.23	34.93	51.60	

除此之外，对全民健身志愿者能力提升满意度进行单因素分析，保留有显著影响的因素，分析结果如表3-19所示。性别、学历、年龄、从事年限、职业、

年收入、服务类型、参加培训次数、参加培训方式这几个变量对应的 P 值均大于 0.05，差异无统计学意义。

表 3-19　全民健身志愿者能力提升满意度单因素分析结果

变量	分组	数量 / 人	均值 ± 标准差	t/F	P
性别	男	202	4.56 ± 0.37	0.669	0.504
	女	362	4.57 ± 0.38		
学历	高中及以下	188	4.38 ± 0.55	1.156	0.326
	大专	173	4.39 ± 0.50		
	本科	166	4.29 ± 0.57		
	硕士及以上	37	4.38 ± 0.57		
年龄 / 岁	20 及以下	2	4.50 ± 0.71	0.498	0.778
	21~30	21	4.43 ± 0.52		
	31~40	84	4.33 ± 0.57		
	41~50	125	4.41 ± 0.50		
	51~60	139	4.32 ± 0.59		
	61 及以上	193	4.36 ± 0.53		
从事年限 / 年	3 及以下	17	4.53 ± 0.50	0.941	0.440
	4~6	84	4.39 ± 0.57		
	7~12	252	4.35 ± 0.53		
	13~19	141	4.31 ± 0.54		
	20 及以上	70	4.41 ± 0.56		
职业	学生	7	4.48 ± 0.50	1.287	0.254

续表

变量	分组	数量/人	均值 ± 标准差	t/F	P
职业	教师	132	4.40±0.53	1.287	0.254
	医生	12	4.28±0.58		
	公务员	68	4.38±0.53		
	企业员工	39	4.26±0.52		
	个体户	13	4.46±0.52		
	企业退休职工	212	4.30±0.57		
	其他	81	4.47±0.51		
年收入/万元	无收入	6	4.33±0.67	1.346	0.243
	＜1	145	4.40±0.52		
	1～＜3	140	4.35±0.54		
	3～＜6	171	4.30±0.53		
	6～＜10	77	4.46±0.53		
	≥10	25	4.23±0.74		
服务类型	日常健身指导	266	4.31±0.58	1.984	0.139
	组织管理	185	4.40±0.50		
	其他	113	4.41±0.50		
参加培训次数/次	1或2	52	4.40±0.59	2.242	0.082
	3或4	292	4.41±0.52		
	5或6	122	4.31±0.55		
	7及以上	98	4.26±0.56		

续表

变量	分组	数量 / 人	均值 ± 标准差	t/F	P
参加培训方式	自己报名	112	4.36 ± 0.53	1.705	0.165
	站点推荐	285	4.40 ± 0.53		
	上级指派	160	4.31 ± 0.57		
	其他	7	4.05 ± 0.45		

针对全民健身志愿者认为最亟须提高的能力各个选项的分布情况，可以用卡方拟合优度检验阐明。从表 3-20 可知，拟合优度检验呈现出显著性（χ^2=468.301，P=0<0.05），表明各选项的选择比例具有明显差异性。

表 3-20　全民健身志愿者认为最亟须提高的能力响应率和普及率统计结果（n=564）

题项	响应		普及率 /%
	数量 / 人	响应率 /%	
教学训练能力	342	17.76	60.64
培训指导能力	389	20.20	68.97
组织安排能力	304	15.78	53.90
交流沟通能力	231	11.99	40.96
科研创新能力	178	9.24	31.56
效果评价能力	121	6.28	21.45
科学健身指导	340	17.65	60.28
其他	21	1.09	3.72
卡方拟合优度检验：χ^2=468.301，P=0			

从图 3-10 来看，教学训练能力、培训指导能力、组织安排能力、科学健身指导四项的普及率明显较高，说明志愿者认为这四个能力亟须提高。

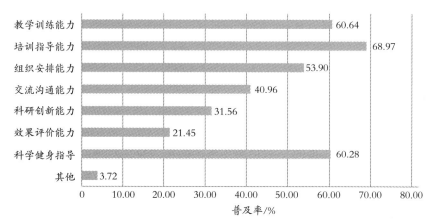

图 3-10　全民健身志愿者认为最亟须提高的能力普及率分布图

针对全民健身长期志愿者提高能力的有效途径各个选项的分布情况，可以用卡方拟合优度检验阐明。从表 3-21 可知，拟合优度检验呈现出显著性（χ^2=53.275，P=0<0.05），表明各选项的选择比例具有明显差异性。

表 3-21　全民健身志愿者认为提高能力有效途径响应率和普及率统计表结果（n=547）

题项	响应		普及率 /%
	数量 / 人	响应率 /%	
资格培训	354	17.91	64.72
业务进修	390	19.74	71.30
交流活动	371	18.78	67.82
实践活动	351	17.76	64.17
自我学习	255	12.90	46.62
其他	255	12.90	46.62
卡方拟合优度检验：χ^2=53.275，P=0			

从图 3-11 来看，业务进修、交流活动、资格培训、实践活动四项的普及率明显较高，[1] 说明志愿者认为这四个途径是最有效的。

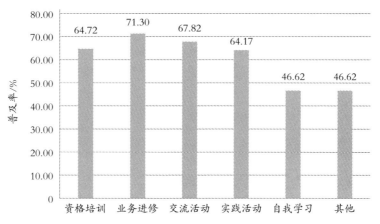

图3-11　全民健身志愿者认为提高能力有效途径普及率分布图

根据调研数据，全民健身志愿者以广大中老年人群为主，女性居多；经常在社区站点、公园广场等开展健身养生类、健身操舞类、球类运动等项目的志愿服务；通过讲解、示范等教学方法，在持续训练和重复训练中开展健身指导工作和组织管理工作。社区服务、文化教育和赛会活动等是志愿者经常参加的短期志愿服务类型。性别、职业、从事过志愿服务是影响志愿者招募选拔满意度的主要因素；培训时长和次数是影响志愿者培训满意度的主要因素；服务类型、年服务时长是影响团队满意度的主要因素；志愿者的精神价值满意度和个人能力提升的满意度也是影响志愿服务开展的主要因素。

综上所述，经过对全民健身志愿服务存在的问题及原因分析，全民健身志愿服务的治理主要是志愿者个人通过志愿服务这个载体完成的对组织和个人的心理期待，这是治理维度分析的出发点。因此，以心理契约为基础，深入剖析与探索全民健身志愿服务治理是解决治理失效的有效途径与新视角。

[1]　李琪. 线上汉语教学的多通道互动模式研究 [D]. 沈阳：沈阳师范大学，2021.

第四章

全民健身志愿服务心理契约治理分析

第一节 心理契约理论的文献梳理

一、心理契约的理论基础

对心理契约的形成原理、作用机制进行分析研究时，往往需要借助社会交换理论、公平理论、激励理论、诱因—贡献理论等不同理论分别解读，进而反映个体的需求，获得个体对所处环境的反馈。

（一）社会交换理论

社会交换理论是研究社会心理学的一种理论。霍曼斯（G.C.omans）等站在经济学的角度讨论分析社会行为的发展，他们认为，在社会关系中的双方为了获取利益而需要对自己获得利益进行回报，这种个体为了需要而付出的模式是社会互动的动力来源。[1] 古尔德认为这种互惠互动在实际社会中之所以能长久产生作用，主要的原因有道德规范的作用。他认为这种道德规范主要包含两点：第一，人们不会亏欠曾经对自己有过帮助的人；第二，人们应当对那些帮助过

---

[1] 高连克. 论霍曼斯的交换理论 [J]. 齐齐哈尔大学学报（哲学社会科学版），2005（2）：8-10.

自己的人给予帮助。[1] 社会交换理论可以诠释为人与人或人与组织之间的相互行为实际上是相互作用的结果。在这个过程当中，参与者完成与对方有关的活动或做出对方需要的行为，从而交换对自己有益的回报，实际也是两者交换需求、各取所需的过程。放在组织关系中来看，个体和组织达成协议或交易，根本原因是两者想由此交换自己需要的价值：员工需要组织赋予他以报酬为基础的多样回报；组织需要员工付出劳动力、时间、知识等。在这个互动过程中，无论个体、还是组织，一方只要觉得这种交换是自己所需要和期望的，就会持续参与互动的过程，这可以解释心理契约良好便会导致行为态度良好。反之，心理契约未达预期会导致行为态度的消极转变甚至是心理契约的违背。因而，社会交换理论其实是指在社会人际关系中的社会行为和社会心理的交换。其主要思想是"互惠原则"。该理论中所有涉及的回报和付出不只是物质上的，也可以是精神、荣誉、成就感等不同的形式。社会交换理论很好地解释了个体在组织里积极工作的动机。同时，个体在工作中亦会对自己的付出加以评价，同时对组织给予的回报也加以评价，从中去比较实际回报和个人心理期望。从这个角度来说，是从心理契约发生路径给予了心理契约运行机制的解释。因而，社会交换理论是个体心理契约的实现和运行的理论机制。立足于社会交换理论，我们能很好地解释个体在组织中行为表现好坏的原因。

综上所述，社会交换理论指如果双方得到的回报是符合内心期待以及实际情况的，那么两者的合作关系将继续下去。反之，如果双方获知其中一方得到的回报与自己付出的不成正比，那么很大程度上，两者将会终止合作。同时，社会交换理论所反映的观点也是心理契约的核心内容。

（二）公平理论

心理学家亚当斯在 1965 年首先提出公平理论。他认为这里所谓的公平是指人们参考周围人的待遇，自己也受到了公平的对待。公平理论包含个体依据客

---

[1]　UEHARA E S.Reciprocity reconsidered:gouldner's"Moral Norm of Reciprocity"and social support[J].Journal of Social and Personal Relationships,1995,12（4）:483-502.

观事实对自我付出和回报的客观评价。这种评价中还包含了个体对于公平的主观感受。比如在工作中，员工对于公平更多的感受往往体现在同等付出下，自己的收获和同事的收获是否一样，而不注重自己的付出和收获是否成正比。公平理论认为交换的两方，相对绝对的利益平等，他们更想要的是投入和产出的均衡比。公平理论认为，交互活动中参与的一方，对比自己的投入产出比和自己参照目标的投入产出比，如果大致相同则认为是公平的，认为自己处于公平的环境。一旦发现有不公平的现象，就会随之产生一些消极的行为。比如员工如果发现或者觉得自己的投入产出比是高于参照对象的，则会产生心理上的情绪，比如内疚的情绪，为了抚平这种情绪波动，参与者会主动提高自己的投入，从而寻找内心的平衡。[1]公平理论为个体在组织中发生心理契约违背时的行为和态度提供了理论上的解释。因此，公平理论是解释心理契约更加牢固的重要理论依据。

（三）激励理论

激励理论发展到今天已经逐步完善。马斯洛在 1943 年发表著作《人类动机理论》。这一著作奠定了激励理论的基础。激励理论是研究如何通过个体的期望、需求，诱导个体积极完成任务、达到目的的方法和原则。激励理论的内容主要包含了过程激励理论和内容激励理论。首先，赫兹伯格双因素理论、马斯洛需求层次理论以及后天需要理论都属于内容激励理论的范畴。激励的价值体现在它能激发个体的行为动机，促成个体的创造性和积极性，从而完全地促进个体智力效应施展。马斯洛需求层次理论的含义不只是动机理论，还包含了价值和人性的内容。其内容主要包括自我实现的需求、尊重需求、社交需求、安全需求、生理需求。[2]这些理论内涵反映在个体上，很好地解释了个体的自我期望来源和形成。赫兹伯格通过调查研究发现，激励因素存在于工作标准以及工作内容，认为只有员工在工作中对这些因素满意才能对工作的履行有重要的激励作用。他将工作关系与工作环境定义为保健因素。无论是需求层次理论还是双因素理

---

[1] 郎宏文，孙英杰. 管理学基础 [M]. 北京：中国铁道出版社，2017：216.

[2] 马斯洛. 马斯洛人本哲学 [M]. 成明，编译. 北京：九州出版社，2003：426.

论，都是从个体内在出发，试图解释个体对于工作所期望的原理，这也是心理契约个体期望组织完成责任的理论依据。[1] 由此可见，激励理论给予的反馈较好时，会促进心理契约的形成和稳固；反馈不好时，就可能会导致心理契约的违背。激励理论客观地陈述了个体的需求原理，以及通过这些个体的需求来激发个体的潜在效能。了解激励理论有助于了解心理契约的形成原理。

（四）诱因－贡献理论

诱因－贡献理论的基础是由巴纳德奠定的。他主要认为员工会因为雇主提供的回报来确定自己付出多少的努力。[2] 诱因－贡献理论是在两者之间互动行为没有开始之前就已经开始解释个体的行为，甚至可以对尚未发生的互动行为进行解释。此理论主要是从互动行为开始前解释心理契约的作用路径。在人际交往过程中，当一方选择付出时，是以另一方给予的回报作为参考依据的。同时，诱因－贡献理论能较好地解释个体心理契约实际情况影响个体行为态度关系的原理。

二、心理契约理论应用研究

（一）组织行为学领域

1960 年，经济学家史密斯首次提出组织行为学理论，之后有多名行为科学家对此进行了深入延展。组织行为学理论主要是将个体的心理与行为理论作为研究对象，研究个体在组织中的行为，以及其中对人的心理与行为产生影响的科学。目前，在组织行为学领域中，契约共分为两种类型：一种是经济契约，主要是由合同等书面形式建立起来的契约；另一种是心理契约，也就是我们从内心对于彼此的期待，可以是没有书面形式的合同，无形的期待也很难用语言表达。组织行为学理论站在员工的角度，讨论员工与员工之间的关系以及员工

---

[1] 杨俊卿，于丽贤. 赫兹伯格双因素激励理论与企业管理 [J]. 辽宁师范大学学报（自然科学版），2004，27（3）：285-287.
[2] 斯切特·I. 巴纳德. 经理人员的职能 [M]. 王永贵，译. 北京：机械工业出版社，2007.

和集体之间的关系，并研究其间的关联性，目的在于充分调动员工工作的积极性，提升工作环境的凝聚力。心理契约理论应用在组织行为学领域有着重要的作用，其最大的争议就是应该从单向角度还是双向角度出发。心理契约存在单向与双向之争，其主要根源在于对"谁是主观理解的主体"。[1]

（二）社会心理学领域

心理学一词来源于希腊文，顾名思义就是研究心灵的一门学问。人是社会化的动物，从社会的角度出发，人的心理也就是社会心理。无论是个体或者群体，人都要生活在社会环境之中，故人的本质是社会的。因此，研究社会心理学有重要的意义。从这一观点出发，人的心理本质就应该是社会心理，且社会生活决定着人的心理，社会关系也控制着人的心理。因此，心理学应该研究社会心理，包括个体心理和群体心理。心理契约起源于社会心理学领域。在研究"志愿者"时，从心理契约角度出发的研究非常少。

（三）管理学领域

20 世纪 60 年代，心理契约被引入管理学领域。心理契约应用于大学生志愿者管理领域，主要通过激励机制方面开展研究。刘艳红和白海霞（2013）[2] 站在心理契约的视角研究了大学生参与志愿活动的行为，并提出激励的建议来激发大学生志愿者的参与热情。马国华（2011）[3] 尝试从激励的角度说明志愿者流动性较大的原因，并提出激励机制的可操作性。将心理契约理论应用于高校课堂管理过程中，可以更好地了解师生心理契约的内容与结构，从而达到提升教学效果的目的。在分析高校课堂教学中师生的期望和师生责任履行方面，阿拉坦巴根（2014）[4] 采用干预研究方法来探索心理契约的影响因素，构建心理契约履行机制结构模型；王晶梅（2010）[5] 从高校教师与学生的视角研究心

[1] 罗宾斯. 组织行为学：第 10 版 [M]. 孙健敏，李原，译. 北京：中国人民大学出版社. 2005：67.
[2] 刘艳红，白海霞. 基于心理契约的大学生志愿者激励机制研究 [J]. 统计与管理，2013（1）：13-14.
[3] 马国华. 从心理契约角度探讨大学生志愿者激励机制研究 [J]. 才智，2011（18）：304-305.
[4] 阿拉坦巴根. 高校课堂教学心理契约的履行机制研究 [D]. 长春：东北师范大学，2014.
[5] 王晶梅. 试论高校思想政治理论课案例教学中师生的心理契约 [J]. 思想理论教育导刊，2010（12）：86-89.

理契约，论证了教师应当施行以人为本的管理并可以通过按时沟通、增加学生期望从而增加学生对学习的责任感等方式，推动学生的心理契约个性化构建，继而推动课堂教学更加有条不紊地进行。陈春玉等（2019）[1] 实证发现，教师的性别、职称、工作时间显著地影响心理契约，但是教师的学历对心理契约的构成却没有影响。

第二节　全民健身志愿服务心理契约维度研究

一、心理契约维度梳理

（一）心理契约维度

　　心理契约着重强调了在组织和员工的相互之间关系里，认为除了正式的雇佣契约规定的内容之外，还存在着隐含的、非正式的相互期望和理解。[2] 心理契约主要发展为二维结构说 [3][4] 和三维结构说 [5][6][7][8]。目前大多数文献将心理契约划分为交易和关系两个维度。吴中伦（2010）[9] 从理论层面系统阐述了心理

[1]　陈春玉，夏日贵. 基于心理契约现状的高校教师管理问题浅析 [J]. 开封教育学院学报，2019，39（5）：182-184.

[2]　ARGYRIS C.Understanding organizational behavior[M].London:Tavistock Publication,1960.

[3]　陈加洲，凌文辁，方俐洛. 员工心理契约结构维度的探索与验证 [J]. 科学学与科学技术管理，2004（3），94-97

[4]　ROUSSEAU D M,PARKS M J.The contracts of individuals and organizations[M]// CUMMINGS L L, STAW B M.Research in organizational beavior.Greenwich,CT:JAI Press,1993.

[5]　ROUSSEAU D,PERCEIVED L.Unilateral contract changes: It takes a good reason to change a psychologial contract[R].San Diago:Symposium at the SIOP meeting,1996.

[6]　COYLE S,KESSLER J I.Consequences of the psychological contract for the employment relationship:a large scale survey[J].Journal of Management Studies,2000,37:903-935.

[7]　朱晓妹，王重鸣. 中国背景下知识型员工的心理契约结构研究 [J]. 科学学研究，2013（2）：118-122.

[8]　李原，郭德俊. 组织中的心理契约 [J]. 心理科学进展，2002，10（1）：108-113.

[9]　吴中伦，陈万明，沈春光. 私营企业劳动关系信任治理的实证研究：心理契约视角 [J]. 统计与决策，2010（7）：183-186.

契约、组织内信任与和谐劳动关系三者之间的逻辑关系。由于不同学者对心理契约的内涵有不同的见解，故心理契约的结构在不同领域也有不同的维度。通过大量阅读发现，学者们针对心理契约维度的探索主要是二维结构说和三维结构说。此外，还有学者提出四维结构说（卢梭，1990）。

1. 二维结构说

卢梭（1990）[1]针对 MBA 毕业生进行实证研究的探索，发现毕业生的心理契约结构分为交易型和关系型两个维度。同样的结果在罗宾逊的实证研究中也得到了证实。在心理契约这一概念引入我国之后，陈加洲等（2004）[2]验证了心理契约二维结构的存在，最终得出相同结论：关系型主要是组织和成员之间建立起长期的关系；交易型是指以成全个人发展为前提而尽力履行自己义务的互惠共赢的合作关系。此外，学界进一步对组织责任和成员责任之间的相互关系进行了深入探索。研究发现，成员的付出与得到的回报基本成正比。通俗地讲，就是组织在工作环境给予成员成长发展的机会与平台，营造良好和谐的氛围，成员在工作中负责，认同组织，即"组织对成员的交易责任"导致"成员对组织的交易责任"，"组织对成员的关系责任"导致"成员对组织的关系责任"。并基于这个结论，提出了著名的交易－关系契约模式，如表 4-1 所示。

表 4-1　心理契约关系中责任双方的交易型与关系型内容

类型内容	组织的责任	成员的责任
交易型	晋升 高薪 绩效工资	辞职前提前打招呼 不支持竞争对手 保守组织机密 至少在组织待两年
关系型	培训职业发展 对个人问题的支持	工作加班加点、忠诚 自觉去做非要求的任务

[1]　ROUSSEAU D M.New hire perceptions of their own and theire mployer's obligations:a study of psychological contracts[J]. Journal of Organizational Behavior,1990,11（5）:389–400.

[2]　陈加洲，凌文辁，方俐洛. 员工心理契约结构维度的探索与验证 [J]. 科学学与科学技术管理，2004（3），94–97.

2. 三维结构说

随后，更多学者对心理契约的内容和结构进行深度探索，研究的结果也呈现出一些不同的变化。卢梭和蒂乔里马拉（2006）研究了护士的心理契约维度，在进行一系列的实证研究后，首次提出了交易型、关系型和团队成员的三维度。其中，交易型维度指的是组织和员工双方通过纸质合同来规定双方所要履行的义务，包括组织为员工提供学习交流的平台，为员工的发展创造机会，员工要在工作中尽职尽责，保障组织的利益；关系型维度指的是组织与员工之间一种长期发展的关系，两者互惠互利、合作共赢，通过各自的努力不仅促进自我的成长，还促进彼此的成长；团队成员维度指的是在工作中有着良好的合作氛围，不仅是成员与成员之间，组织与成员之间也要建立良好的合作交流。朱晓妹和王重鸣（2013）[1] 主要研究的是知识型员工，研究得出知识型员工的心理契约分为两部分，一部分是组织责任，包括"物质激励、环境支持和发展机缘"；另一部分是员工责任，分为"规则遵从、组织认同、创业导向"。李原和郭德俊（2002）[2] 在研究心理契约的结构时，主张本土化研究，提出心理契约有规范型责任、人际型责任与发展型责任三个维度，并通过实证研究验证了三维结构相对二维结构更符合中国重视人际关系的特点。其中，规范型责任是指企业在工作中为员工提供物质保障，包括奖金、物品的供给等生活保障，而员工需要在工作中认真，对自己所负责的工作保质保量完成，这也是工作中双方基本要尽到的义务；人际型责任则包括组织为个人提供良好的工作氛围，员工为组织提供好的服务水平；发展型责任包括组织为个人提供发展的平台，个人为组织保证工作质量。

尽管前述的二维结构说在心理契约结构研究中占据了主要地位，但是一些研究得出的结果很难用二维结构得到有效的证实和解读。李原也对我国新时期企业员工的心理契约进行了研究，并整理了心理契约三维结构理论，如表 4-2 所示。

---

[1] 朱晓妹，王重鸣. 中国背景下知识型员工的心理契约结构研究 [J]. 科学研究，2013（2）：118-122.

[2] 李原，郭德俊. 组织中的心理契约 [J]. 心理科学进展，2002，10（1）：108-113.

表 4-2　三维结构研究结果

作者	心理契约维度
卢梭（1996）	交易型、关系型和团队成员
Coyle-Shapiro（2000）	交易、培训与关系责任
李原（2002）	规范型责任、人际型责任、发展型责任
许潜、李和卢梭（2004）	交易型，关系型和平衡型
朱晓妹和王重鸣（2013）	物质激励、环境支持和发展机缘 规则遵从、组织认同、创业导向

3. 四维结构说

卢梭将心理契约划分为四类：平衡型、变动型、关系型和交易型。其中，企业可根据心理契约类型的特点来促进组织的进步。比如，关系型心理契约更侧重于团队成员的关系，该员工更加注重团队间的关系，对团队的依附感和归属感相对会更高。交易型心理契约主要侧重于组织与员工间的平等对换的交互行为，但此类型稳定性相对较差，更容易出现心理契约违背，导致关系破裂。

综上所述，学者对心理契约的研究方向与研究主题不一样，以及结合我国具体国情会出现对其维度的不同划分，主要是从员工角度和组织角度进行划分。目前的划分维度主要还是从员工心理契约展开，采用较多的是李原的划分维度，因为该划分维度既考虑了我国目前的具体国情，对国外量表进行了整合，同时也符合划分的主流方式。

（二）不同领域心理契约维度相关研究

不同领域的心理契约也存在不同的结构。目前，国内外对心理契约维度的研究主要集中在以下几个领域。

1. 企业员工领域

卢梭和蒂乔里马拉（2006）通过对心理契约结构进行研究，从员工角度划分为交易、关系与团队成员三个维度。针对中西方文化的不同，结合我国的具体国情，心理契约研究需要结合具体国情本土化。陈加州、凌文轻、方俐洛（2003）[1] 先后通过访谈和开放式问卷的方式，对多家企业的员工进行了调查分析，针对 1 088 名被试的调查开发了"心理契约问卷"；通过访谈和开放式问卷的方式，对多家企业的员工进行了调查分析，揭示了心理契约组织责任和员工责任两大维度。他们结合我国国情，分别从组织和员工两个角度展开对心理契约进行研究，划分为现实、发展责任两个维度，进一步对我国员工心理契约展开研究。李原（2006）[2] 认为，人际关系对我国员工很重要，并结合国外学者的量表与维度，将其分为规范型、人际型和发展型责任三个维度。魏峰（2004）[3] 以 512 名组织管理者为研究对象，对得到的数据进行定量分析开发了"组织管理者心理契约调查问卷"。

2. 高校教师领域

张厚如（2011）[4] 探索发现，民办高校教师心理契约由"交易型心理契约、关系型心理契约、理念型心理契约"三维度构成。郝永敬（2013）[5] 提出高校专任教师的心理契约包含了"发展型心理契约、关系型心理契约、交易型心理契约"三维度。刘艺（2019）[6] 在高校教师心理契约与建言行为关系的研究中，认为教师心理契约的结构由"交易维度、关系维度、发展维度"三维度组成。田宝军（2007）[7]、林丽华和连榕（2005）[8] 认为三维结构的心理契约是较为合理的。然而、胡晓霞和杨继平（2006）[9]、王成杰（2007）[10]、潘素娴（2006）[11] 等通过文献分析、访谈、问卷调查等方法发现，教师的心

[1] 陈加州，凌文辁，方俐洛. 企业员工心理契约的结构维度 [J]. 心理学报，2003（3）：404–410.

[2] 李原. 企业员工的心理契约概念、理论及实证研究 [M]. 上海：复旦大学出版社，2006.

[3] 魏峰. 组织—管理者心理契约违背研究 [D]. 上海：复旦大学，2004.

[4] 张厚如. 民办高校教师心理契约研究 [D]. 成都：西南交通大学，2011.

[5] 郝永敬. 地方高校专任教师心理契约对工作绩效的影响 [D]. 天津：河北工业大学，2013.

[6] 刘艺. 高校教师心理契约对建言行为的影响研究 [D]. 武汉：华中师范大学，2019.

[7] 田宝军. 中学教师心理契约的内容与结构研究 [J]. 教育理论与实践，2007，27（6）：29–31.

[8] 林丽华，连榕. 教师心理契约、工作满意度与自尊的状况及其关系研究 [D]. 福州：福建师范大学，2005.

[9] 胡晓霞，杨继平. 中小学教师心理契约违背对其组织公民行为的影响研究 [D]. 太原：山西大学，2006.

[10] 王成杰. 高中教师心理契约的结构和影响因素研究 [D]. 南京：南京师范大学，2007.

[11] 潘素娴. 大学教师心理契约及其破裂研究 [D]. 广州：暨南大学，2006.

理契约包括两个维度。

3. 志愿者领域

21世纪初期，心理契约理论传入国内，主要用于员工管理领域，后来逐渐用于体育志愿者的研究，刘玫（2012）[1]分析了心理契约这一理论在体育赛事志愿者管理中的应用。佘鹏彦和鞠鑫（2012）[2]基于心理契约的规范型责任、人际型责任和发展型责任的三维结构展开研究。李燕平（2013）[3]通过质性研究的方法探索志愿者心理契约的结构。志愿者领域相关研究集中在激励机制方面和大型活动中的志愿者管理，马国华（2011）[4]主要研究志愿者流失的问题，并站在激励的角度看待这一现象。刘艳红和白海霞（2013）[5]以大学生志愿者为研究主体，通过文献研究法和访谈法，提出了心理契约的激励机制。唐晓瑭和李洋（2008）[6]提出从数字化、人性化、系统化等全新的视角对志愿者管理。心理契约理论在全民健身志愿者的管理领域的应用寥寥无几。

由前述可知，心理契约理论应用在组织行为学领域、社会心理学领域和管理学等领域，且发展比较成熟。学者们针对心理契约维度的探索主要是二维结构、三维结构和四维结构，在企业员工领域和高校教师领域发展比较成熟，在志愿者领域的应用很少，鲜见在全民健身志愿者管理领域的应用。

二、全民健身志愿服务心理契约维度的分析

卢梭、帕克斯（Parks，1993）也认为虽然不同个体的心理契约具有差异性，仍可将其分为交易型和关系型，但是这两种契约在关注点、时间框架、稳定性等方面存在差异，如表4–3所示。

[1] 刘玫. 心理契约在体育赛事志愿者管理中的应用研究 [A]// 中国体育科学学会. 体育管理与科学发展·2012年全国体育管理科学大会论文集 [C]. 中国体育科学学会，2012：4.
[2] 佘鹏彦，鞠鑫. 基于心理契约的高校图书馆服务模式探析 [J]. 现代情报，2012，32（8）：8–11.
[3] 李燕平. 志愿者心理契约的质性研究 [J]. 中国青年政治学院学报，2013，32（1）：42–47.
[4] 马国华. 从心理契约角度探讨大学生志愿者激励机制研究 [J]. 才智，2011（18）：304–305.
[5] 刘艳红，白海霞. 基于心理契约的大学生志愿者激励机制研究 [J]. 统计与管理，2013（1）：13–14.
[6] 唐晓瑭，李洋. 论高校奥运志愿者的管理 [J]. 中国电力教育，2008（18）：224–226.

表 4-3　不同心理契约类型的差异

差异	交易型心理契约	关系型心理契约
关注点	追求经济的、外在需求的满足	追求社会情感方面需求的满足
时间框架	有限期	无限期
稳定性	稳定的、无弹性的	动态的、有弹性的
范围	涉及更少的员工个人生活	涉及更多的员工个人生活
明确程度	员工责任的界限分明	员工责任的界限模糊

（资料来源：张楚筠.公务员心理契约研究 [M].上海：上海交通大学出版社，2011：22。）

心理契约维度的构成有二维结构、三维结构、四维结构等，以往的研究为了避免因研究对象的不同而带来的差异，多采用李原（2006）基于中国情境提出的规范、人际、发展型三维结构。不同的工作环境中心理契约的维度结构不同。研究全民健身长期志愿者心理契约维度需要首先确定志愿者人群是社会体育指导员，故可以从组织对志愿者的职责和志愿者应为组织做哪些贡献两个方面出发，在志愿服务的整体过程中，获得与在岗位上情感归属、能力经验、价值实现等相关的双边责任期望。本研究的对象为全民健身志愿者，因此，划分的心理契约维度要尽可能充分反映我国志愿者心理契约的特点。遵从目前对全民健身志愿服务心理契约理论的解释，付出与收获需要被同等满足。因此，从心理契约双边责任来说分为个人责任和组织责任两个方面，如图 4-1 所示。

这种双边的责任与义务可能会产生双方对责任与义务理解的偏差。例如，对于发展机会，志愿者一方可能认为组织做得不够好，而组织则会认为提供的机会还是很不错的，造成志愿者个人心理契约与组织心理契约双方存在着不同的理解。

（一）全民健身长期志愿服务心理契约维度的分析

全民健身长期志愿者心理契约期待主要立足于长期从事这项工作类型的志

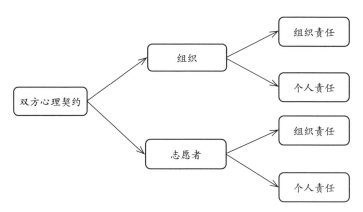

图 4-1　心理契约双边责任

愿者的视角。志愿者认为组织应该承担哪些责任，自己又应该付出多少劳动，是其内心的一种心理期望和对组织期待的一种表现。组织正是以对"双边责任"的认知为基础，如志愿者加入组织也应该通过完成自己的工作来回报组织，这样也反映了心理契约的互助互惠特点。

一方面，组织在志愿者工作期间应有的责任与义务，是基于心理契约而非实实在在存在的某份协议，是一种隐形的责任义务，约束着组织的行为。另一方面，从志愿者的角度出发，对组织的归属责任也是非常重要的一部分，只有人人对组织非常认同，才会提供更好的服务，积极地参与组织活动。一旦对组织没有归属责任，那么志愿者对工作也必将是懈怠敷衍的。当志愿者在工作需求上得不到组织的照顾，在情感方面认为组织看不到自己的努力，没有提供更好的发展机会，就会导致个人对组织的归属感和信任忠诚度下降。当志愿者感受到自己的付出高于回报时，内心会产生不平衡之感，可能会做出敷衍工作、降低服务质量的行为来减轻这种感觉，志愿者的工作绩效也必将受到影响。社会交换理论的互惠原则中，志愿者会以自身的积极工作作为对组织满意的回应。若组织违背了心理契约，会导致志愿者减少甚至不再做出积极自愿行为，任务绩效降低。心理契约形成模型如图 4-2 所示。

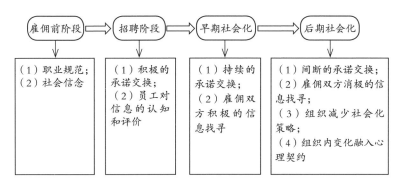

图 4-2　心理契约形成模型（卢梭，2001）

（二）全民健身短期志愿服务心理契约维度的分析

全民健身短期志愿者的主体多指参与全民健身赛事志愿服务的大学生。志愿服务是大学生自我教育和自我完善的一个重要途径，是构建社会主义核心价值观的重要核心力量[1]。大学生大多参与短期志愿服务，故在这个过程中，个人对组织的期待更多是可以收获知识、得到成长。无论出于何种目的、何种动机，志愿者对于自己及组织都存在内心期待，如希望组织为其颁发证书以及得到专业指导等；此外，志愿服务活动不仅对促进大学生全面发展和实现个人价值、社会价值有着不可替代的作用，也有助于培养大学生的社会责任感。通过参加志愿服务活动，大学生可收获很多书本上得不到的知识。因此，志愿者活动是大学生将理论与实践结合，培养责任感的最好方式之一。

（三）全民健身志愿服务心理契约的内部关系

在心理契约内部关系的研究中一直存在着争论：从严格意义上讲，"组织责任"与"个人责任"互为作用、相互影响，两者密切地交织在一起。这种动态变化状况无疑给研究带来极大的困难。心理契约量表相关维度梳理如表 4-4 所示。不过，目前多数研究者认为组织总是起着决定作用，个人总是在接受了组织责任的履行后，才会相应规范自己的行为，改变自己的态度。卢梭（1990）、

---

[1]　马琳娜. 新形势下大学生志愿服务活动存在的问题及对策研究 [J]. 公关世界，2018（17）：42–43.

李原（2006）等曾指出，如果企业只注重给员工经济利益的短期回报而不关注长期的、发展方面的投资，那么，员工会调整自己的付出，使之对企业的责任也局限在完成工作规定所要求的任务，不会主动承担职责之外的工作。企业只有增加对员工的发展机会投资，重视对员工的人文关怀，才会使员工对组织形成情感承诺，建立长期的关系纽带。因此，在两者关系中，组织对员工承担的（或承诺承担的）责任相对在先，员工对组织承担的责任在后，组织责任起主导作用。

表4-4　心理契约量表相关维度梳理

研究者	研究对象	心理契约
卢梭（1990）	美国224名刚入职的MBA毕业生	交易维度 关系维度
卢梭和蒂乔里马拉（2006）	美国注册护士	交易维度 关系维度 团队成员维度
李原（2006）	我国796名员工	人际责任 发展责任 规范责任
陈加洲（2007）	我国4 069名员工	现实责任 发展责任

在全民健身志愿服务中，志愿者是一个公益性的群体。组织和志愿者在工作中的相互配合无关乎利益。志愿者在工作中不受工资、福利等外在物质约束，其工作性质相对企业员工显得较为自由。在志愿服务的过程中，组织对于志愿者的责任履行、志愿者对于组织的归属认同在很大程度上决定了志愿者是否可以长期从事志愿服务。这为组织治理提供了理论依据，继而探索"组织责任"对"个人责任"是否产生影响，提出治理建议，帮助组织依据志愿者心理契约结构进行治理，关注志愿者内心需求。为了探讨我国全民健身志愿服务治理机制，志愿者本人感知到的"组织对个人的责任"和"个人对组织的责任"对深入了解志愿者的心理契约的结构有重要意义。

志愿者心理契约类型的划分是将志愿者感知到的组织责任和个人责任的程度按平均分数划分为高低两组。组合起来得到四种心理契约类型：类型1为共同投资高型，即"组织责任高＋个人责任高"；类型 2 为志愿者投资过度型，即"组织责任低＋个人责任高"，也就是志愿者感知自己履行的责任程度高于平均水平，感知组织履行的责任程度低于平均水平；类型 3 为志愿者投资不足型，即"组织责任高＋个人责任低"，志愿者感知自己履行责任的程度低于平均水平，感知到组织履行的责任高于平均水平；类型 4 为共同投资低型，即"组织责任低＋个人责任低"。其中，共同投资高型和共同投资低型体现了双方投入和回报的相对均衡，属于平衡型；类型 2 和类型 3 在相互责任方面不均衡，属于不平衡型。平衡型更易于长期开展志愿服务。具体内容如表 4-5 所示。

表 4-5　心理契约四种类型关系梳理

项目		组织责任程度	
		较低	较高
个人责任程度	较高	类型 1：共同投资高型（组织责任高＋个人责任高）	类型 2：志愿者投资过度型（组织责任低＋个人责任高）
	较低	类型 3：志愿者投资不足型（组织责任高＋个人责任低）	类型 4：共同投资低型（组织责任低＋个人责任低）

三、基于心理契约的全民健身志愿服务治理策略

全民健身活动具有公共产品的属性。全民健身志愿者期待精神需求满足而非追逐物质利益。因此，全民健身志愿服务的管理不是仅依靠一些制度约束可以达成的。心理契约就为实施全民健身志愿服务治理提供了很好的路径。鉴于全民健身志愿服务之间不存在直接的经济利益关系，同时服务的环境与企业环境及教学环境存在很大的差异，结合公益性工作和全民健身志愿服务这一群体的身心特点，因此，结构模型中的内容也需贴近公益事业的实际情况，包含全民健身志愿者特有的心理契约特质因子。早前有研究发现，全民健身志愿服务的人员构成主要是由一些年纪偏大的人群，且所在组织是属于公益性组织没有职业的约束感，存在的形式和价值也非常容易被人们忽略。这可能就导致他们的心理契约内容出现明显差异。因此，针对全民健身志愿服务心理契约的研

究有着重大意义，可为全民健身治理提出以下启示。

（一）重视组织责任的履行，强化志愿者对志愿服务的积极性

全民健身志愿者的心理契约组织责任对志愿者责任有直接的影响。长期志愿者大多是年纪偏大的中年人和老年人，而短期志愿者多数是在校大学生。组织和志愿者都感知到对方会从彼此的角度去看问题，会重视对方的利益和感受。长、短期志愿者的差异在于归属责任。归属责任强调的是组织与志愿者之间的合作关系，是一种以长期合作为基础的合作关系。志愿者看到招募信息并有意愿参加时，心理契约便也随之产生。经过筛选、选拔，留下的是符合志愿者组织要求并有强烈参加欲望的志愿者。之后组织通过简短的培训向志愿者传达志愿服务的宗旨和要求，这一过程也使得志愿者对赛事有更全面而具体的认识。在组织为志愿者发放志愿者手册（书面的协议）时，双方关系已经确定，心理契约随之也正式形成。这一过程中体现更多的是发展与现实成长需求。综述长、短期志愿者两个群体的参与动机，年纪偏大的群体参与志愿活动更多是为服务他人、帮助别人从而体现自我价值。履行责任的同时，也期望个人能够得到发展、个人的权益能够得到保障、个人成长目标能够得以实现。为保证这些期望得以实现，组织和个人必须相应地履行各自责任。

相对来说，组织应该给予短期志愿者更多的学习机会以及基本的保障，满足志愿者的日常需求；对于长期志愿者，组织应该给予更多的人文关怀，使志愿者可以获得归属感，提升对组织的认可度。保证志愿者心理契约得到良好氛围可以有效促进志愿者团体服务质量。组织对自身的责任的履行，很大程度上将会直接影响志愿者心理契约的牢固。因此，组织在对其责任进行履行时，应当以此作为依据和参考，从而检查组织责任的履行情况。组织责任不仅是心理契约的重要组成部分，在日常管理、制度制定、程序透明上做到公平公正也就很大程度上履行了组织责任。

（二）关注成长认可，激发志愿者对服务工作的热情

心理契约中需要关注组织给予志愿者成长责任的实际履行。以往在志愿服务活动中，志愿者感受成长与发展群体的现实需求易被忽略，缺少个人需求的

满足或自我价值的实现。因此，对于不需要物质回报的群体，如何去满足志愿者现实需求成为一个重要问题。从注重人的本位需求出发，而非把这一群体与冷冰冰的制度完全等同，给予积极的正反馈，才会吸引更多优秀的志愿者参与志愿服务活动，互惠互利地成长。志愿者是一个高情怀群体，对于学习与进步的心理期望和追求也是多种多样的，对自己的未来发展以及所处的环境关系有着密切关注。从成长责任维度来看，组织在履行责任时，应当注意是否帮助志愿者扩大社交圈子、结交更多的朋友，是否能策划丰富多样的志愿服务活动，当然也需要为志愿者提供学习和培训的机会，同时在提升专业服务技巧方面组织定期的培训和交流。

（三）关注心理归属，提升志愿者集体荣誉感

组织给志愿者更多感情的归属和情感认同，可以促使志愿者积极地为组织承担责任。组织尊重志愿者的需求，关注志愿者的工作状态，并通过志愿服务引导志愿者的行为。双方都有着共同的、崇高的理念，志愿者将自己和组织的发展结合起来，将自我价值的实现与志愿服务的理念高度结合起来，形成一种良好的合作氛围。整个组织形成充满正能量的风气，不仅可以促使个人进步，还能推进服务质量的提升，同时推进全民健身志愿服务的良好发展。因此，组织需要加强志愿者关怀，不仅是工作上的指导，还包括生活关怀等，以提高志愿者对于组织的认同感。心理契约破裂的主要原因之一是志愿者对组织没有认同感，参加志愿服务活动的情感没有得到反馈，不遗余力地从各种途径增强志愿者对组织的精神文化和价值观的认同感是非常必要的，使得志愿者们在助人的过程中体验到满足感和相互关怀，还有组织给予的人文关怀。志愿者将他们个人的能力、经验、时间及知识投入公益服务中，不但可以帮助有需要的民众，而且使社会资源更加充沛，还能够丰富志愿者自身的社会实践经历，增加实践经验。

（四）关注规范保障，激发志愿者服务的内在动力

在物质基础方面，组织需要满足志愿者最基本的诉求，给予稳固的后勤保障。例如，志愿者服装、水杯；条件允许的情况下，在工作中发放一定的交通

和工作餐补贴；为志愿者购买保险，充分保障志愿者的权益；严格保护志愿者的隐私以及人身安全。此外，口头奖励、荣誉表彰等方式的激励，也有助于志愿者感受社会的认同，激发从事志愿服务的崇高精神，保持志愿服务的热情和积极性。同时，组织需要规范志愿者责任范畴，提供必要的规章制度、服务标准及后勤保障，创造良好的工作环境，激发志愿者服务的内在动力。

（五）基于互惠互利原则，重视心理契约平衡发展

志愿者有个人发展的意愿、对组织有较高的期待，是这一群体的主流想法。组织应该积极采用各种管理手段和工具了解志愿者对组织特殊需求的类型和程度，在准确把握的基础上，努力创造条件满足其正当的需求，减少和积极应对心理契约违背。志愿者对于双边责任的认知是合理平衡的，这也从侧面反映了心理契约互惠的特点。当他们取得成绩的同时，组织应该适时给予精神或者物质的奖励，激励其继续前进。成就需求比较强烈的志愿者对于受到尊重和自我价值的体现都比较在意。因此，给予尊重和适于自己发展的空间、舞台是对他们最好的激励。组织应注重：①促进政策制定的科学性以及政策效用的广泛性与长远性；②提供发展的平台和学习机会，提高志愿者对于志愿服务的忠诚度。

（六）探析心理契约结构的差别，实施有效的管理办法

志愿者和组织之间，需要良好的沟通和理解，这比任何文件约束更有效果。组织应根据人群特点加强交流和沟通，深入了解不同志愿者心理契约的结构，有针对性地选择解决问题的方式，和志愿者保持一种良好的合作关系，鼓励志愿者积极在组织中建言献策，主动探讨组织需要改进或者觉得不满意的地方，找到合适的应对办法，尽可能避免心理契约的违背。志愿者的类型不同，心理结构也不同。因此，在组织管理方面也不可一概而论，具体情况需提出具体政策去应对：面对长期志愿者时，给予多方面的关注，而不仅只是工作期间的关注；面对短期志愿者时，要注意对其现实期待的达成，结合短期志愿者流动性较大的特点，避免给予志愿者过高的期望。

发挥不同类型志愿者的特点，通过志愿者之间互相帮助、互相鼓励、互相

关心去更好地组织服务。当人们刚开始一项新的工作时，通常是比较兴奋或者理想化的，对于许多第一次参与大型志愿者活动的人来说尤其如此。但是时间长了，特别是在工作内容简单重复、工作强度较大的情况下，就会从愉悦走向相对低落的精神状态。这个时候，可以引导志愿者形成正确的认知，并在服务过程中实时给予反馈。志愿者的定期轮替能最大限度地降低这种心理契约的"危机"，充分调动志愿者开展志愿服务的热情，同时长期志愿者可以与短期志愿者分享自己的心得与经验，而短期志愿者可与长期志愿者共同探讨实践过程发现的问题，共同解决志愿服务中的实践问题。

第三节　全民健身志愿服务基于心理契约的治理维度分析

一、治理维度内涵及相关研究

"治理"诞生于 20 世纪 80 年代末，最早是作为公共管理学理念诞生，根据全球治理委员会的界定，治理即"或公或私的个人和机构经营管理相同事务的诸多方式的总和，'它'是使相互冲突的或不同的利益得以调和并且采取联合行动的持续性过程"。本章以心理契约理论为支撑，参考心理契约维度编制全民健身志愿服务治理量表。全民健身志愿服务有长期和短期之分。全民健身志愿服务治理量表主要从志愿者角度出发讨论组织责任和个人责任，根据心理契约的双边责任探讨志愿服务也存在双边性：组织和个人，组织对个人应该提供怎样的保障和引导；个人对组织应该持怎样的态度，这中间也包含期待与履行。结合治理的内容对全民健身志愿服务治理进行分析，从组织和个人层面对志愿服务活动施加影响，探讨全民健身志愿服务治理量表维度的构建。

陈乐泉（2012）[1]通过研究龙头企业感知心理契约、信任、权威治理方式、

---

[1]　陈乐泉. 龙头企业感知心理契约对渠道关系治理方式的影响机理研究 [D]. 南昌：江西财经大学，2012.

合约治理方式以及规范治理方式，分析龙头企业感知心理契约对渠道关系治理方式的影响，又将关系权威治理方式划分为使用强制性权力与使用非强制性权力两个维度。楚龙娟（2012）[1] 从评审机制、管理机制和保障机制三个方面阐述信任的治理机制。陈晓荣等（2013）[2] 认为在公共治理视域下，把公共治理模式分为治理主体、治理对象、治理结构、治理方法、治理目标、治理评价等多个维度。韦茨和贾（1995）[3] 将渠道关系治理机制分成三种类型：权威治理机制、合约治理机制和规范治理机制。李敏等（2018）[4] 将我国本土文化背景下的组织关系治理分成集权程度、人情往来、特异性知识、关系权威和人际信任五个维度，以期探索中国语境下组织内关系治理的结构。查希尔等（1995）[5] 从理论上将关系治理界定为介于市场治理和企业科层治理之间的一种治理模式，此模式由结构维度和关系性规则组成。陈金鳌等（2015）[6] 认为公共治理模式包括治理主体、治理对象、治理结构、治理方法、治理目标、治理评价等多个维度。齐丽云等（2017）[7] 将企业社会责任划分为劳动实践、经济、人权、公平运营、消费者问题、责任治理、环境、社区发展八个维度。叶萍（2010）[8] 将绩效评估体系分为组织基础维度、内部治理维度、外部运营维度和财务运作维度四个维度，对社会组织绩效评估指标体系进行研究。王佃利（2008）[9]

[1] 楚龙娟. 人道供应链中的快速信任评估模型和治理机制 [D]. 成都：西南交通大学，2012.

[2] 陈晓荣，罗永义，柳友荣. 公共治理体视域中的体育治理 [J]. 上海体育学院学报，2013，37（1）：23—27.

[3] WEITZ B A,JAP S D.Relationship marketing and distribution channels[J].Journal of the Academy of Marketing Science,1995,23（4）:305–320.

[4] 李敏，李章森，谢碧君，等. 基于中国语境的组织内关系治理量表开发与检验研究 [J]. 管理学报，2018，15（7）：949–956.

[5] ZAHEER A,VENKATRAMAN N.Relational governance as an interorganizational strategy: an empirical test of the role of trust in economic exchange[J].Strategic Management Journal,1995,16（5）:373–392.

[6] 陈金鳌，张林，徐勤儿，等. 城市社区体育治理主体角色的缺失与回归[J]. 体育文化导刊，2015（12）：16–20.

[7] 齐丽云，李腾飞，尚可. 企业社会责任的维度厘定与量表开发——基于中国企业的实证研究 [J]. 管理评论，2017，29（5）：143–152.

[8] 叶萍. 社会组织绩效评估指标体系研究 [J]. 广西社会科学，2010（8）：104–107.

[9] 王佃利. 城市治理体系及其分析维度 [J]. 中国行政管理，2008（12）：73–77.

将城市治理主体分为三个维度：利益定位、利益关系和利益互动，作为分析城市治理中伙伴关系运行机制的指南。崔云朋（2020）[1] 在国家治理现代化视域下把人的全面发展分为经济治理维度五个维度、政治治理维度、文化治理维度、社会治理维度和生态治理维度等维度，在理论上就国家治理现代化视域下对人的现代性的本质进行整体探析和逻辑建构，从而促进人的现代化和全面发展。海德（Heide，1994）[2] 认为，渠道关系治理可以分为市场治理与非市场治理两种基本形式。学者们对渠道关系治理目标的研究主要聚焦于渠道关系质量。在人际关系方面，克罗斯比（Crosby）等（1990）[3] 指出渠道关系质量应含有满意和信任两个维度。在关系双方互动方面，指出渠道关系质量应由承诺、合作、信任、沟通质量、参与冲突的解决构成。在关系盈利方面，斯托巴卡（Storbacka）、斯特兰德维克（Strandvik）、格罗鲁斯（Gronroos）从新制度经济学和交易成本理论的角度出发，认为关系质量维度包含满意、承诺、沟通和联系等因素。学者对关系质量的研究中除了信任、关系承诺与关系满意等维度外，还包括合作规范、机会主义、客户导向、冲突、投资意愿、延续的期望等。克罗斯比 [4] 等提出，关系治理是指销售人员通过某些手段建立买方对自己高质量关系评价的治理方式，评价关系质量包括信任和满意两个维度。穆斯塔卡利奥（Mustakallio，2002）等 [5] 提出了家族企业关系治理模型的两个维度，即结构维度和认知维度。

　　蔡文著和杨慧（2014）[6] 于 2014 年提出以心理契约为基础创新渠道关系治

[1] 崔云朋. 国家治理现代化视域下人的全面发展研究 [D]. 太原：山西大学，2020.

[2] HEIDE J B.Interorganizational governance in marketing channels[J].Journal of Marketing,1994,58（1），71–85.

[3] CROSBY L A,EVANS K A,COWLES D.Relationship quality in service selling:an interperson influence perspect[J].Journal of Marketing,1990,54（3）:68–81

[4] CROSBY L A,EVANS K A,COWLES D.Relationship quality in service selling:an interperson influence perspect[J].Journal of Marketing,1990,54（3）:68–81

[5] MUSTAKALLIO M, AUTIO E, ZAHRA S A.Relational and contractual governance in family firms effects on strategic decision making[J].Family Business Review,2002,15（3）：205–222.

[6] 蔡文著，杨慧. 龙头企业与农户渠道关系治理机制创新—以心理契约为视角 [J]. 江西社会科学，2014，34（1）：215–221.

理机制是解决传统渠道关系治理机制的困境与"治理失灵"问题的新途径,并于 2016 年通过对心理契约治理机制概念的理论阐释,并以龙头企业与农户心理契约形成、发展及其违背的动态发展规律为基础进行深入剖析,提出心理契约治理机制主要包括心理契约治理沟通机制与诱导机制,以及心理契约治理就是要通过恰当的措施来对农户心理契约的形成与发展施加影响。心理契约治理机制就是指一个渠道成员控制另一个渠道成员心理契约形成、发展以及违背的具体方式与措施,其主要通过对心理契约动态发展过程的干预与诱导调和渠道成员间的相互冲突或不同利益,最终实现渠道成员对社会交换过程中各方利益心理感知的平衡,从而产生有助于渠道关系质量不断改进与提升的内在动力。[1] 张存达和蔡小慎(2014)[2]的研究指出为促进公职人员践行心理契约,行政组织应该针对其主观愿望和心理需求,从环境支持、多元激励和制度保障三个维度兑现责任承诺,激励其"利他"精神,避免"利己"倾向膨胀,促进公共利益的增量,实现利益冲突的良好治理。

二、全民健身志愿服务治理维度相关研究分析

对全民健身志愿者这一特殊群体的管理不同于普通的员工,需要从志愿者心理需求出发,探究心理契约双边责任中个人和组织两个方面对全民健身的影响。志愿者认为组织应该承担哪些责任,自己又应该付出多少劳动是其内心对组织期待的一种表现,包括志愿者工作期间应该承担的责任与义务。全民健身志愿服务活动的发展离不开志愿者的努力。志愿者在志愿服务中奉献自我,用自己的实际经验履行志愿服务,期待能以更有效、更科学的方式提供服务。李敏等(2015)[3]将履行程度作为志愿者是否受到公平对待的判断标准,进而促

---

[1] 蔡文著,杨慧. 农产品营销中心理契约治理机制模型与测量研究——基于江西省农户的调研 [J]. 当代财经,2016(9):77–87.

[2] 张存达,蔡小慎. 心理契约视角下公职人员利益冲突的治理 [J]. 湖南社会科学,2014(1):83–87.

[3] 李敏,曾琳,周恋,等. 劳务派遣工的心理契约履行和离职倾向——公平感的中介作用 [J]. 华南理工大学学报(社会科学版),2015,17(5):18–23.

进履行行为的治理。梁金辉等（2016）[1]认为主体角色履行意识是公共体育服务发展最重要的部分，组织通过履行个人责任，使个人对组织产生归属感，愿意为组织的发展做出更大的贡献。[2][3]俞欣等（2018）[4]从社会责任的角度分析履行的内容，探讨组织契约履行与个人契约履行之间的关系。[5]严玲等（2018）[6]编制的承包人履约行为量表为履约行为的研究提供完整分析框架；杜剑和郭瞳瞳（2018）[7]编制的企业社会责任履行量表对促进企业社会责任的履行、提升网络绩效具有一定的理论与现实意义。王正青等（2021）[8]认为检验政府工作绩效的重要指标是教师对县级政府履行义务教育均衡发展治理责任的满意程度。陈坚（2017）[9]认为社会期待是人们依据个体的社会关系、身份和角色所表达的希望或要求的总和，包括有义务和责任的社会群体应该开展各种公共活动以及拥有权力的人的行为应该符合他们的社会角色。佐藤孝弘（2010）[10]认为社会角色期待是根据其要求承担一定的社会责任才会取得长期的发展。王保树（2008）[11]在论述非上市公司的公司治理实践时，从现状和期待两方面，对公

[1] 梁金辉，傅雪林，王实. 满意度和需求度二维耦合视角下的首都公共体育服务评价 [J]. 首都体育学院学报，2016，28（6）：496–502.

[2] 颜爱民，李歌. 企业社会责任对员工行为的跨层分析——外部荣誉感和组织支持感的中介作用 [J]. 管理评论，2016，28（1）：121–129.

[3] 黄洁，王晓静. 企业员工社会责任对组织公民行为的影响研究——基于心理契约的中介作用 [J]. 山东社会科学，2016，30（2）：179–183.

[4] 俞欣，郑宝云，陆玉梅. 民营企业员工社会责任履践机制与行为效应研究 [J]. 财会通讯，2018，39（29）：40–44.

[5] 李洪英，于桂兰. 心理契约履行与员工离职倾向的关系 [J]. 社会科学家，2017，238（2）：74–78.

[6] 严玲，王智秀，邓娇娇. 建设项目承包人履约行为的结构维度与测量研究——基于契约参照点理论 [J]. 土木工程学报，2018，51（8）：105–117.

[7] 杜剑，郭瞳瞳. 企业社会责任与网络绩效关系研究——以生态产业共生网络贵州生态产业园为例 [J]. 会计之友，2018，36（22）：72–77.

[8] 王正青，陈臣，刘童. 县级政府履行义务教育均衡发展治理责任的教师满意度研究——"后均衡发展"时代到来前的检视 [J]. 基础教育，2021，18（5）：31–38.

[9] 陈坚. 治理现代化视角下公共领导角色的社会期待 [J]. 领导科学，2017（3）：4–6.

[10] 佐藤孝弘. 受社会角色期待影响形成的公司治理及其价值 [J]. 上海交通大学学报（哲学社会科学版），2010，18（3）：37–45.

[11] 王保树. 非上市公司的公司治理实践：现状与期待——公司治理问卷调查分析 [J]. 当代法学，2008（4）：3–9.

司的治理现状进行描述和分析，表达对公司治理改革的期待。陈建平（2005）[1]认为政府在处理社会公共事务时应扮演正确的角色，履行合理的职能，通过政府对自身价值诉求的提升、社会对政府合理期望值的提高等方式使政府不再囿于某一角色。陈坚（2017）[2]认为公共领导的社会角色包括领导角色规范、领导角色期待、领导角色知觉和领导角色实践四个方面。社会公众总是期望着公共领导能够清楚自己的权利和义务，并善于遵从角色的要求。公共领导应重新定位自己的角色，沿着社会期待的方向改进。董明（2019）[3]在阐述斯科特的制度环境"三支柱理论"时，介绍此理论分为规制性、规范性和认知性三个方面。其中，规制性指的是一种法律、政策的外在制度，控制参与者现实履行的行为；规范性和认知性指的是一种能够支配组织和个体行为的期待、约束和激励性导引。在志愿服务中，志愿者在实际履行行为中进行志愿服务，用经验和教训为志愿服务提出有效治理措施。

当今，社会治理越来越重视全民健身志愿服务组织的参与和推动。我国部分学者认为志愿服务活动存在一些内在的特殊机制或特征，[4]李燕平（2013）[5]认为心理契约同样适用于研究志愿者和志愿服务之间的关系，可以准确认识志愿者个人的心理，对管理志愿者有着重要意义。全民健身志愿服务活动包含志愿服务组织和个人。研究两者关系时，可从志愿者的角度对组织和志愿者自身进行分析和探讨。一方面，志愿者期待组织能够提供措施和保障，并履行行为责任；另一方面，期待自己以何种状态面对服务对象，才能够履行责任和义务。这与心理契约理论不谋而合。蔡文著和杨慧（2016）[6]认为心理契约治理就是

[1] 陈建平. 试论政府角色定位之理论范式的变迁及启示 [J]. 云南行政学院学报，2005（5）：45-47.

[2] 陈坚. 治理现代化视角下公共领导角色的社会期待 [J]. 领导科学，2017（3）：4-6.

[3] 董明. 环境治理中的企业社会责任履行：现实逻辑与推进路径——一个新制度主义的解析 [J]. 浙江社会科学，2019（3）：60-73.

[4] 王名，蓝煜昕，王玉宝，等. 第三次分配：理论、实践与政策建议 [J]. 中国行政管理，2020（3）：101-105.

[5] 李燕平. 志愿者心理契约的质性研究 [J]. 中国青年政治学院学报，2013，32（1）：42-47.

[6] 蔡文著，杨慧. 农产品营销中心理契约治理机制模型与测量研究——基于江西省农户的调研 [J]. 当代财经，2016，382（9）：77-87.

要通过恰当的措施来对农户心理契约的形成与发展施加影响，并提出心理契约治理机制就是指一个渠道成员控制另一个渠道成员心理契约形成、发展以及违背的具体方式与措施。

全民健身志愿者参与志愿服务活动，很大程度上是依靠自身的觉悟，依靠自身的感受参与奉献型的志愿服务工作。心理契约是一种非正式的契约，没有明文规定。因此，通过对全民健身志愿服务治理维度的构建及分析，从志愿者角度了解全民健身志愿服务的治理期待情况，研究如何通过组织和个人层面的治理措施对全民健身志愿者参与志愿服务活动施加影响，从这个角度对全民健身志愿服务治理进行研究，有利于保持志愿者心理稳定性，提升治理品质、治理绩效。

（一）全民健身长期志愿服务治理期待维度相关研究分析

基层社会治理是国家治理体系和治理能力建设的重要组成部分。志愿服务组织是基层治理新格局的重要参与主体，志愿服务是构建基层治理新格局的重要方式和路径。[1] 全民健身志愿服务是组织和个人的双向反馈，一方面，组织制定规范、开展活动；另一方面，全民健身志愿者参与其中，期待自己能为志愿服务贡献力量，为志愿服务长期开展提供保障。李瑞昌和李婧超（2013）[2] 从政府认可、社会评价、组织管理和个体偏好四个维度开展志愿服务的治理研究。张大为等（2020）[3] 将体育志愿服务分为个体、群体、组织和社会四个层面加以论述。祝慧和谢祈星（2016）[4] 发现，广州义工联在进行人力资源管理时，基于交易、关系、发展和理念四个维度，对员工进行激励。陈洪平（2010）[5]

[1]　王彦东，李妙然. 志愿服务在构建基层治理新格局中的功能及发展路径 [J]. 齐鲁学刊，2020（6）：110–118.

[2]　李瑞昌，李婧超. 国内外志愿者服务动机稳定性研究述评 [J]. 复旦公共行政评论，2013（2）：209–226.

[3]　张大为，成婉毓，刘兵，等. 社会资本视角下体育志愿服务研究的国际经验与中国镜鉴 [J]. 武汉体育学院学报，2020，54（12）：26–32.

[4]　祝慧，谢祈星. 政策支持与治理创新：非营利组织人力资源管理策略探讨 [J]. 云梦学刊，2016，37（6）：87–92.

[5]　陈洪平. 后奥运时期我国体育志愿者保障法律制度建设研究 [J]. 武汉体育学院学报，2010，44（3）：29–33.

认为我国后奥运会时期体育志愿者保障法律制度建设可以从体育志愿者的组织保障和体育志愿者的个人保障两个方面进行。

（二）全民健身短期志愿服务治理期待维度相关研究分析

全民健身短期志愿服务治理期待是以体育赛事志愿者为调查对象，对其心理期待情况进行分析。参与者为全民健身活动爱好者，更多是大学生。大学生通过参与体育赛事，有利于建立一种新的社会关系和获取新的资源，帮助其提高社会实践能力。志愿者参与志愿服务以社会体育组织为纽带，社会体育组织期待为志愿者提供怎样的环境以及志愿者在怎样的环境中参与志愿服务，在短期志愿服务过程中组织和个人在服务中以怎样的行为参与志愿服务，如果能得到双方的拥护支持和响应，志愿服务质量也会相应提高。在可参考的研究维度方面，国内学者的研究提供了参考。许文鑫等（2017）[1]认为大型体育赛事观众满意度受票务、工作人员、场馆设施、场馆环境、竞赛水平和配套6个维度的影响。殷星星等（2020）[2]认为大学生志愿者参与马拉松赛事服务的动机有两个维度：推力（包含体验求知、自我实现、放松休闲、价值表达）和拉力（包含激励诱导、发展需要及赛事环境），对志愿者组织管理与招募具有重要的参考价值。冯欣欣等（2012）[3]从组织身份和资源依赖两个维度来分析当前我国政府与非营利体育组织形成权力失衡下的有限合作模式，构建政府与非营利体育组织理想的合作模式。

（三）全民健身长期志愿服务治理履行维度相关研究分析

全民健身志愿者是以组织为依托参与全民健身志愿服务活动，为服务对象提供了哪些健身指导和组织管理服务，志愿服务治理实际履行的情况如何，以

[1] 许文鑫，姚绩伟，黄熔朴，等. 大型体育赛事服务观众满意度量表的研制 [J]. 成都体育学院学报，2017，43（5）：61–67.

[2] 殷星星，黄松峰. 高校志愿者参与马拉松赛事动机量表编制——基于推拉理论 [J]. 体育科学研究，2020，24（1）：38–47.

[3] 冯欣欣，曹继红. 政府与非营利体育组织合作：理论逻辑与模式转变：基于资源依赖的视角 [J]. 天津体育学院学报，2012，27（4）：297–302

及志愿服务组织为志愿者提供了哪些保障和引导，都是全民健身长期志愿服务治理履行维度需要考虑的内容。国家体育总局发布的《建立全民健身志愿服务长效化机制工作方案》提出，建立全民健身志愿服务长效化机制，主要包括组织协调、社会动员、培训管理、项目推动、表彰激励和评估检查等方面。向祖兵等（2017）[1]认为组织应该解决福利、职业发展和培训等一系列问题，社会体育指导员要与政府、市场等建立联系，充分发挥其健身指导作用，形成多元化的发展趋势。从组织和志愿者自身两个方面探讨全民健身志愿服务治理对策。①组织主要侧重于引导全民健身志愿者参与志愿服务，为其提供发展空间，与其建立良好的沟通交流，共同营造良好的志愿服务环境。②全民健身志愿者主要侧重于自身行为的履行措施和遵守制度规范方面，长期与组织和其他全民健身志愿者交流沟通，协调关系、履行责任，根据期望在长期参与过程中不断进行履行治理。

（四）全民健身短期治理履行维度相关研究分析

全民健身短期志愿服务治理履行是以体育赛事志愿者为调查对象，对其志愿服务履行情况进行分析。全民健身短期志愿服务中，组织引导志愿者履行怎样的志愿服务标准和自身担负怎样的组织责任；志愿者参与志愿服务的过程中应该履行怎样的个人责任和服务规范，都是全民健身短期志愿服务治理履行维度需要考虑的内容。万俊毅（2008）[2]认为关系治理是正式契约以外的、具有自我履行机制的一切能提高合约履行绩效的社会关系活动。马德浩[3]（2020）认为可以运用制度建设和政策激励使更多体育教师参与志愿服务。加涅（Gagne，

[1] 向祖兵, 汪流, 李骁天, 等. "三社联动"视角下社区体育网络体系的模式与机制 [J]. 西安体育学院学报, 2017, 34（5）: 546–551.

[2] 万俊毅. 准纵向一体化、关系治理与合约履行——以农业产业化经营的温氏模式为例 [J]. 管理世界, 2008（12）: 93–102.

[3] 马德浩. 从割裂走向融合——论我国学校、社区、家庭体育的协同治理 [J]. 中国体育科技, 2020, 56（3）: 46–54.

2003）[1] 认为对志愿者的管理包括招聘、培训和维护等环节，萧伯约（Shaw，2009）[2] 认为对志愿者的培训和学习活动也十分重要。汪志刚等（2019）[3] 认为合理投入和安排管理类支持性活动对体育赛事工作者的行为有显著影响。黄大林和黄晓灵（2018）[4] 认为体育赛事志愿者激励机制的核心要素是志愿者的动机与需求、激励内容、激励手段、奖惩制度等，提出形成良好的沟通机制要做好激励、奖励和保障措施，提供发展空间。王兴华（2017）[5] 认为影响大学生参与志愿者活动的动机与学校、背景和志愿服务经验等因素有关。魏婉怡（2016）[6] 认为志愿者模式分为个人－任务搭配、个人－团体搭配以及集中管理型三种，赋予志愿者权利和从事志愿服务的动机也应该受到这三种模式的影响。黄昆仑等（2013）[7] 认为影响志愿者服务动机的因素主要为自我提升、交际归属、权利动机、自我奉献、获得成就和获得认同这六大方面。目前，关于体育赛事志愿者的研究表明，通过信任、规范和网络的建立，可以有效参与体育赛事志愿服务。对体育赛事志愿者的管理，在一定程度上影响志愿者的服务水平。对于全民健身短期志愿服务治理履行，组织应主要侧重于建设制度规范，建立规范的条例与标准引导志愿者的行为，为志愿者颁发荣誉奖励，肯定志愿者的行为。

[1] GAGNE M. The role of autonomy support and autonomy orientation in prosocial behavior engagement[J]. Motivation and Emotion，2003，27（3）：199–223.

[2] SHAW S."It was all 'smile for dunedin!'":Event volunteer experiences at the 2006 New Zealand Masters Games[J]. Sport Management Review,2009,12（1）：26–33.

[3] 汪志刚，徐丕臻，沈克印，等. 体育赛事志愿者管理对志愿者响应的影响——社会资本的作用 [J]. 体育学刊，2019，26（1）：52–58.

[4] 黄大林，黄晓灵. 体育赛事志愿者激励机制研究——以 2016 年重庆国际马拉松赛为例 [J]. 西南师范大学学报（自然科学版），2018，43（2）：96–102.

[5] 王兴华. 大学生参与体育赛事志愿服务动机研究 [J]. 体育文化导刊，2017（2）：157–161.

[6] 魏婉怡. 基于结构方程模型的我国体育赛事志愿者模型构建研究 [J]. 北京体育大学学报，2016，39（11）：45–50.

[7] 黄昆仑，汪俊. 大型体育赛事高校大学生志愿者服务动机研究——以第 26 届深圳世界大学生运动会为例 [J]. 广州体育学院学报，2013，33（5）：27–32.

三、全民健身志愿服务心理契约治理量表的题项来源

（一）构念说明

能够清晰、准确阐明研究对象核心特征的构念说明是开发高质量量表的前提条件。要做到这一点，就必须明确所要测量的构念与其他相近构念的差异、其所在的层次、内部结构等。本章所涉及的核心构念为全民健身志愿服务治理期待和履行，对于全民健身志愿者，前者反映了其在参与全民健身志愿服务中期望遵循的准则和心理获得；后者体现了其在志愿服务活动中实际所做到的有关治理的行为活动。具体而言，全民健身志愿服务治理期待是全民健身志愿者参与服务时自己所期望得到的收获；全民健身志愿服务治理履行是全民健身志愿者实际实施的行为。治理期待和治理履行表达了全民健身志愿者在参与志愿服务时自身的希望和收获，志愿者通过自我规范与收获对志愿服务治理施加影响。"全民健身志愿服务治理绩效问卷"与"全民健身志愿服务治理调查问卷"编制过程相同。

（二）产生测量项目

1. 二手资料法

通过查阅国内外全民健身志愿服务、治理期待和治理履行等相关文献，了解全民健身志愿服务、治理期待和治理履行的概念和理论，并参考相关问卷收集测量项目。全民健身志愿服务治理量表编制主要参考肖尔（Shore，2006）[1]、李原（2006）[2]、陈加洲（2007）[3]、卢梭等（1990）[4]、米尔沃德

[1]　SHORE L M , TETRICK L, LYNCH P,et al.Social and economic exchange:construct development and validation[J].Journal of Applied Social Psychology,2006,36:837–867.

[2]　李原. 企业员工的心理契约概念、理论及实证研究 [M]. 上海：复旦大学出版社，2006.

[3]　陈加洲. 员工心理契约的作用模式与管理对策 [M]. 北京：人民出版社，2007.

[4]　ROUSSEAU D M,PARKS M J.The contracts of individuals and organizations[M]// CUMMINGS L L, STAW B M.Research in organizational beavior.Greenwich,CT:JAI Press,1993.

（Millward）等（1998）[1]、李敏（2017）[2]、蒋巍（2018）[3]、陈乐泉（2012）[4]等学者编制的问卷。

2. 专家访谈法

分别与 8 名心理学专家、3 名管理学专家和 16 名志愿服务领域资深管理者和志愿者进行访谈，收集全民健身志愿服务治理的结构与内容的具体资料，以及各维度中包含的具体内容。访谈过程全部由笔者完成，访谈时间为每人20~30 分钟。访谈结束后，笔者对访谈过程中涉及的治理期待和履行项目进行归类、概括和整理。访谈的主要问题如下。

（1）在组织中，个人对组织承担什么责任？组织对个人承担什么责任？

（2）在（你的）组织中，通常采取哪些措施激励个人？这些措施有效吗？你认为还有必要补充什么措施？

（3）作为对个人工作的回报，组织通常给个人提供哪些物质待遇或物质奖励？

（4）在为个人创造良好的人际环境和体现人文关怀方面，组织承担哪些责任？

（5）在个人的事业发展与事业成功方面，组织承担哪些责任？

（6）个人在组织中期待的治理措施和实际履行的行为都有哪些？组织期待个人和组织的治理措施和实际履行的行为都有哪些？

（三）测量项目归类、合并和修订

本研究中的全民健身志愿服务量表的治理期待构念和治理履行构念分别包

[1] MILLWARD L J,HOPKINS L J.Psychological contracts,organizational and job commitment[J].Journal of Applied Social Psychology,1998,28（16）:1530-1556.

[2] 李敏，周明洁. 志愿者心理资本与利他行为：角色认同的中介 [J]. 应用心理学，2017，23（3）：248-257.

[3] 蒋巍. 中国志愿者服务动机结构研究——基于广东省志愿者的问卷调查 [J]. 中国青年研究，2018（6）：59-65.

[4] 陈乐泉. 龙头企业感知心理契约对渠道关系治理方式的影响机理研究 [D]. 南昌：江西财经大学，2012.

含了组织治理和个人治理两个子构念，故从上述两个方面收集涉及全民健身志愿服务治理期待和治理履行的条目。由于条目的表述重复、内容比较相似，因此需要将条目进行合并和整理。合并工作由笔者及两名硕士研究生共同完成。另外，为了保证项目归并的合理性，笔者请管理学专家对归并后的项目进行了评定，并在此基础上修改了其中表述不清楚和容易引发理解歧义的项目。最终，研究形成了 46 个有关组织治理子构念的项目和 36 个有关个人治理子构念的项目。这些项目组成了本研究的项目库。由于志愿者分为长期志愿者和短期志愿者两类，故研究得到的系列分量表为全民健身长期志愿服务组织治理期待量表、全民健身长期志愿服务个人治理期待量表、全民健身短期志愿服务组织治理履行量表、全民健身短期志愿服务个人治理履行量表。在数据报告部分，组织治理期待分量表的题项用题项号加 EOG 表示，个人治理期待分量表的题项用题项号加 EPG 表示，组织治理履行分量表的题项用题项号加 AOG 表示，个人治理履行分量表的题项用题项号加 APG 表示，组织治理绩效用 POG 表示，个人治理绩效用 PPG 表示，以示区别。

　　本章梳理了全民健身志愿服务治理的心理契约理论和心理契约的研究维度。不同类型的志愿者有不同的特点，分析长、短期全民健身志愿服务的研究维度及内部关系，探讨基于心理契约的全民健身志愿服务的治理策略，按照长、短期志愿服务类型对全民健身志愿服务的期待维度和履行维度进行理论探讨，借助专家访谈、文献综述等手段，设计了全民健身志愿服务量表的治理期待和治理履行两个构念，并对量表测量项目进行了初步删减和修订。项目库采用利克特量表形式，分别从长期和短期维度、个人和组织维度，针对治理期待和治理履行相关条目分别编制问卷，通过评分来评定每个项目的重要程度，具体分析见第五章"全民健身志愿服务治理量表构建与分析"。

全民健身志愿服务治理量表构建与分析

第一节　全民健身长期志愿服务治理期待量表编制与分析

一、预测试

预测试调研对象选择了参加北京、上海、广州等地举行的国家级社会体育指导员培训班的人员发放预测试问卷，主要通过现场发放问卷方式进行。共发放问卷 253 份。判断分类回收的样本数据，去除不完整、不规范和样本数据显著不真实的问卷，最终得到 240 份有效问卷。全民健身长期志愿服务治理期待量表通过组织治理期待分量表和个人治理期待分量表题项的预测试数据进行项目分析，检测各题项是否达到显著性水平，再对题项进行重新编码，利用 Cronbach's α 值检验问卷信度以及各个题项对信度的影响；利用探索性因子分析对测量项目进行精简。纠正项目信度检验筛选有三个标准：①删除题项后，可增加量表整体信度的；②修正后项目的总体相关系数（Corrected Item–Total Correlation，CITC）小于 0.5；③因子载荷低于 0.5，影响量表效度的。在预数据处理中采取上面所述的方法删除问卷中的项目。预测试分析的主要目的就是删除对 Cronbach's α 值起消极作用、低载荷的测量项目。

结果分析如表 5-1 所示，全民健身长期志愿服务组织治理期待分量表的初始 Cronbach's α 值为 0.960，删除 EOG2、EOG8、EOG14 后，Cronbach's α 值上升为 0.965，然后进行类似分析，删除任何项目，Cronbach's α 值均不能提高。由此，组织治理期待分量表剩余 19 个题项，序号重新编码。

表 5-1　全民健身长期志愿服务组织治理期待分量表的 CITC 和信度分析

题项编号	CITC	删除项后的 Cronbach's α 值	量表的 Cronbach's α 值
EOG1	0.699	0.959	
EOG2	0.470	0.962	
EOG3	0.781	0.958	
EOG4	0.771	0.958	
EOG5	0.807	0.957	
EOG6	0.766	0.958	
EOG7	0.760	0.958	
EOG8	0.402	0.963	
EOG9	0.736	0.958	
EOG10	0.765	0.958	
EOG11	0.835	0.957	$\alpha_1=0.960$ $\alpha_2=0.965$
EOG12	0.746	0.958	
EOG13	0.719	0.959	
EOG14	0.520	0.961	
EOG15	0.687	0.959	
EOG16	0.778	0.958	
EOG17	0.790	0.958	
EOG18	0.658	0.959	
EOG19	0.746	0.958	
EOG20	0.749	0.958	
EOG21	0.784	0.958	
EOG22	0.844	0.957	

如表 5-2 所示，全民健身长期志愿服务个人治理期待分量表的初始 Cronbach's α 值为 0.949，删除 EPG1、EPG5 之后，Cronbach's α 值上升为 0.953，之后进行类似分析，删除任何项目，Cronbach's α 值均不能提高。由此，个人治理期待分量表剩余 13 个题项，序号进行重新编码。

表 5-2 全民健身长期志愿服务个人治理期待分量表的 CITC 和信度分析

题项编号	CITC	删除项后的 Cronbach's α 值	量表的 Cronbach's α 值
EPG1	0.539	0.950	
EPG2	0.811	0.944	
EPG3	0.759	0.945	
EPG4	0.870	0.942	
EPG5	0.564	0.951	
EPG6	0.856	0.943	
EPG7	0.735	0.946	
EPG8	0.638	0.948	α_1=0.949
EPG9	0.803	0.944	α_2=0.953
EPG10	0.820	0.944	
EPG11	0.752	0.945	
EPG12	0.733	0.946	
EPG13	0.608	0.948	
EPG14	0.781	0.944	
EPG15	0.730	0.946	

为了进一步保证量表测量的可靠性，本研究继续对剩余题项整体的 Cronbach's

α 值进行分析，结果如表 5-3 所示。全民健身长期志愿服务治理期待各分量表的信度均大于 0.9，表明该量表的内部已符合测量要求，具备统计分析的有效性。

表 5-3　全民健身长期志愿服务治理期待各分量表的信度

分量表名称	Cronbach's α 值
组织治理期待	0.965
个人治理期待	0.953

然后，选取初始特征值大于 1 为因子提取标准，通过主成分分析及最大方差法，对剩余题目重新编码进行探索性因子分析。如表 5-4 所示，全民健身长期志愿服务组织治理期待第一个因子的初始特征值总计为 10.432，可以解释 19个原始变量总方差的 54.907%；第二个因子的初始特征值总计为 2.145，可以解释 19 个原始变量总方差的 11.288%；第三个因子的初始特征值总计为 1.402，可以解释 19 个原始变量总方差的 7.381%；3 个因子的方差贡献率累计百分比为 73.576%，故全民健身长期志愿服务组织治理期待分量表提取 3 个因子。

表 5-4　全民健身长期志愿服务组织治理期待分量表的总方差解释

成分	初始特征值			提取载荷平方和			旋转载荷平方和		
	总计	方差 /%	累计占比 /%	总计	方差 /%	累计占比 /%	总计	方差 /%	累计占比 /%
1	10.432	54.907	54.907	10.432	54.907	54.907	5.563	29.281	29.281
2	2.145	11.288	66.195	2.145	11.288	66.195	5.426	28.560	57.841
3	1.402	7.381	73.576	1.402	7.381	73.576	2.990	15.735	73.576
4	0.961	5.058	78.634						
5	0.822	4.329	82.963						
6	0.776	4.086	87.049						

续表

成分	初始特征值			提取载荷平方和			旋转载荷平方和		
	总计	方差 /%	累计占比 /%	总计	方差 /%	累计占比 /%	总计	方差 /%	累计占比 /%
7	0.579	3.045	90.094						
8	0.457	2.404	92.498						
9	0.276	1.455	93.953						
10	0.228	1.199	95.152						
11	0.214	1.128	96.279						
12	0.153	0.806	97.086						
13	0.136	0.718	97.804						
14	0.104	0.549	98.353						
15	0.099	0.522	98.875						
16	0.071	0.373	99.249						
17	0.060	0.318	99.566						
18	0.046	0.245	99.811						
19	0.036	0.189	100.000						

注：提取方法为主成分分析法。

同理，如表 5-5 所示，全民健身长期志愿服务个人治理期待第一个因子的初始特征值总计为 7.259，可以解释 13 个原始变量总方差的 55.836%；第二个因子的初始特征值总计为 1.804，可以解释 13 个原始变量总方差的 13.876%；2 个因子的方差贡献率累计百分比为 69.712%，故全民健身长期志愿服务个人治理期待分量表提取 2 个因子。

表5-5　全民健身长期志愿服务个人治理期待分量表的总方差解释

成分	初始特征值			提取载荷平方和			旋转载荷平方和		
	总计	方差 /%	累计占比 /%	总计	方差 /%	累计占比 /%	总计	方差 /%	累计占比 /%
1	7.259	55.836	55.836	7.259	55.836	55.836	7.259	55.836	55.836
2	1.804	13.876	69.712	1.804	13.876	69.712	1.804	13.876	69.712
3	0.997	7.672	77.384						
4	0.923	7.096	84.480						
5	0.563	4.333	88.813						
6	0.306	2.352	91.166						
7	0.281	2.162	93.328						
8	0.244	1.876	95.204						
9	0.222	1.705	96.908						
10	0.155	1.191	98.100						
11	0.126	0.968	99.067						
12	0.076	0.583	99.650						
13	0.046	0.350	100.000						

注：提取方法为主成分分析法。

　　通过初步因子分析，如表5-6所示，全民健身长期志愿服务组织治理期待分量表呈现出稳定的三因子结构；全民健身长期志愿服务个人期待分量表呈现出稳定的两因子结构。

表 5-6　全民健身长期志愿服务治理期待各分量表旋转成分矩阵

组织治理期待分量表				个人治理期待分量表		
题项	因子 1	因子 2	因子 3	题项	因子 1	因子 2
EOG4	0.931			EPG4	0.925	
EOG2	0.927			EPG12	0.892	
EOG6	0.923			EPG7	0.884	
EOG3	0.918			EPG10	0.837	
EOG1	0.914			EPG5	0.837	
EOG5	0.912			EPG2	0.831	
EOG9		0.850		EPG13		
EOG8		0.847		EPG8		0.892
EOG18		0.846		EPG11		0.874
EOG13		0.841		EPG9		0.870
EOG12		0.814		EPG3		0.861
EOG7		0.792		EPG1		0.857
EOG17			0.851	EPG6		0.829
EOG19			0.824			
EOG16			0.796			
EOG15			0.773			
EOG10			0.769			

续表

组织治理期待分量表				个人治理期待分量表		
题项	因子 1	因子 2	因子 3	题项	因子 1	因子 2
EOG14			0.763			
EOG11						

二、探索性因子分析

在预测试的基础上，对剩余题项重新编码形成正式测试问卷，最终共发放问卷 403 份，剔除无效问卷后，共回收有效问卷 365 份，问卷回收有效率为 90.57%。本研究抽取样本中的 120 份对两个分量表进行探索性因子分析，满足进行探索性因子分析的要求。[1]

（一）检验因子分析的可行性

研究采用 KMO 值和 Bartlett 球形检验表示变量间的相关性，如表 5-7 所示。全民健身长期志愿服务组织治理期待分量表和个人治理期待分量表的 KMO 值分别为 0.957 和 0.896；Bartlett 球形检验的 $P=0$，说明全民健身长期志愿服务组织治理期待分量表和个人治理期待分量表都适合进行因子分析。

表 5-7　全民健身长期志愿服务治理期待各分量表 KMO 和 Bartlett 球形检验

检验参数		组织治理期待分量表	个人治理期待分量表
KMO		0.957	0.896
Bartlett 球形检验	χ^2	3 155.402	1 687.180
	df	153	66
	P	0	0

[1]　吴明隆. 问卷统计分析实务 [M]. 重庆：重庆大学出版社，2010.

（二）探索性因子分析的结果

对全民健身长期志愿服务治理期待量表进行探索性因子分析，选择主成分分析方法，以特征根大于 1 为标准抽取共同因素，选择最大方差法旋转提取公因子，以因素负荷值大于 0.5 为条件，累计方差解释率需大于 40%。根据以上标准，如表 5-8 至表 5-10 所示，全民健身长期志愿服务组织治理期待分量表提取出 3 个因子，总方差解释为 85.667%；全民健身长期志愿服务个人治理期待分量表提取出 2 个因子，总方差解释为 81.906%。

表 5-8　全民健身长期志愿服务组织治理期待分量表探索性因子分析结果

题项	因子		
	1	2	3
EOG1	0.923		
EOG6	0.904		
EOG3	0.902		
EOG2	0.901		
EOG5	0.891		
EOG4	0.865		
EOG9		0.810	
EOG12		0.797	
EOG8		0.796	
EOG7		0.790	
EOG17		0.785	
EOG11		0.765	
EOG18			0.805
EOG14			0.804

题项	因子		
	1	2	3
EOG13			0.776
EOG16			0.754
EOG15			0.730
EOG10			0.714

注：提取方法为主成分分析法；旋转方法为凯撒正态化最大方差法；旋转在 5 次迭代后已收敛。

表 5-9　全民健身长期志愿服务个人治理期待分量表探索性因子分析结果

题项	因子	
	1	2
EPG4	0.949	
EPG11	0.915	
EPG7	0.885	
EPG5	0.835	
EPG10	0.812	
EPG2	0.797	
EPG1		0.909
EPG12		0.905
EPG8		0.903
EPG9		0.875
EPG3		0.833
EPG6		0.810

注：提取方法为主成分分析法；旋转方法为凯撒正态化最大方差法；旋转在 3 次迭代后已收敛。

表 5-10　全民健身长期志愿服务治理期待分量表各因子的特征根及解释总变异的占比

类型	因子	特征根	解释总变异的占比 / %	累计占比 / %
组织治理期待分量表	1	11.968	66.491	32.326
	2	2.355	13.083	60.221
	3	1.097	6.093	85.667
个人治理期待分量表	1	7.320	61.004	41.317
	2	2.508	20.903	81.906

（三）全民健身长期志愿服务治理期待各分量表各因子命名

因子命名的原则有三：①以因子负荷量高的项目优先考虑；②所决定的名称至少能涵盖该因子 2/3 项目的解释力；③不同因子的命名应具互斥性，层面不重叠（林澜，2011）。全民健身长期志愿服务组织治理期待分量表因子 1 包含 EOG1、EOG2、EOG3、EOG4、EOG5、EOG6，表题项内容反映组织期待相应的制度规范，故命名为规范治理；因子 2 包含 EOG7、EOG8、EOG9、EOG11、EOG12、EOG17，表题项内容反映组织期待能够提供保障和奖励，引导志愿者参与全民健身长期志愿服务工作，故命名为诱导治理；因子 3 包含 EOG10、EOG13、EOG14、EOG15、EOG16、EOG18，表题项内容反映组织期待有良好的沟通，领会组织意图，建立良好的沟通治理机制，故命名为沟通治理。全民健身长期志愿服务个人治理期待分量表因子 1 包含 EPG2、EPG4、EPG5、EPG7、EPG10、EPG11，题项内容反映志愿者个人对志愿服务环境的治理措施期待，故命名为现实治理；因子 2 包含 EPG1、EPG3、EPG6、EPG8、EPG9、EPG12，题项内容反映志愿者个人期待能够达到的现实履行行为，故命名为行为治理。

三、验证性因子分析

对 365 份问卷样本数据进行验证性因子分析，根据探索性因子分析结果，采用最大似然法建立模型以验证因子分析结果。本研究采用调整卡方自由度比值（χ^2/df）、规范拟合指数（NFI）、相对拟合指数（RFI）、递增拟合指数（IFI）、Tucker–lewis 指数（TLI）比较拟合指数（CFI）、近似误差均方根（RMSEA）、均方根残差（RMR）等指标对结构模型的拟合程度进行测评，如表 5–11、表 5–12 所示。

表 5–11　全民健身长期志愿服务组织治理期待拟合指数

模型	χ^2	df	χ^2/df	NFI	RFI	IFI	TLI	CFI	RMSEA
三因子	339.212	132	2.570	0.963	0.957	0.977	0.973	0.977	0.066

表 5–12　全民健身长期志愿服务个人治理期待拟合指数

模型	χ^2	df	χ^2/df	NFI	RFI	IFI	TLI	CFI	RMSEA
二因子	122.632	52	2.358	0.975	0.969	0.986	0.982	0.986	0.061

由于验证性因子分析是基于实质的理论，它让研究者依据事前理论所建立的结构或概念来界定一组与结构相关联的指标，也就是说，整个模型或者说结构与指标之间的系统性假设关系是事先所建立的。因此，验证性因子分析既具有逻辑性，也具有操作性的特征。本研究根据事前所建构的理论，利用 AMOS 23.0 软件对两个分量表的结构进行验证性因子分析，如表 5–13、表 5–14 所示。在全民健身长期志愿服务个人治理期待分量表验证性因子分析中，进行了 e6（参与志愿服务宣传活动、传播志愿服务精神）和 e11（践行全民健身志愿服务、引领健康生活方式）在不同维度上的修正，使拟合指数不断优化。

这是因为对国家级社会体育指导员来说，参加全民健身长期志愿服务活动的经验较多，能够为服务对象提供更好的保障和措施，在志愿服务活动中营造和谐友好的氛围，既体现了行为治理维度的内容，也隐含了现实治理维度的内容，如图 5-1 所示。

表 5-13　全民健身长期志愿服务组织治理期待分量表观测变量在潜变量上的因子负荷

规范治理		诱导治理		沟通治理	
题项	负荷	题项	负荷	题项	负荷
EOG1	0.934	EOG9	0.949	EOG18	0.995
EOG2	0.977	EOG12	0.921	EOG15	0.873
EOG3	0.958	EOG8	0.913	EOG16	0.843
EOG4	0.862	EOG7	0.882	EOG13	0.922
EOG5	0.943	EOG17	0.840	EOG10	0.884
EOG6	0.970	EOG11	0.813	EOG14	0.713

表 5-14　全民健身长期志愿服务个人治理期待分量表观测变量在潜变量上的因子负荷

现实治理		行为治理	
题项	负荷	题项	负荷
EPG8	0.960	EPG4	0.989
EPG3	0.977	EPG7	0.840
EPG9	0.879	EPG10	0.828
EPG12	0.880	EPG11	0.846
EPG1	0.837	EPG5	0.780
EPG6	0.791	EPG2	0.860

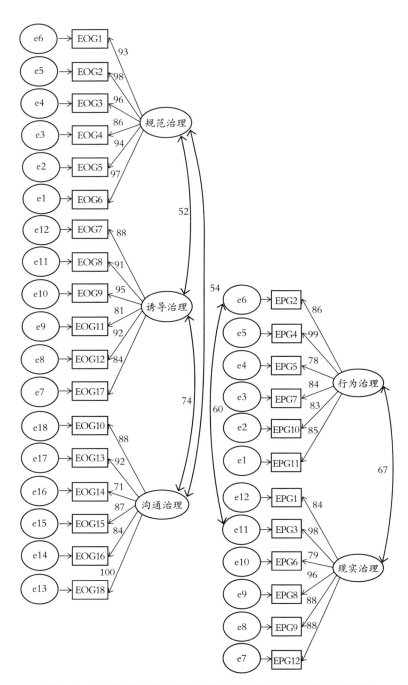

图 5-1　全民健身长期志愿服务治理期待各分量表结构方程模型

四、信度和效度分析

本研究采用分半信度和 Cronbach's α 信度对量表进行信度检验，采用内容效度和结构效度对量表进行效度检验。

（一）信度分析

1. 分半信度

分半信度是一种内部比较信度，它是把多项目测量量表中一半项目的得分与另一半得分相比较而获得的。两个分量表分半信度分析结果如表 5-15、表 5-16 所示，组织治理期待分量表 Guttman Split-Half 系数为 0.828，是可以接受的。在许多量表信度评估中，一般 Cronbach's α 值在 0.6 以上即可以接受。组织治理期待分量表分半后的两部分题项的 Cronbach's α 值分别为 0.949 和 0.941，均大于 0.6。个人治理期待分量表 Guttman Split-Half 系数为 0.970，也是可以接受的。个人治理期待分量表分半后的两部分题项的 Cronbach's α 值分别为 0.899 和 0.894，均大于 0.6。因此，说明两个分量表的分半信度较好。

表 5-15　全民健身长期志愿服务组织治理期待分量表分半信度统计

Cronbach's α 值					表格之间的相关性	Spearman-Brown 系数		Guttman Split-Half 系数
部分 1		部分 2		总项数		等长	不等长	
值	项数	值	项数		0.709			0.828
0.949	9[a]	0.941	9[b]	18		0.83	0.83	

注：a 项为 EOG1、EOG2、EOG3、EOG4、EOG5、EOG6、EOG7、EOG8、EOG9；b 项为 EOG10、EOG11、EOG12、EOG13、EOG14、EOG15、EOG16、EOG17、EOG18。

表 5-16 全民健身长期志愿服务个人治理期待分量表分半信度统计

Cronbach's α 值					表格之间的相关性	Spearman-Brown 系数		Guttman Split-Half 系数
部分 1		部分 2		总项数	0.944	等长	不等长	0.970
值	项数	值	项数					
0.899	6ª	0.894	6ᵇ	12		0.971	0.971	

注：a 项为 EPG1、EPG2、EPG3、EPG4、EPG5、EPG6；b 项为 EPG7、EPG8、EPG9、EPG10、EPG11、EPG12。

2. Cronbach's α 信度

从表 5-17、表 5-18 中可以看出，两个分量表的信度高于 0.9，且每个题项校正后总体相关系数高于 0.5。因此，两个分量表具有极高的可信度。

表 5-17 全民健身长期志愿服务组织治理期待分量表的 CITC 和信度分析

题项编号	CITC	删除项后的 Cronbach's α 值	量表的 Cronbach's α 值
EOG1	0.730	0.958	
EOG2	0.782	0.957	
EOG3	0.775	0.957	
EOG4	0.668	0.959	
EOG5	0.758	0.957	
EOG6	0.760	0.957	
EOG7	0.751	0.957	α=0.960
EOG8	0.775	0.957	
EOG9	0.798	0.957	
EOG10	0.749	0.957	
EOG11	0.670	0.959	
EOG12	0.769	0.957	

续表

题项编号	CITC	删除项后的 Cronbach's α 值	量表的 Cronbach's α 值
EOG13	0.794	0.957	
EOG14	0.573	0.960	
EOG15	0.732	0.958	α=0.960
EOG16	0.723	0.958	
EOG17	0.710	0.958	
EOG18	0.840	0.956	

表 5-18 全民健身长期志愿服务个人治理期待分量表的 CITC 和信度分析

题项编号	CITC	删除项后的 Cronbach's α 值	量表的 Cronbach's α 值
EPG1	0.755	0.944	
EPG2	0.755	0.945	
EPG3	0.878	0.940	
EPG4	0.856	0.941	
EPG5	0.679	0.947	
EPG6	0.682	0.947	
EPG7	0.742	0.945	α=0.949
EPG8	0.844	0.942	
EPG9	0.752	0.945	
EPG10	0.714	0.946	
EPG11	0.728	0.945	
EPG12	0.744	0.945	

（二）效度分析

效度是指测量结果反映概念真实含义的程度，测量的效度越高，表示测量的结果越能反映其所测量对象的真正特征。目前，对量表效度的衡量主要从以下两个方面进行：①内容效度（指测验量表内容或题项的适当性与代表性）；②结构效度（指测验能够测量出理论的特质或概念的程度）。内容效度是针对测量工具的目标和内容，以系统的逻辑方法来详细分析，是效度中最弱的，通常可以由专家定性判断，对于内容效度不好的题项应删除或修正。本量表的题项是在国内外学者研究成果的基础上，查阅国内外相关文献并结合访谈，尽可能找出完备的全部题项，再进行小组访谈，对题项进行修订和补充，后逐条对测项的必要性进行了论证。形成了初步量表后，进行了预测试，删除了影响量表信度和效度的测项，得到了最终的量表。随后，通过探索性因子分析和验证性因子分析对量表进行验证，以保证量表的内容效度。如表 5-19 所示，组织治理期待分量表和个人治理期待分量表 KMO 值均大于 0.8，KMO 值越接近于 1，意味着变量间的相关性越强，说明两个分量表的各变量之间都有很强的相关性；同时，P 值均小于 0.01，具有显著性，说明两个分量表都具有很高的效度。

表 5-19　全民健身长期志愿服务治理期待各分量表效度

检验参数		组织治理期待分量表	个人治理期待分量表
KMO		0.952	0.928
Bartlett 球形检验	χ^2	8 916.722	4 919.874
	df	153	66
	P	0	0

五、内部关系分析

（一）全民健身长期志愿服务治理期待内容分析

通过以上数据分析，开发编制出我国全民健身长期志愿服务治理期待量表，组织治理期待分量表由规范治理、诱导治理和沟通治理 3 个维度组成，个人治理期待分量表由现实治理和行为治理 2 个维度组成，各维度具体阐释如表 5-20 所示。

表 5-20　全民健身长期志愿服务治理期待各分量表维度释义

组织治理期待	具体含义	个人治理期待	具体含义
规范治理	规范治理是指在全民健身长期志愿服务中组织期待相应的制度规范	现实治理	现实治理是指在参与全民健身长期志愿服务过程中，个人对志愿服务环境的期待治理措施
诱导治理	诱导治理是指在全民健身长期志愿服务中，组织期待能够提供保障和奖励引导全民健身工笔者参与全民健身长期志愿服务工作	行为治理	行为治理是指在全民健身长期志愿服务个人期待能够达到的现实履行行为
沟通治理	沟通治理是指在全民健身长期志愿服务过程中，组织期待有良好的沟通，领会组织意图，建立良好的沟通治理机制		

（二）全民健身长期志愿服务治理期待分量表潜变量回归分析

运用多元线性回归分析进一步探讨组织治理期待分量表的不同方面对个人治理期待分量表的影响情况，其中自变量为组织治理期待分量表的 3 个维度：规范治理、诱导治理和沟通治理，因变量为个人治理期待分量表的 2 个维度：现实治理和行为治理。回归结果如表 5-21 所示，对个人治理期待分量表中现实治理维度的回归分析中，组织治理期待分量表的 3 个维度的共同解释变异量是 43.9%。其中，规范治理维度、诱导治理维度和沟通治理维度对于现实治理的预测力达到了显著水平，即具有显著的正向影响。对个人治理期待分量表中行为治理维度的回归分析，组织治理期待分量表的 3 个维度的共同解释变异量是 43.8%。其中，规范治理维度、诱导治理维度和沟通治理维度对于行为治理的预测力达到了显著水平，即具有显著的正向影响。

表5-21　全民健身长期志愿服务组织治理期待分量表对个人治理期待分量表的回归分析

自变量 因变量	现实治理		行为治理	
	Beta	t	Beta	t
规范治理	0.153	3.260**	0.141	2.988**
诱导治理	0.287	5.054***	0.345	6.080***
沟通治理	0.327	5.705***	0.277	4.824***
F	94.219		93.745	
R^2	0.439		0.438	

注：** 表示 P<0.01，*** 表示 P<0.001。

（三）全民健身长期志愿服务治理期待各分量表维度相关性分析

对两个分量表的主要变量进行相关分析，如表 5-22 所示，组织治理期待分量表和个人治理期待分量表各维度之间，即规范治理、诱导治理、沟通治理、现实治理和行为治理之间均存在显著相关（$P<0.01$）。

表5-22　全民健身长期志愿服务治理期待各分量表维度之间主要变量的相关性分析

题项		组织期待分量表				
		规范治理	诱导治理	沟通治理	现实治理	行为治理
个人期待 分量表	规范治理	1	0.495**	0.510**	0.462**	0.453**
	诱导治理	0.495**	1	0.702**	0.592**	0.609**
	沟通治理	0.510**	0.702**	1	0.607**	0.591**
	现实治理	0.462**	0.592**	0.607**	1	0.610**
	行为治理	0.453**	0.609**	0.591**	0.610**	1

注：** 在 0.01 级别（双尾），相关性显著。

（四）组织治理期待对个人治理期待的影响

全民健身长期志愿者感知到组织治理期待的情况，会影响其作为组织内部一员对组织的长期期待，全民健身长期志愿服务治理期待量表的组织治理期待和个人治理期待相互影响，也受到一些其他变量的影响。对于全民健身短期志愿服务组织治理履行分量表和个人治理履行分量表的调研数据，本书采用结构方程模型探讨两者之间及与维度之间的路径关系。此处不对数据做深入探讨。结果如图 5-2 所示。从路径分析的结果可以发现，全民健身长期志愿服务可感知组织治理期待影响全民健身长期志愿者期待的情况。

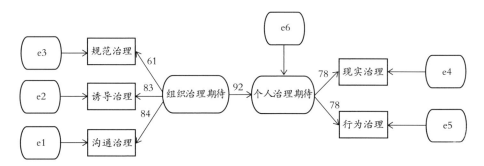

图 5-2　全民健身长期志愿服务组织治理期待分量表各维度对个人治理期待分量表各维度影响的结构模型

六、数据分析

（一）全民健身长期志愿服务组织治理期待分量表概况

如表 5-23 所示，大部分全民健身长期志愿者对于组织治理期待选择了一般、比较必要和非常必要三项，且每个题项的平均得分大于 4.3 分。可见，志愿者对组织的治理感到满足，但仍有提高的空间，期待组织在志愿服务工作中发挥更高的水平。志愿者对组织期待越高，也反映出对全民健身长期志愿服务组织工作的重视。因此，在国家政策制度的基础上，组织需加强自身建设，明确组织建设目标，完善志愿服务，建立常态化志愿服务机制，引导志愿者更好地参与全民健身志愿服务，为志愿服务工作作出贡献。

表 5-23　全民健身长期志愿服务组织治理期待分量表选项分布

题项		分布形态 /%					平均数	标准差
		1	2	3	4	5		
规范治理	EOG1	0.3	1.6	15.3	26.6	56.2	4.36	0.82
	EOG2	0.5	1.4	15.3	26.0	56.7	4.37	0.83
	EOG3	0.5	1.6	14.5	26.6	56.7	4.37	0.83
	EOG4	0.3	1.6	17.0	28.2	52.9	4.31	0.83
	EOG5	0.5	1.6	17.0	26.3	54.5	4.32	0.85
	EOG6	0.5	1.6	16.4	25.5	55.9	4.34	0.84
诱导治理	EOG7	0.3	1.4	9.6	19.7	69.0	4.55	0.74
	EOG8	0.3	0.8	9.3	28.2	61.4	4.49	0.72
	EOG9	0.3	1.1	9.3	21.9	67.4	4.55	0.73
	EOG11	0.3	2.7	11.2	17.8	67.9	4.50	0.82
	EOG12	0.3	1.6	10.7	18.4	69.0	4.54	0.77
	EOG17	0.3	1.1	10.1	17.3	71.2	4.58	0.73
沟通治理	EOG10	0.3	1.4	6.3	15.3	76.7	4.66	0.68
	EOG13	0.3	0.8	6.0	18.6	74.2	4.65	0.65
	EOG14	0.3	2.2	8.2	19.2	70.1	4.56	0.75
	EOG15	0.3	1.4	10.7	21.4	66.3	4.52	0.76
	EOG16	0.3	1.9	11.0	18.4	68.5	4.52	0.78
	EOG18	0.3	1.4	7.7	17.5	73.2	4.61	0.71

（二）全民健身长期志愿服务个人治理期待分量表概况

大部分的全民健身长期志愿者对于个人治理期待情况选择了一般、比较必要和非常必要三项，如表 5-24 所示，每个题项的平均数均大于 4.6 分。可见，志愿者在参与志愿服务的过程中，对志愿服务工作表现出浓厚的兴趣，满怀期待，但由于组织对志愿者自身的治理相对宽泛，出现规则模糊、缺乏针对性规章制度等情况。在个人治理期待方面，志愿者表现出高标准的要求，期待组织加强对志愿者的治理，也体现了全民健身长期志愿者这一群体对志愿服务工作崇高的理想。

表 5-24　全民健身长期志愿服务个人治理期待分量表选项分布

题项		分布形态 /%					平均数	标准差
		非常不必要	不必要	一般	必要	非常必要		
现实治理	EPG2	0.3	0.3	4.1	11.2	84.1	4.78	0.54
	EPG4	0.3	0.5	6.0	12.9	80.3	4.72	0.62
	EPG5	0.3	0.8	9.9	15.1	74.0	4.61	0.71
	EPG7	0.5	1.1	4.9	15.6	77.8	4.69	0.66
	EPG10	0.3	0.5	9.6	16.2	73.4	4.61	0.70
	EPG11	0.3	1.4	7.4	13.2	77.8	4.66	0.69
行为治理	EPG1	0.5	0.8	5.2	16.4	77.0	4.68	0.66
	EPG3	0.3	0.8	6.6	18.1	74.2	4.65	0.66
	EPG6	0	0.3	4.4	16.7	78.6	4.73	0.54
	EPG8	0.3	0.5	5.8	18.9	74.5	4.66	0.63
	EPG9	0.3	1.4	7.4	17.8	73.2	4.62	0.70
	EPG12	0.3	0.3	8.2	15.6	75.6	4.66	0.66

（三）全民健身长期志愿服务治理期待维度得分概况

两个量表问卷调查结果总体概况如表 5-25 所示。组织治理期待（总体）分量表的均值为 4.49，标准差为 0.59。其中，规范治理维度的均值为 4.34，标准差为 0.79；诱导治理维度的均值为 4.53，标准差为 0.68；沟通治理维度的均值为 4.59，标准差为 0.64，反映了长期志愿者对组织的治理期待是很高的。长期志愿者对志愿服务理解较深刻，清楚工作开展的规则、要求，在加强治理的过程中，能够一针见血地指出组织在工作上的不足，有助于加强监督和治理，提高志愿服务质量。其中，沟通治理维度的得分最高，在参与志愿服务时，志愿者期待与组织建立沟通渠道，加强组织与志愿者之间的良好沟通将有助于组织更好地开展工作。个人治理期待（总体）分量表的均值为 4.67，标准差为 0.52。其中，现实治理维度的均值是 4.68，标准差为 0.58；行为治理维度的均值为 4.67，标准差为 0.58，反映了志愿者在参与服务时，能够严格规范自己，高要求约束自己。在个人治理期待方面，希望能够多渠道加强人才培养，建立激励与引导机制，引导志愿者积极参与志愿服务。其中，最高分是现实治理维度，反映出志愿者能够较好地适应环境，约束自己，也体现了志愿者对志愿服务的高期待。

表 5-25　全民健身长期志愿服务治理期待各分量表维度得分概况

题项	样本量 / 人	均值	标准差
组织治理期待（总体）	365	4.49	0.59
规范治理	365	4.34	0.79
诱导治理	365	4.53	0.68
沟通治理	365	4.59	0.64
个人治理期待（总体）	365	4.67	0.52
现实治理	365	4.68	0.58
行为治理	365	4.67	0.58

（四）全民健身长期志愿服务不同人口学特征对比分析

1. 不同性别比较

如表 5-26 所示，不同性别志愿者对组织治理期待分量表描述性统计结果，包括均值、样本量、标准差和标准误，显示出不同性别全民健身长期志愿者在组织治理期待分量表各维度的得分平均值差异并不大，规范治理、诱导治理和沟通治理维度中的女性志愿者均值都高于男性，说明女性在志愿服务中对组织能够提供的治理措施要求较高，在参与志愿服务时细心服务，能够精准地提出志愿服务中的治理期待措施。由于组织在开展活动时并没有刻意区分性别，故所有的规则、标准基本是一视同仁的。男女性在参加志愿服务时，虽治理期待的程度不同，但对组织在规范治理、诱导治理和沟通治理三个方面的期待是一致的，都希望组织能够制定相关的规则制度、激励措施、沟通渠道促进志愿者之间的沟通，激励志愿者更好地参与志愿服务。

表 5-26　不同性别全民健身长期志愿服务组织治理期待分量表描述性统计

题项	性别	均值	样本量／人	标准差	标准误
规范治理	男	4.26	105	0.82	0.08
	女	4.38	260	0.78	0.04
诱导治理	男	4.50	105	0.69	0.06
	女	4.55	260	0.67	0.04
沟通治理	男	4.57	105	0.61	0.06
	女	4.60	260	0.65	0.04

如表 5-27 所示，不同性别志愿者对个人治理期待分量表描述性统计结果，其中包括均值、样本量、标准差和标准误，显示出不同性别的全民健身长期志愿者在个人治理期待分量表各维度的得分平均值差异并不大，现实治理、行为治理维度中的女性志愿者均值都高于男性，相对来说，女性志愿者个人期待较高，

更加注重自身行为，对自身的治理期待措施要求更高。但整体上，男女性在对个人期待方面没有很大的差异性，希望组织加强对个人的管理与培养，发挥志愿者自身的潜力，建立有效的激励机制促进志愿者的能力发挥和志愿服务的顺利开展。

表 5-27　不同性别全民健身长期志愿服务个人治理期待分量表描述性统计

题项	性别	均值	样本量 / 人	标准差	标准误
现实治理	男	4.63	105	0.57	0.05
	女	4.70	260	0.58	0.03
行为治理	男	4.65	105	0.56	0.05
	女	4.67	260	0.59	0.03

2. 不同学历比较

（1）不同学历组织治理期待差异性检验。

组织治理期待分量表 3 个维度在学历上的差异性检验主要采用单因素 ANOVA 检验，如表 5-28 所示。以学历为因素对组织治理期待分量表的各个维度分别进行单因素分析，其 F 值分别为 1.083、0.239 和 0.431，P 值分别为 0.356、0.869 和 0.731，说明以不同学历为因素分析组织治理期待分量表的规范治理、诱导治理和沟通治理维度，无显著性差异。志愿者学历的高低不是影响志愿服务开展好坏的标准。对志愿者工作的环境进行优化，期待组织制定规章制度保障志愿者权益，在志愿服务工作中发挥志愿者潜力，与志愿者积极沟通，是不同学历的志愿者均期待的治理措施。

表 5-28　不同学历全民健身长期志愿服务组织治理期待分量表差异性检验

学历	规范治理		诱导治理		沟通治理	
	均值	标准差	均值	标准差	均值	标准差
高中及以下	4.29	0.83	4.56	0.66	4.58	0.67

续表

学历	规范治理		诱导治理		沟通治理	
	均值	标准差	均值	标准差	均值	标准差
大专	4.45	0.70	4.54	0.65	4.59	0.58
本科	4.28	0.83	4.49	0.73	4.56	0.68
硕士及以上	4.37	0.80	4.52	0.68	4.72	0.58
F	1.083		0.239		0.431	
P	0.356		0.869		0.731	

（2）不同学历个人治理期待差异性检验。

个人治理期待分量表2个维度在学历上的差异性检验主要采用单因素 ANOVA 检验，如表5-29所示。以学历为因素对个人治理期待分量表的各个维度分别进行单因素分析，其 F 值分别为0.273、1.145，P 值分别为0.845、0.331，说明以学历为因素分析个人治理期待分量表的现实治理维度和行为治理维度，无显著性差异。志愿者长期参与志愿服务，了解志愿服务工作内容，期待组织能够在现实治理和行为治理维度对志愿者进行治理，保障其在志愿服务中的权益和行为规范，但志愿者学历的高低不是检验志愿服务质量的标准。

表5-29 不同学历全民健身长期志愿服务个人治理期待分量表差异性检验

学历	现实治理		行为治理	
	均值	标准差	均值	标准差
高中及以下	4.66	0.63	4.62	0.64
大专	4.72	0.47	4.71	0.52
本科	4.67	0.57	4.71	0.54
硕士及以上	4.64	0.72	4.52	0.65

学历	现实治理		行为治理	
	均值	标准差	均值	标准差
F	0.273		1.145	
P	0.845		0.331	

3. 不同协会职务比较

（1）不同协会职务组织治理期待分析。

表 5-30 描述了不同协会职务志愿者对组织治理期待分量表描述性统计，其中包括均值、样本量、标准差和标准误，结果显示不同协会职务的组织治理期待分量表各维度的得分平均值差异不大。在规范治理、诱导治理和沟通治理维度中，普通成员均值都高于组织管理者，说明协会成员作为组织的一员，加入志愿服务中更注重遵守组织的规章制度，在组织的准许下发展自己。相对来说，组织管理者负责制定行业规则，需要保障成员的权益，更好地为志愿服务奉献力量。以不同协会职务为因素分别进行单因素分析，显示全民健身长期志愿服务组织治理期待分量表的规范治理维度、诱导治理维度和沟通治理维度没有存在显著性差异，协会中不管是组织管理者还是普通成员，都希望组织能够保障志愿者权益，发挥志愿者的潜力，创造平台去展现志愿服务的魅力，让更多的人参与志愿服务。

表 5-30　不同协会职务全民健身长期志愿服务组织治理期待分量表描述性统计

题项	职务	均值	样本量/人	标准差	标准误
规范治理	组织管理者	4.31	196	0.83	0.05
	普通成员	4.39	169	0.75	0.05
诱导治理	组织管理者	4.50	196	0.73	0.05
	普通成员	4.58	169	0.62	0.04

续表

题项	职务	均值	样本量／人	标准差	标准误
沟通治理	组织管理者	4.57	196	0.67	0.04
	普通成员	4.60	169	0.60	0.04

（2）不同协会职务个人治理期待分析。

表5-31描述了不同协会职务志愿者对个人治理期待分量表描述性统计情况，其中包括均值、样本量、标准差和标准误，结果显示，不同协会职务的个人治理期待分量表各维度的得分平均值差异不大。在现实治理维度，组织管理者和普通成员的均值相同，说明不管是组织管理者还是普通成员都对志愿服务的环境及保障自身权益有着相同的期待；在行为治理维度，普通成员的均值高于组织管理者，说明协会中成员对个人的治理期待稍高于组织管理者，侧面反映了组织对志愿者的治理不规范，志愿者期待个人能够在志愿服务中创造更大的价值。以协会职务为因素进行治理期待量表各维度的单因素分析，显示个人治理期待分量表的现实治理维度和行为治理维度无显著性差异，协会组织管理者和普通志愿者之间对于自身治理期待的内容相同，一方面现实治理维度中对志愿服务组织的要求，组织管理者和成员在志愿服务中应更好服务志愿活动，另一方面期待自身在志愿服务活动中加强自身实力，有更多的机会去参与到志愿服务活动中。

表5-31　不同协会职务全民健身长期志愿服务个人治理期待分量表描述性统计

题项	职务	均值	样本量／人	标准差	标准误
现实治理	组织管理者	4.68	196	0.58	0.04
	普通成员	4.68	169	0.57	0.04
行为治理	组织管理者	4.63	196	0.61	0.04
	普通成员	4.70	169	0.55	0.04

第二节 全民健身短期志愿服务治理期待量表编制与分析

一、预测试

全民健身短期志愿服务治理期待量表的预测试选取在北京、上海、武汉等地的全民健身赛事中服务过的全民健身志愿者进行问卷调查，主要通过发放电子问卷方式进行。共发放问卷 197 份，去除不完整、不规范和样本数据显著不真实的问卷，最终得到 195 份有效问卷。预测试数据分析方法、纠正项目信度检验筛选标准和预测试的主要目的同本章第一节"全民健身长期志愿服务治理期待量表编制与分析"所述，此处不一一赘述。

结果分析如表 5–32 所示，全民健身短期志愿服务组织治理期待分量表的初始 Cronbach's α 值为 0.932，删除 EOG6、EOG14 之后，Cronbach's α 值上升为0.951，之后进行类似分析，删除任何项目，Cronbach's α 值均不能提高。由此，组织治理期待分量表剩余 12 个题项，进行重新编码。

表 5–32 全民健身短期志愿服务组织治理期待分量表的 CITC 和信度分析

题项编号	CITC	删除项后的Cronbach's α 值	量表的 Cronbach's α 值
EOG1	0.634	0.928	
EOG2	0.703	0.926	
EOG3	0.656	0.928	
EOG4	0.741	0.925	α_1=0.932 α_2=0.951
EOG5	0.728	0.926	
EOG6	0.425	0.939	
EOG7	0.806	0.924	

题项编号	CITC	删除项后的 Cronbach's α 值	量表的 Cronbach's α 值
EOG8	0.684	0.927	
EOG9	0.804	0.924	
EOG10	0.817	0.923	
EOG11	0.833	0.923	α_1=0.932 α_2=0.951
EOG12	0.862	0.922	
EOG13	0.827	0.923	
EOG14	0.407	0.940	

如表 5-33 所示，全民健身短期志愿服务个人治理期待分量表的初始 Cronbach's α 值为 0.951，删除 EPG1、EPG11 之后，Cronbach's α 值上升为 0.962，再进行类似分析，删除任何项目，Cronbach's α 值均不能提高，由此，全民健身短期志愿服务个人治理期待分量表剩余 11 个题项，并进行重新编码。

表 5-33 全民健身短期志愿服务个人治理期待分量表的 CITC 和信度分析

题项编号	CITC	删除项后的 Cronbach's α 值	量表的 Cronbach's α 值
EPG1	0.502	0.956	
EPG2	0.748	0.947	
EPG3	0.814	0.946	
EPG4	0.802	0.946	α_1=0.951 α_2=0.962
EPG5	0.826	0.946	
EPG6	0.851	0.945	
EPG7	0.851	0.945	

题项编号	CITC	删除项后的 Cronbach's α 值	量表的 Cronbach's α 值
EPG8	0.812	0.946	
EPG9	0.901	0.944	
EPG10	0.808	0.946	$\alpha_1=0.951$ $\alpha_2=0.962$
EPG11	0.575	0.955	
EPG12	0.770	0.947	
EPG13	0.789	0.946	

　　为了进一步保证量表测量的可靠性，本研究继续对剩余题项整体的 Cronbach's α 值进行分析，结果如表 5-34 所示。全民健身短期志愿服务治理期待各分量表的信度均大于 0.9，表明该量表的内部已符合测量要求，具备统计分析的有效性。

表5-34　全民健身短期志愿服务治理期待各分量表的信度

分量表名称	Cronbach's α 值
组织治理期待	0.951
个人治理期待	0.962

　　从表 5-35 可知，全民健身短期志愿服务组织治理期待分量表以选取初始特征值大于 1 为因子提取标准，通过主成分分析及最大方差法，对剩余题项重新编码并进行探索性因子分析。结果显示，组织治理期待分量表第一个因子的初始特征值总计为 7.259，可以解释 13 个原始变量总方差的 55.836%；第二个因子的初始特征值总计为 1.804，可以解释 13 个原始变量总方差的 13.876%；2 个因子的方差贡献率累计百分比为 69.712%，故全民健身短期志愿服务组织治理期待分量表提取 2 个因子。

表 5-35　全民健身短期志愿服务组织治理期待分量表的总方差解释

成分	初始特征值			提取载荷平方和			旋转载荷平方和		
	总计	方差 /%	累计占比 /%	总计	方差 /%	累计占比 /%	总计	方差 /%	累计占比 /%
1	7.259	55.836	55.836	7.259	55.836	55.836	7.259	55.836	55.836
2	1.804	13.876	69.712	1.804	13.876	69.712	1.804	13.876	69.712
3	0.997	7.672	77.384						
4	0.923	7.096	84.480						
5	0.563	4.333	88.813						
6	0.306	2.352	91.166						
7	0.281	2.162	93.328						
8	0.244	1.876	95.204						
9	0.222	1.705	96.908						
10	0.155	1.191	98.100						
11	0.126	0.968	99.067						
12	0.076	0.583	99.650						
13	0.046	0.350	100.000						

注：提取方法为主成分分析法。

同理，从表 5-36 可知，全民健身短期志愿服务个人治理期待分量表第一个因子的初始特征值总计为 6.765，可以解释 11 个原始变量总方差的 61.498%；第二个因子的初始特征值总计为 1.114，可以解释 11 个原始变量总方差的 10.132%；2 个因子的方差贡献率累计百分比为 71.630%，故全民健身短期志愿服务个人治理期待分量表提取 2 个因子。

表 5-36　全民健身短期志愿服务个人治理期待分量表的总方差解释

成分	初始特征值			提取载荷平方和			旋转载荷平方和		
	总计	方差 /%	累计占比 /%	总计	方差 /%	累计占比 /%	总计	方差 /%	累计占比 /%
1	6.765	61.498	61.498	6.765	61.498	61.498	6.680	60.728	60.728
2	1.114	10.132	71.630	1.114	10.132	71.629	1.199	10.901	71.629
3	0.975	8.863	80.492						
4	0.841	7.647	88.139						
5	0.294	2.675	90.814						
6	0.272	2.476	93.290						
7	0.197	1.795	95.085						
8	0.173	1.569	96.654						
9	0.141	1.280	97.934						
10	0.123	1.114	99.048						
11	0.105	0.952	100.000						

注：提取方法为主成分分析法。

通过上述因子分析，全民健身短期志愿服务组织治理期待和个人治理期待分量表都呈现出稳定的二因子结构。此外，在组织治理期待分量表中，EOG6在因子1和因子2上的载荷均大于0.5；在个人治理期待分量表中，EPG8在因子1和因子2上的载荷也均大于0.5，如表5-37所示。根据相关统计原则，EOG6和EPG8予以删除。

表5-37 全民健身短期志愿服务治理期待各分量表旋转成分矩阵

组织治理期待分量表			个人治理期待分量表		
题项	因子1	因子2	题项	因子1	因子2
EOG9	0.865		EPG3	0.899	
EOG11	0.850		EPG5	0.880	
EOG12	0.833		EPG4	0.851	
EOG8	0.811		EPG6	0.851	
EOG10	0.807		EPG2	0.803	
EOG6	0.663	0.535	EPG8	0.658	0.652
EOG7	0.618		EPG10		0.914
EOG1		0.812	EPG1		0.901
EOG2		0.804	EPG11		0.737
EOG3		0.739	EPG7		0.722
EOG5		0.650	EPG9		0.715
EOG4		0.643			

二、探索性因子分析

在预测试的基础上，对剩余题项重新编码形成了正式测试问卷，最终共发放问卷425份，剔除无效问卷后，共回收有效问卷400份，问卷回收有效率为94.1%。抽取样本中的100份对两个分量表进行探索性因子分析，满足进行探索性因子分析的要求。[1]对全民健身短期志愿服务治理期待量表的探索性因子分析过程如下。

---

[1] 吴明隆. 问卷统计分析实务 [M]. 重庆：重庆大学出版社，2010.

（一）检验因子分析的可行性

研究采用KMO值和Bartlett球形检验表示变量间的相关性，如表5-38所示。全民健身短期志愿服务组织治理期待分量表和个人治理期待分量表的KMO值分别为0.904和0.885；Bartlett球形检验的P=0，说明全民健身短期志愿服务组织治理期待分量表和个人治理期待分量表都适合进行因子分析。

表5-38　全民健身短期志愿服务治理期待各分量表KMO和Bartlett球形检验

检验参数		组织治理期待分量表	个人治理期待分量表
KMO		0.904	0.885
Bartlett 球形检验	χ^2	828.865	909.462
	df	55	45
	P	0	0

（二）探索性因子分析的结果

选择主成分分析，对两个分量表进行探索性因子分析，以特征根大于1为标准抽取共同因素，选择最大方差法旋转提取公因子，以因素负荷值大于0.5为条件，累计方差解释率需大于40%。根据以上标准，如表5-39至表5-41所示，全民健身短期志愿服务组织治理期待分量表提取出2个因子，总方差解释为70.165%；全民健身短期志愿服务个人治理期待分量表提取出2个因子，总方差解释为78.234%。

表5-39　全民健身短期志愿服务组织治理期待分量表探索性因子分析结果

题项	因子	
	1	2
EOG10	0.899	
EOG8	0.860	

题项	因子	
	1	2
EOG11	0.855	
EOG7	0.779	
EOG9	0.770	
EOG6	0.737	
EOG4		0.787
EOG5		0.783
EOG2		0.736
EOG1		0.711
EOG3		0.568

注：提取方法为主成分分析法；旋转方法为凯撒正态化最大方差法；旋转在 3 次迭代后已收敛。

表5-40　全民健身短期志愿服务个人治理期待分量表探索性因子分析结果

题项	因子	
	1	2
EPG3	0.886	
EPG4	0.884	
EPG6	0.860	
EPG5	0.835	
EPG2	0.827	
EPG9		0.837

续表

题项	因子	
	1	2
EPG7		0.794
EPG10		0.772
EPG1		0.760
EPG8		0.730

注：提取方法为主成分分析法；旋转方法为凯撒正态化最大方差法；旋转在 3 次迭代后已收敛。

表 5-41　全民健身短期志愿服务治理期待分量表各因子的特征根及解释总变异的占比

类型	因子	特征根	解释总变异的占比 / %	累计占比 / %
组织治理期待分量表	1	6.547	59.522	40.463
	2	1.171	10.643	70.165
个人治理期待分量表	1	6.534	65.341	42.709
	2	1.289	12.892	78.234

（三）全民健身短期志愿服务治理期待各分量表各因子命名

参照前文因子命名的 3 个原则，全民健身短期志愿服务组织治理期待分量表因子 1 包含 EOG6、EOG7、EOG8、EOG9、EOG10、EOG11，反映组织希望提供的保障措施，故命名为保障治理；因子 2 包含 EOG1、EOG2、EOG3、EOG4、EOG5，反映组织期待与各行为主体建立良好的沟通，故命名为沟通治理。全民健身短期志愿服务个人治理期待分量表因子 1 包含 EPG2、EPG3、EPG4、EPG5、EPG6，反映志愿者期待彼此之间的信任，故命名为信任治理；因子 2 包含 EPG1、EPG7、EPG8、EPG9、EPG10，反映个人期待一定的认同，故命名为认同治理。

三、验证性因子分析

对 400 份问卷数据进行验证性因子分析，根据探索性因子分析结果，采用最大似然法建立模型以验证因子分析结果，对结构模型的拟合程度进行测评，如表 5-42、表 5-43 所示。

表 5-42　全民健身短期志愿服务组织治理期待拟合指数

模型	χ^2	df	χ^2/df	NFI	RFI	IFI	TLI	CFI	RMSEA
二因子	144.112	41	3.515	0.963	0.973	0.964	0.950	0.925	0.079

表 5-43　全民健身短期志愿服务个人治理期待拟合指数

模型	χ^2	df	χ^2/df	NFI	RFI	IFI	TLI	CFI	RMSEA
二因子	104.900	31	3.384	0.977	0.984	0.976	0.966	0.986	0.077

验证性因子分析既具有逻辑性，也具有操作性的特征。验证性因子分析利用 AMOS 23.0 软件进行结构方程模型分析，根据事前所建构的理论，对两个分量表的结构进行验证性因子分析，如表 5-44、表 5-45 所示。在全民健身短期志愿服务个人治理期待分量表验证性因子分析中，研究对 e10（与服务对象积极互动沟通）、e4（参照标准实施志愿服务行动）、e5（主动向志愿服务负责人总结汇报）进行了不同维度上的修正，使拟合指数不断优化。这是因为对体育赛事志愿者来说，在参加短期志愿服务中，志愿者主要与服务对象建立良好的沟通，互相信任及认同，同时按照体育赛事的活动章程开展志愿服务，与上级保持联系，说明志愿者与志愿组织之间在一定程度上达到了统一，如图 5-3 所示。

表 5-44　全民健身短期志愿服务组织治理期待分量表观测变量在潜变量上的因子负荷

保障治理		沟通治理	
题项	负荷	题项	负荷
EOG6	0.700	EOG1	0.712
EOG7	0.877	EOG2	0.780
EOG8	0.905	EOG3	0.738
EOG9	0.881	EOG4	0.804
EOG10	0.933	EOG5	0.762
EOG11	0.856		

表 5-45　全民健身短期志愿服务个人治理期待分量表观测变量在潜变量上的因子负荷

信任治理		认同治理	
题项	负荷	题项	负荷
EPG2	0.808	EPG1	0.758
EPG3	0.911	EPG7	0.953
EPG4	0.923	EPG8	0.946
EPG5	0.939	EPG9	0.844
EPG6	0.895	EPG10	0.848

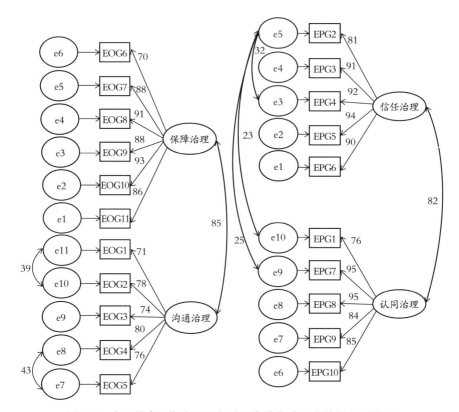

图 5-3　全民健身短期志愿服务治理期待各分量表结构方程模型

四、信度和效度分析

本研究采用分半信度和 Cronbach's α 信度对量表进行信度检验，采用内容效度和结构效度对量表进行效度检验。

（一）信度分析

1. 分半信度

两个分量表分半信度分析结果如表 5-46、表 5-47 所示，组织治理期待分量表 Guttman Split–Half 系数为 0.881，是可以接受的。基于前述理论，题项分半后的两部分 Cronbach's α 值分别为 0.887 和 0.950，均大于 0.6。个人治理期待分量表 Guttman Split–Half 系数为 0.910，也是可以接受的。题项分半后的两部分 Cronbach's α 值分别为 0.927 和 0.939，均大于 0.6。因此，说明两个分量表的分半信度较好。

表 5-46　全民健身短期志愿服务组织治理期待分量表分半信度统计

Cronbach's α 值					表格之间的相关性	Spearman-Brown 系数		Guttman Split-Half 系数
部分 1		部分 2		总项数		等长	不等长	
值	项数	值	项数		0.789			0.881
0.887	6[a]	0.950	5[b]	11		0.882	0.883	

注：a 项为 EOG1，EOG2，EOG3，EOG4，EOG5，EOG6；b 项为 EOG6，EOG7，EOG8，EOG9，EOG10，EOG11。

表 5-47　全民健身短期志愿服务个人治理期待分量表分半信度统计

Cronbach's α 值					表格之间的相关性	Spearman-Brown 系数		Guttman Split-Half 系数
部分 1		部分 2		总项数		等长	不等长	
值	项数	值	项数		0.839			0.910
0.927	5[a]	0.939	b[5]	10		0.912	0.912	

注：a 项为 EPG1，EPG2，EPG3，EPG4，EPG5；b 项为 EPG6，EPG7，EPG8，EPG9，EPG10。

2. Cronbach's α 信度

从表 5–48、表 5–49 可以看出，两个分量表的信度值高于 0.9，每个题项校正后总体相关系数高于 0.5。因此，说明两个分量表具有极高的可信度。

表 5-48　全民健身短期志愿服务组织治理期待分量表的 CITC 和信度分析

题项编号	CITC	删除项后的 Cronbach's α 值	量表的 Cronbach's α 值
EOG1	0.676	0.944	α=0.945

续表

题项编号	CITC	删除项后的Cronbach's α 值	量表的 Cronbach's α 值
EOG2	0.737	0.941	
EOG3	0.669	0.944	
EOG4	0.760	0.941	
EOG5	0.735	0.941	
EOG6	0.692	0.943	$\alpha=0.945$
EOG7	0.816	0.938	
EOG8	0.822	0.938	
EOG9	0.839	0.937	
EOG10	0.865	0.936	
EOG11	0.792	0.939	

表 5-49　全民健身短期志愿服务个人治理期待分量表的 CITC 和信度分析

题项编号	CITC	删除项后的Cronbach's α 值	量表的 Cronbach's α 值
EPG1	0.766	0.956	
EPG2	0.757	0.955	
EPG3	0.813	0.953	
EPG4	0.834	0.953	$\alpha=0.958$
EPG5	0.860	0.952	
EPG6	0.842	0.952	
EPG7	0.881	0.950	

题项编号	CITC	删除项后的 Cronbach's α 值	量表的 Cronbach's α 值
EPG8	0.888	0.950	
EPG9	0.760	0.955	$\alpha=0.958$
EPG10	0.773	0.955	

（二）效度分析

基于前述理论，量表的效度检验采用内容效度和结构效度。内容效度是针对测量工具的目标和内容，以系统的逻辑方法来详细分析，采用专家定性判断，对于内容效度不好的题项应删除或修正，关于题项效度分析过程见本章第一节"全民健身长期志愿服务治理期待量表的编制与分析"相应的内容，通过探索性因子分析和验证性因子分析对量表进行验证，以保证量表的内容效度，此处省略。结构效度如表 5-50 所示，组织治理期待分量表和个人治理期待分量表 KMO 值均大于 0.8，KMO 值越接近于 1，意味着变量间的相关性越强，说明两个分量表的各变量之间都有很强的相关性；同时，P 值均小于 0.01，具有显著性，说明两个分量表都具有很高的效度。

表 5-50　全民健身短期志愿服务治理期待各分量表效度

检验参数		组织治理期待分量表	个人治理期待分量表
KMO		0.934	0.939
Bartlett 球形检验	χ^2	3 825.238	4 484.943
	df	55	45
	P	0	0

五、内部关系分析

（一）全民健身短期志愿服务治理期待内容分析

通过以上数据分析，我国全民健身短期志愿服务治理期待量表的组织治理期待分量表由保障治理和沟通治理 2 个维度组成；个人治理期待分量表由信任治理和认同治理 2 个维度组成，各维度阐释如表 5-51 所示。

表 5-51　全民健身短期志愿服务治理期待各分量表维度释义

组织治理期待	具体含义	个人治理期待	具体含义
保障治理	保障治理是指在全民健身短期志愿服务中，组织希望提供的保障措施	信任治理	信任治理是指在全民健身短期志愿服务中，志愿者期待彼此之间的信任
沟通治理	沟通治理是指在全民健身短期志愿服务中，组织期待与各行为主体建立良好的沟通形式和内容	认同治理	认同治理是指在全民健身短期志愿服务中，个人期待一定的认同

（二）全民健身短期志愿服务分量表潜变量回归分析

运用多元线性回归分析进一步探讨组织治理期待分量表的不同方面对个人治理期待分量表的影响情况，自变量为组织治理期待分量表的 2 个维度：保障治理和沟通治理，因变量为个人治理期待分量表的 2 个维度：信任治理和认同治理。回归结果如表 5-52 所示，对个人治理期待分量表中信任治理维度的回归分析中，组织治理期待分量表的 2 个维度共同解释变异量是 22.8%。其中保障治理维度对于信任治理的预测力达到了显著水平，即具有显著的正向影响，沟通治理维度没有达到显著水平，没有显著的正向影响；对个人治理期待分量表中认同治理维度的回归分析，组织治理期待分量表的 2 个维度共同解释变异量是 16.4%。其中保障治理维度对认同治理的预测力达到显著水平，具有显著的正向影响；沟通治理维度没有达到显著水平，没有显著的正向影响。

表5-52　全民健身短期志愿服务组织治理期待分量表对个人治理期待分量表的回归分析

自变量 因变量	信任治理		认同治理	
	Beta	t	Beta	t
保障治理	0.434	6.299***	0.368	5.131***
沟通治理	0.054	0.790	0.047	0.655
F	58.544		38.982	
R^2	0.228		0.164	

注：*** 表示 $P < 0.001$。

（三）全民健身短期志愿服务分量表维度相关性分析

两个分量表的主要变量相关分析结果如表 5-53 所示，组织治理期待分量表和个人治理期待分量表各维度之间，即保障治理、沟通治理、信任治理和认同治理之间均存在显著相关（$P < 0.01$）。

表5-53　全民健身短期志愿服务治理期待各分量表维度之间主要变量的相关性分析

题项		组织治理期待			
		保障治理	沟通治理	信任治理	认同治理
个人治理期待	保障治理	1	0.768**	0.476**	0.404**
	沟通治理	0.768**	1	0.388**	0.330**
	信任治理	0.476**	0.388**	1	0.779**
	认同治理	0.404**	0.330**	0.779**	1

注：** 在 0.01 级别（双尾），相关性显著。

（四）全民健身短期志愿服务组织治理期待对个人治理期待的影响

全民健身短期志愿者感知的组织治理期待的情况，会影响其作为组织内部一员对组织的短期期待，全民健身短期志愿服务治理期待量表的组织治理期待和个人治理期待相互影响，也受到一些其他变量的影响。本研究采用路径分析方法分析组织治理期待分量表对个人治理期待分量表的影响。结果如图 5-4 所示，路径分析的结果显示全民健身短期志愿服务可感知组织治理期待影响全民健身短期志愿者期待的情况。

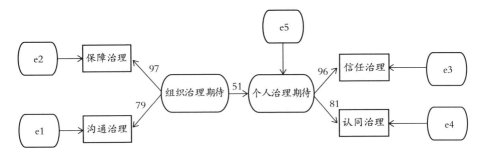

图 5-4　全民健身短期志愿服务组织治理期待分量表各维度对个人治理期待分量表各维度影响的结构模型

六、数据分析

（一）全民健身短期志愿服务组织治理期待分量表概况

如表 5-54 所示，大部分全民健身短期志愿者选择了一般、比较必要和非常必要三项，每个题项的平均数都大于 4.2 分，可以看出全民健身短期志愿者对组织的期待还是很高的。全民健身短期志愿者一般为体育赛事服务，更大程度上期待组织能够为自己创造更多的"利益"，提升自身的价值，发挥自身的潜力。对组织期待高，也反映出全民健身短期志愿者对工作十分重视。

表 5-54　全民健身短期志愿服务组织治理期待分量表选项分布

题项		分布形态 /%					平均数	标准差
		1	2	3	4	5		
沟通治理	E0G1	2.0	3.5	14.8	25.8	54.0	4.26	0.97
	E0G2	2.0	2.8	14.5	23.0	57.8	4.32	0.95

续表

题项		分布形态 /%					平均数	标准差
		1	2	3	4	5		
沟通治理	EOG3	1.0	1.3	13.8	17.0	67	4.48	0.84
	EOG4	0.5	1.3	9.5	12.8	76.0	4.62	0.74
	EOG5	0.5	1.0	8.8	15.8	74.0	4.62	0.73
保障治理	EOG6	2.5	1.8	13.3	14.5	68.0	4.44	0.95
	EOG7	2.0	1.0	7.3	19.5	70.3	4.55	0.83
	EOG8	1.5	1.5	11.0	14.0	72.0	4.54	0.86
	EOG9	1.5	1.5	11.8	18.3	67.0	4.48	0.87
	EOG10	1.5	1.0	10.0	15.3	72.3	4.56	0.83
	EOG11	1.5	2.5	9.0	16.8	70.3	4.52	0.87

（二）全民健身短期志愿服务个人治理期待分量表概况

分析个人治理期待情况，大部分全民健身短期志愿者选择了一般、比较必要和非常必要三项，每个题项的平均得分都大于 4.4 分，如表 5-55 所示。志愿者在参与志愿服务工作时，认为认同治理与信任治理很重要，他们在进入志愿服务时就秉持这样的理念，对自身的治理期待为全民健身者服务，表现出有担当、严格要求自己，这也体现出志愿者这一群体崇高的道德感。

表 5-55　全民健身短期志愿服务个人治理期待分量表选项分布

题项		分布形态 /%					平均数	标准差
		1	2	3	4	5		
认同治理	EPG1	1.5	3.0	10.3	17.0	68.3	4.47	0.90
	EPG7	2.8	0.5	9.3	16.8	70.8	4.52	0.89

续表

题项		分布形态 /%					平均数	标准差
		1	2	3	4	5		
认同治理	EPG8	2.3	1.0	6.5	17.3	73.0	4.58	0.84
	EPG9	2.0	1.0	8.3	20.0	68.8	4.52	0.84
	EPG10	2.8	1.5	8.5	15.3	72.0	4.52	0.91
信任治理	EPG2	1.8	0	6.8	15.0	76.5	4.65	0.75
	EPG3	1.3	0.5	6.8	13.5	78.0	4.67	0.74
	EPG4	1.8	0	6	15.3	77	4.66	0.74
	EPG5	1.8	0	7.5	12	78.8	4.66	0.76
	EPG6	1.8	0	7.8	10.3	80.3	4.67	0.76

（三）全民健身短期志愿服务组织治理期待维度得分概况

两个分量表问卷调查结果总体概况如表5-56所示，组织治理期待（总体）分量表的均值是4.48，标准差为0.69。其中，保障治理维度的均值是4.51，标准差为0.76；沟通治理维度的均值是4.46，标准差为0.70，反映了短期志愿者对组织的治理期待很高。不同于长期志愿者有规范的规章制度，短期志愿者更多依赖自身觉悟的高低，期待组织制定规则，有组织、有纪律、更规范地进行志愿服务。其中，保障治理维度的得分最高，说明志愿者在参与全民健身短期志愿服务时更加看重对自身的保障措施，在志愿服务中不断提升自己，收获精神价值。个人治理期待（总体）分量表的均值是4.59，标准差为0.69。其中，信任治理维度均值是4.66，标准差0.68；认同治理维度均值是4.52，标准差为0.78，反映了志愿者对自身的治理期待高，胸怀热情、积极地为志愿服务贡献力量，保障基本权益的同时，期待更多的治理措施去引导自身发挥潜力，锻炼自己，对自己的工作要求、奉献自我、成长发展等方面有较强的意识。其中，信任治理维度的得分最高，反映出志愿者能够很好地控制自己的行为，相信自己能够在重大体育赛事中做得更好。

表 5-56　全民健身短期志愿服务治理期待各分量表维度得分概况

题项	样本量／人	均值	标准差
组织治理期待（总体）	400	4.48	0.69
保障治理	400	4.51	0.76
沟通治理	400	4.46	0.70
个人治理期待（总体）	400	4.59	0.69
信任治理	400	4.66	0.68
认同治理	400	4.52	0.78

（四）全民健身短期志愿服务不同人口学特征对比分析

1. 不同性别比较

表 5-57 描述了不同性别组织治理期待分量表统计结果，包括均值、样本量、标准差和标准误。结果显示，不同性别全民健身短期志愿者在组织治理期待分量表各维度的得分平均值差异并不大，保障治理维度和沟通治理维度中的女性志愿者分值稍高于男性，说明女性志愿者对于自身权益的保障、发展和组织之间沟通的感受相对于男性来说更深刻，能够对志愿服务治理期待产生多角度的评价。男女性对组织治理期待的措施有相似的看法，期待从自身权益保障、给予志愿者一定范围内的权利，评价公正客观，积极培养志愿者，经常进行沟通等方面进行治理。

表 5-57　不同性别全民健身短期志愿服务组织治理期待分量表描述性统计

题项	性别	均值	样本量／人	标准差	标准误
保障治理	男	4.47	237	0.81	0.05
	女	4.57	163	0.69	0.05

题项	性别	均值	样本量/人	标准差	标准误
沟通治理	男	4.45	237	0.75	0.04
	女	4.46	163	0.62	0.04

不同性别全民健身短期志愿服务个人治理期待分量表描述性统计结果如表 5-58 所示，不同性别的全民健身短期志愿者在个人治理期待分量表各维度的得分平均值差异并不大，信任治理、认同治理维度中的女性志愿者得分都高于男性，说明女性志愿者的个人期待高于男性，女性更加注重自己的现实期待情况，自身权益的保障。男女性在参加志愿服务时，志愿者在各体育赛事中的参与标准相同，并没有因为性别差异导致对志愿服务的参与发生变化。

以性别为因素对个人治理期待分量表的信任治理、认同治理维度分别进行单因素分析，其 F 值分别为 2.251、1.332，P 值分别为 0.025 和 0.184，说明以性别为因素分析个人治理期待分量表的信任治理维度存在显著性差异，认同治理维度无显著性差异。男女性志愿者对个人信任治理期待的看法不同，这与性别差异也有关系，服从组织安排、尊重和积极配合其他志愿者，了解服务对象的需求，保持基本的志愿服务礼节等方面，女性做得更好。相对男性，女性志愿者更信任志愿服务对象，能与其保持良好的沟通，开展志愿服务。在认同治理维度，不存在差异性，说明男女性志愿者对志愿服务工作尊重，可以保持志愿服务工作的基本礼节，在准许的范围内开展工作。

表 5-58 不同性别全民健身短期志愿服务个人治理期待分量表描述性统计

题项	性别	均值	样本量/人	标准差	标准误	*F/P*
信任治理	男	4.60	237	0.77	0.05	2.251/0.025
	女	4.74	163	0.53	0.04	
认同治理	男	4.48	237	0.85	0.05	1.332/0.184
	女	4.58	163	0.68	0.05	

2. 不同学历比较

（1）不同学历组织治理期待差异性检验。

不同学历的志愿者在组织治理期待分量表 2 个维度上的差异性检验结果如表 5-59 所示。以学历为因素对组织治理期待分量表的保障治理、沟通治理维度分别进行单因素分析，其 F 值分别为 0.837 和 1.667，P 值分别为 0.524 和 0.141，说明以不同学历为因素分析组织治理期待无显著性差异，反映了不同学历的志愿者对志愿服务工作一视同仁。

表 5-59 不同学历全民健身短期志愿服务组织治理期待分量表差异性检验

学历	保障治理		沟通治理	
	均值	标准差	均值	标准差
大专及以下	4.54	0.54	4.38	0.75
本科一年级	4.45	0.82	4.42	0.56
本科二年级	4.61	0.72	4.60	0.65
本科三年级	4.48	0.99	4.34	0.84
本科四年级	4.43	0.82	4.39	0.75
硕士及以上	4.45	0.66	4.40	0.64
F	0.837		1.667	
P	0.524		0.141	

（2）不同学历个人治理期待差异性检验。

不同学历的志愿者在个人治理期待分量表两个维度上的差异性检验结果如表 5-60 所示。以学历为因素对个人治理期待分量表的各个维度分别进行单因素分析，其 F 值分别为 1.375、1.741，P 值分别为 0.233、0.124，说明以学历在个人治理期待分量表的信任治理、认同治理维度得分方面无显著性差异。志愿者的参与主体为学生，相对长期志愿者，短期志愿者容易治理，责任意识强，积极主动，对事物的接受与学习能力强、速度快，在参与志愿服务时，更依靠自觉，在公平公正、透明的环境中成长。

表5-60　不同学历全民健身短期志愿服务个人治理期待分量表差异性检验

学历	信任治理		认同治理	
	均值	标准差	均值	标准差
大专及以下	4.75	0.50	4.50	0.63
本科一年级	4.56	0.64	4.40	0.78
本科二年级	4.73	0.68	4.65	0.72
本科三年级	4.49	0.93	4.54	0.83
本科四年级	4.72	0.67	4.51	0.78
硕士及以上	4.58	0.58	4.36	0.85
F	1.375		1.741	
P	0.233		0.124	

3. 不同协会职务比较

（1）不同协会职务组织治理期待差异性检验。

不同协会职务志愿者在组织治理期待分量表描述性统计结果如表5-61所示，不同协会职务的组织治理期待分量表各维度的得分平均值差异不大。在保障治理、沟通治理维度的均值，组织管理者都高于普通成员，说明组织管理者注重的是组织长远的发展，制定合理的规范促使志愿者参与志愿服务。

以协会职务为因素对组织治理期待分量表的保障治理、沟通治理维度分别进行单因素分析，F 值分别为1.619和2.999，P 值分别为0.106和0.003，说明以不同协会职务为因素分析组织治理期待分量表的保障治理维度，无显著性差异；在沟通治理维度，存在显著性差异，反映了组织管理者和普通成员对于组织治理期待的现实保障抱有相同的态度，在自身基本权益得到保障的基础上去发展自己，才能使组织达到良好的治理效果。

表 5-61　不同协会职务全民健身短期志愿服务组织治理期待分量表描述性统计

题项	职务	均值	样本量 / 人	标准差	标准误	*F/P*
保障治理	组织管理者	4.65	61	0.67	0.08	1.619/0.106
	普通成员	4.48	339	0.77	0.04	
沟通治理	组织管理者	4.66	61	0.53	0.06	2.999/0.003
	普通成员	4.42	339	0.72	0.03	

（2）不同协会职务个人治理期待差异性检验。

不同协会职务志愿者对个人治理期待分量表描述性统计结果如表 5-62 所示，不同协会职务的个人治理期待分量表各维度的得分平均值差异不大。信任治理、认同治理维度的得分，组织管理者高于普通成员，说明作为协会的"领导"，组织管理者的思想觉悟、对全民健身志愿服务的规章条例了解得较清楚，洞悉自身不足，其治理期待相对较高。

以协会职务为因素对个人治理期待分量表的信任治理、认同治理维度分别进行单因素分析，其 F 值分别为 2.164、0.846，P 值分别为 0.032、0.398，说明以不同协会职务为因素分析个人治理期待分量表，在信任治理维度，存在显著性差异；在认同治理维度，无显著性差异。反映了组织管理者和普通成员在参与志愿服务时，与志愿服务对象保持良好的关系，期待个人在志愿服务治理中发挥潜力，组织制定规章条例促进成员积极参与志愿服务。

表 5-62　不同协会职务全民健身短期志愿服务个人治理期待分量表描述性统计

题项	职务	均值	样本量 / 人	标准差	标准误	*F/P*
信任治理	组织管理者	4.79	61	0.46	0.05	2.164/0.032
	普通成员	4.63	339	0.72	0.03	

续表

题项	职务	均值	样本量／人	标准差	标准误	*F/P*
认同治理	组织管理者	4.60	61	0.70	0.09	0.846/0.398
	普通成员	4.51	339	0.80	0.04	

七、全民健身长、短期志愿服务治理期待对比分析

全民健身长期志愿服务治理期待有组织治理期待和个人治理期待两个分量表，长期组织治理期待侧重政策和法规治理，建议对组织颁发荣誉奖励，激励和诱导组织发展，促进组织进步。同理，全民健身短期志愿服务治理期待也有组织治理期待和个人治理期待两个分量表，短期组织治理期待侧重组织的保障措施和沟通交流。全民健身志愿服务对全民健身志愿服务组织和全民健身志愿者都有很高的要求，全民健身志愿服务治理的组织期待相对高于个人期待。

从组织治理期待分量表分析结果来看，不同性别和不同学历的全民健身长、短期志愿者在组织治理期待分量表各维度的得分平均值差异并不大，女性均高于男性，硕士及以上学历的人数较多，长、短期组织治理期待分量表各维度之间没有显著性差异。以不同协会职务为因素分析，长期志愿服务各维度之间没有显著性差异，普通成员得分高于组织管理者；短期志愿服务组织治理期待分量表的保障治理维度无显著性差异，在沟通治理维度存在显著性差异，组织管理者得分高于普通成员。从长、短期志愿服务在组织层面的对比可以看出，组织在开展活动时，对待男女性一视同仁，组织为志愿者提供保障措施，与志愿者建立良好的沟通。

从个人治理期待分量表分析结果来看，不同性别的长期志愿者在个人治理期待分量表各维度的得分平均值差异不大，女性得分也均高于男性；不同性别的短期志愿者在信任治理维度存在差异性，认同治理维度不存在差异性。以不同学历为因素分析全民健身长、短期志愿服务个人治理期待，各分量表维度无显著性差异。不同协会职务的长期志愿服务个人治理期待分量表各维度的得分

平均值差异不大，在现实治理维度中，组织管理者得分高于普通成员；在行为治理维度中，普通成员得分高于组织管理者。不同协会职务的短期志愿服务个人治理期待分量表各维度的得分平均值差异不大，组织管理者得分高于普通成员，在信任治理维度存在显著性差异，在认同治理维度无显著性差异。

长、短期志愿者治理期待存在一定的落差：前者注重组织层面的长期规范措施和奖励激励，后者更注重现实层面。长期志愿者服务治理期待侧重个人的发展和行为规范，短期志愿者服务治理期待侧重志愿者之间的信任与交流认同，这与心理契约密不可分。长期志愿服务个人治理期待显示个人对现实环境和自身行为期待较高，希望更好地参与志愿服务；短期志愿服务个人治理期待关注志愿者之间友好的沟通交流，形成和谐美好的氛围，更好地促进志愿服务发展。不管是长期志愿服务治理期待还是短期志愿服务治理期待，对组织和个人的治理都以心理契约为出发点，对其进行规范要求、激励诱导、物质保障和沟通交流等，可促进志愿服务发展治理。

第三节　全民健身长期志愿服务治理履行量表编制与分析

一、预测试

预测试调研对象选择参加北京、上海、广州等地举行的国家级社会体育指导员培训班的人员发放预测试问卷，主要通过现场发放问卷方式进行。共发放问卷 253 份。判断分类回收的样本数据，去除不完整、不规范和样本数据显著不真实的问卷，最终得到 240 份有效问卷。预测试数据分析方法、纠正项目信度检验筛选标准和预测试的主要目的同本章第一节"全民健身长期志愿服务治理期待量表编制与分析"。

如表 5-63 所示，全民健身长期志愿服务组织治理履行分量表的初始 Cronbach's α 值为 0.950，删除 AOG3、AOG9 之后，Cronbach's α 值上升为 0.953，

之后进行类似分析，删除任何项目，Cronbach's α 值均不能提高。由此，组织治理履行分量表剩余 15 个题项。

表 5-63　全民健身长期志愿服务组织治理履行分量表的 CITC 和信度分析

题项编号	CITC	删除项后的 Cronbach's α 值	量表的 Cronbach's α 值
AOG1	0.597	0.949	
AOG2	0.625	0.949	
AOG3	0.499	0.951	
AOG4	0.696	0.948	
AOG5	0.685	0.948	
AOG6	0.826	0.945	
AOG7	0.798	0.946	
AOG8	0.831	0.945	
AOG9	0.472	0.952	$\alpha_1=0.950$ $\alpha_2=0.953$
AOG10	0.716	0.947	
AOG11	0.834	0.945	
AOG12	0.681	0.948	
AOG13	0.865	0.944	
AOG14	0.692	0.948	
AOG15	0.618	0.949	
AOG16	0.789	0.946	
AOG17	0.794	0.946	

如表 5-64 所示，全民健身长期志愿服务个人治理履行分量表的初始

Cronbach's α 值为 0.951，删除 APG2、APG12 之后，Cronbach's α 值上升为 0.956，之后进行类似分析，删除任何项目，Cronbach's α 值均不能提高。由此，全民健身志愿服务长期个人治理履行分量表剩余 12 个题项，并进行重新编码。

表 5-64　全民健身长期志愿服务个人治理履行分量表的 CITC 和信度分析

题项编号	CITC	删除项后的 Cronbach's α 值	量表的 Cronbach's α 值
APG1	0.832	0.945	
APG2	0.543	0.952	
APG3	0.883	0.944	
APG4	0.768	0.946	
APG5	0.742	0.947	
APG6	0.743	0.947	
APG7	0.836	0.945	$\alpha_1=0.951$
APG8	0.829	0.945	$\alpha_2=0.956$
APG9	0.713	0.948	
APG10	0.808	0.945	
APG11	0.735	0.947	
APG12	0.500	0.954	
APG13	0.820	0.945	
APG14	0.701	0.948	

本研究继续对剩余题项整体的 Cronbach's α 值进行分析，结果如表 5-65 所示。修正后全民健身长期志愿服务治理履行各分量表的信度均大于 0.9，表明该量表的内部数据已符合测量要求，具备统计分析的有效性。

表 5-65　全民健身长期志愿服务治理履行各分量表的信度

分量表名称	Cronbach's α 值
组织治理履行	0.953
个人治理履行	0.956

　　然后，选取初始特征值大于 1 为因子提取标准，通过主成分分析及最大方差法，对剩余题目重新编码进行探索性因子分析。如表 5-66 所示，全民健身长期志愿服务组织治理履行分量表第一个因子的初始特征值总计为 8.011，可以解释 15 个原始变量总方差的 53.406%；第二个因子的初始特征值总计为 2.429，可以解释 15 个原始变量总方差的 16.193%；2 个因子的方差贡献率累计百分比为 69.598%，故全民健身长期志愿服务组织治理履行分量表提取 2 个因子。

表 5-66　全民健身长期志愿服务组织治理履行分量表的总方差解释

成分	初始特征值			提取载荷平方和			旋转载荷平方和		
	总计	方差 /%	累计占比 /%	总计	方差 /%	累计占比 /%	总计	方差 /%	累计占比 /%
1	8.011	53.406	53.406	8.011	53.406	53.406	6.932	46.215	46.215
2	2.429	16.193	69.598	2.429	16.193	69.598	3.508	23.384	69.598
3	0.996	6.641	76.230						
4	0.992	6.613	82.852						
5	0.648	4.323	87.175						
6	0.412	2.744	89.919						
7	0.321	2.138	92.057						
8	0.250	1.666	93.723						
9	0.220	1.464	95.187						

续表

成分	初始特征值			提取载荷平方和			旋转载荷平方和		
	总计	方差 /%	累计占比 /%	总计	方差 /%	累计占比 /%	总计	方差 /%	累计占比 /%
10	0.175	1.167	96.354						
11	0.159	1.063	97.416						
12	0.123	0.823	98.239						
13	0.110	0.734	98.973						
14	0.084	0.561	99.535						
15	0.070	0.465	100.000						

注：提取方法为主成分分析法。

同理，如表 5-67 所示，全民健身长期志愿服务个人治理履行分量表第一个因子的初始特征值总计为 6.541，可以解释 12 个原始变量总方差的 54.506%；第二个因子的初始特征值总计为 1.757，可以解释 12 个原始变量总方差的 14.643%；2 个因子的方差贡献率累计百分比为 69.149%，故全民健身长期志愿服务个人治理履行分量表提取 2 个因子。

表 5-67　全民健身长期志愿服务个人治理履行分量表的总方差解释

成分	初始特征值			提取载荷平方和			旋转载荷平方和		
	总计	方差 /%	累计占比 /%	总计	方差 /%	累计占比 /%	总计	方差 /%	累计占比 /%
1	6.541	54.506	54.506	6.541	54.506	54.506	4.334	36.113	36.113
2	1.757	14.643	69.149	1.757	14.643	69.149	3.964	33.037	69.149
3	0.997	8.307	77.457						
4	0.863	7.194	84.651						

续表

成分	初始特征值			提取载荷平方和			旋转载荷平方和		
	总计	方差/%	累计占比/%	总计	方差/%	累计占比/%	总计	方差/%	累计占比/%
5	0.459	3.823	88.474						
6	0.363	3.022	91.496						
7	0.290	2.420	93.917						
8	0.200	1.666	95.582						
9	0.162	1.353	96.935						
10	0.131	1.088	98.023						
11	0.126	1.050	99.073						
12	0.111	0.927	100.000						

注：提取方法为主成分分析法。

通过上述因子分析，两个分量表都呈现出稳定的二因子结构，如表 5-68 所示。在组织治理履行分量表中，AOG13 在因子 1 和因子 2 上的载荷均小于 0.5；在个人治理履行分量表中，APG10 在因子 1 和因子 2 上的载荷均大于 0.5，根据相关统计原则，AOG13 和 APG10 予以删除。

表 5-68　全民健身长期志愿服务治理履行量表旋转成分矩阵

组织治理履行分量表			个人治理履行分量表		
题项	因子 1	因子 2	题项	因子 1	因子 2
AOG9	0.929		APG2	0.940	
AOG7	0.926		APG6	0.908	
AOG11	0.923		APG1	0.898	

续表

组织治理履行分量表			个人治理履行分量表		
题项	因子 1	因子 2	题项	因子 1	因子 2
AOG5	0.918		APG9	0.893	
AOG15	0.911		APG7	0.885	
AOG14	0.907		APG3	0.869	
AOG6	0.837		APG10	0.587	0.507
AOG4	0.808		APG11		0.928
AOG13			APG4		0.897
AOG8		0.935	APG8		0.880
AOG12		0.925	APG5		0.877
AOG3		0.880	APG12		0.835
AOG10		0.880			
AOG1		0.863			
AOG2		0.840			

二、探索性因子分析

在预测试的基础上，对剩余题项重新编码形成了正式测试问卷，共发放问卷 403 份，剔除无效问卷后，共回收有效问卷 365 份，问卷回收有效率为 90.57%。抽取样本中的 110 份对两个分量表进行探索性因子分析，满足进行探索性因子分析的要求。[1]

---

[1]　吴明隆. 问卷统计分析实务 [M]. 重庆：重庆大学出版社，2010.

（一）检验因子分析的可行性

研究采用 KMO 值和 Bartlett 球形检验表示变量间的相关性，如表 5-69 所示。全民健身长期志愿服务组织治理履行分量表和个人治理履行分量表的 KMO 值分别为 0.950 和 0.911；Bartlett 球形检验的 P=0，说明全民健身长期志愿服务治理履行组织分量表和个人治理履行分量表都适合进行因子分析。

表 5-69　全民健身长期志愿服务治理履行各分量表 KMO 和 Bartlett 球形检验

检验参数		组织治理履行分量表	个人治理履行分量表
KMO		0.950	0.911
Bartlett 球形检验	χ^2	2 248.695	1 620.103
	df	91	55
	P	0	0

（二）探索性因子分析的结果

对全民健身长期志愿服务组织治理履行分量表进行探索性因子分析，选择主成分分析方法，以特征根大于 1 为标准抽取共同因素，选择最大方差法旋转提取公因子，以因素负荷值大于 0.5 为条件，累计方差解释率需大于 40%。根据以上标准，如表 5-70 至表 5-72 所示，全民健身长期志愿服务组织治理履行分量表提取出 2 个因子，总方差解释为 87.525%；全民健身长期志愿服务个人治理履行分量表提取出 2 个因子，总方差解释为 83.356%。

表 5-70　全民健身长期志愿服务组织治理履行分量表探索性因子分析结果

题项	因子	
	1	2
AOG14	0.939	
AOG11	0.932	

续表

题项	因子	
	1	2
AOG9	0.923	
AOG5	0.907	
AOG13	0.904	
AOG7	0.897	
AOG4	0.896	
AOG6	0.861	
AOG1		0.930
AOG12		0.921
AOG3		0.918
AOG8		0.915
AOG2		0.894
AOG10		0.831

注：提取方法为主成分分析法；旋转方法为凯撒正态化最大方差法；旋转在 3 次迭代后已收敛。

表 5-71 全民健身长期志愿服务个人治理履行分量表探索性因子分析结果

题项	因子	
	1	2
APG9	0.934	
APG3	0.919	
APG2	0.883	

续表

题项	因子	
	1	2
APG1	0.853	
APG6	0.818	
APG7	0.795	
APG4		0.892
APG10		0.888
APG5		0.847
APG11		0.779
APG8		0.751

注：提取方法为主成分分析法；旋转方法为凯撒正态化最大方差法；旋转在3次迭代后已收敛。

表5-72 全民健身长期志愿服务治理履行量表各因子的特征根及解释总变异的占比

类型	因子	特征根	解释总变异的占比 / %	累计占比 / %
组织治理履行分量表	1	9.183	65.593	49.570
	2	3.070	21.932	87.525
个人治理履行分量表	1	7.576	68.869	45.593
	2	1.594	14.487	83.356

（三）全民健身长期志愿服务治理履行各分量表各因子命名

因子命名的原则同本章第一节"全民健身长期志愿服务治理期待量表编制与分析"中因子命名原则所述，此处不一一赘述。全民健身长期志愿服务组织治理履行分量表因子 1 包含 AOG4、AOG5、AOG6、AOG7、AOG9、AOG11、AOG13、AOG14，题项内容反映组织在现实中为志愿者的发展治理而实际履行的责任，故命名为引导与培养；因子 2 包含 AOG1、AOG2、AOG3、AOG8、AOG10、AOG12，题项内容反映组织有良好的沟通和交流，共同推进全民健身长期志愿服务的开展，故命名为沟通与共建。全民健身长期志愿服务个人治理履行分量表因子 1 包含 APG1、APG2、APG3、APG6、APG7、APG9，题项内容反映为保障个人履行情况的规范措施，故命名为规范治理；因子 2 包含 APG4、APG5、APG8、APG10、APG11，题项内容反映为规范个人行为，促进志愿服务的发展，故命名为行为治理。

三、验证性因子分析

对 365 份问卷样本数据进行验证性因子分析，根据探索性因子分析结果，采用最大似然法建立模型以验证因子分析结果，对结构模型的拟合程度进行测评，如表 5–73、表 5–74 所示。

表 5–73　全民健身长期志愿服务组织治理履行拟合指数

模型	χ^2	df	χ^2/df	NFI	IFI	TLI	CFI	RMR	RMSEA
二因子	194.601	76	2.561	0.973	0.984	0.980	0.984	0.090	0.065

表 5–74　全民健身长期志愿服务个人治理履行拟合指数

模型	χ^2	df	χ^2/df	NFI	RFI	IFI	TLI	CFI	RMSEA
二因子	101.898	39	2.613	0.977	0.968	0.986	0.980	0.986	0.067

根据事前所建构的理论，采用结构方程模型，利用 AMOS 23.0 软件对两个分量表的结构进行验证性因子分析，如表 5–75、表 5–76、图 5–5 所示。

表 5-75　全民健身长期志愿服务组织治理履行分量表观测变量在潜变量上的因子负荷

引导与培养		沟通与共建	
题项	负荷	题项	负荷
AOG14	0.920	AOG12	0.930
AOG13	0.912	AOG10	0.867
AOG11	0.968	AOG8	0.975
AOG9	0.930	AOG3	0.887
AOG7	0.930	AOG2	0.898
AOG6	0.889	AOG1	0.965
AOG5	0.912		
AOG4	0.832		

表 5-76　全民健身长期志愿服务个人治理履行分量表观测变量在潜变量上的因子负荷

规范治理		行为治理	
题项	负荷	题项	负荷
APG9	0.879	APG11	0.750
APG7	0.909	APG10	0.949
APG6	0.895	APG8	0.775
APG3	0.839	APG5	0.796
APG2	0.869	APG4	0.991
APG1	0.889		

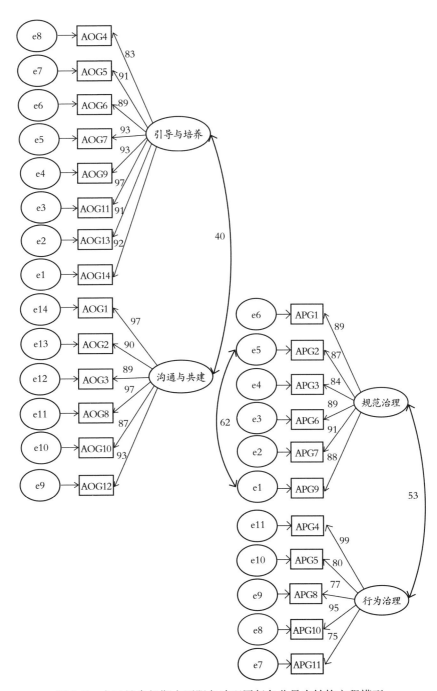

图 5-5　全民健身长期志愿服务治理履行各分量表结构方程模型

四、信度和效度分析

本研究采用分半信度和 Cronbach's α 信度对量表进行信度检验，采用内容效度和结构效度对量表进行效度检验。

（一）信度分析

1. 分半信度

两个分量表分半信度分析结果如表 5-77、表 5-78 所示，组织治理履行分量表 Guttman Split-Half 系数为 0.983，是可以接受的。基于前述理论，题项分半后的两部分 Cronbach's α 值分别为 0.891 和 0.901，均大于 0.6。个人治理履行分量表 Guttman Split-Half 系数为 0.944，也是可以接受的。题项分半后的两部分 Cronbach's α 值分别为 0.900 和 0.863，也均大于 0.6。因此，说明两个分量表的分半信度较好。

表 5-77　全民健身长期志愿服务组织治理履行分量表分半信度统计

Cronbach's α 值					表格之间的相关性	Spearman-Brown 系数		Guttman Split-Half 系数
部分 1		部分 2		总项数		等长	不等长	
值	项数	值	项数		0.966			0.983
0.891	7[a]	0.901	7[b]	14		0.983	0.983	

注：a 项为 AOG1，AOG2，AOG3，AOG4，AOG5，AOG6，AOG7；b 项为 AOG8，AOG9，AOG10，AOG11，AOG12，AOG13，AOG14。

表 5-78　全民健身长期志愿服务个人治理履行分量表分半信度统计

Cronbach's α 值					表格之间的相关性	Spearman-Brown 系数		Guttman Split-Half 系数
部分 1		部分 2		总项数		等长	不等长	
值	项数	值	项数		0.922			0.944
0.900	6[a]	0.863	5[b]	11		0.959	0.96	

注：a 项为 APG1，APG2，APG3，APG4，APG5，APG6；b 项为 APG6，APG7，APG8，APG9，APG10，APG11。

2. Cronbach's α 信度

从表 5-79、表 5-80 可以看出，两个分量表的信度值均大于 0.9，说明问卷题项可信，且每个题项校正后总体相关系数均大于 0.5。因此，说明两个分量表具有极高的可信度。

表 5-79　全民健身长期志愿服务组织治理履行分量表的 CITC 和信度分析

题项编号	CITC	删除项后的 Cronbach's α 值	量表的 Cronbach's α 值
AOG1	0.673	0.948	
AOG2	0.637	0.949	
AOG3	0.653	0.948	
AOG4	0.728	0.947	
AOG5	0.804	0.945	
AOG6	0.796	0.945	
AOG7	0.807	0.944	
AOG8	0.670	0.948	$\alpha=0.950$
AOG9	0.821	0.944	
AOG10	0.640	0.949	
AOG11	0.864	0.943	
AOG12	0.628	0.949	
AOG13	0.792	0.945	
AOG14	0.796	0.945	

表5-80　全民健身长期志愿服务个人治理履行分量表的 CITC 和信度分析

题项编号	CITC	删除项后的 Cronbach's α 值	量表的 Cronbach's α 值
APG1	0.809	0.934	
APG2	0.791	0.935	
APG3	0.730	0.937	
APG4	0.729	0.937	
APG5	0.692	0.939	
APG6	0.800	0.934	α=0.942
APG7	0.814	0.934	
APG8	0.682	0.939	
APG9	0.798	0.934	
APG10	0.690	0.939	
APG11	0.689	0.939	

（二）效度分析

基于前述理论，量表的效度检验采用内容效度和结构效度。内容效度是针对测量工具的目标和内容，以系统的逻辑方法来详细分析，采用专家定性判断，对于内容效度不好的题项应删除或修正。关于题项效度分析过程见本章第一节"全民健身长期志愿服务治理期待量表编制与分析"相应的内容，通过探索性因子分析和验证性因子分析对量表进行验证，以保证量表的内容效度。结构效度如表5-81所示，组织治理履行分量表和个人治理履行分量表 KMO 值均大于0.9，KMO 值越接近于1，意味着变量间的相关性越强，说明两个分量表的各变量之间都有很强的相关性；同时，P 值均小于0.01，具有显著性，说明两个分量表都具有很高的效度。

表 5-81　全民健身长期志愿服务治理履行各分量表效度

检验参数		组织治理履行分量表	个人治理履行分量表
KMO		0.953	0.907
Bartlett 球形检验	χ^2	7 196.281	4 393.642
	df	91	55
	P	0	0

五、内部关系分析

（一）全民健身长期志愿服务治理履行内容分析

通过以上数据分析，开发编制出我国全民健身长期志愿服务治理履行量表，其中，组织治理履行分量表由引导与培养、沟通与共建 2 个维度组成，个人治理履行分量表由规范治理、行为治理 2 个维度组成，各维度阐释如表 5-82 所示。

表 5-82　全民健身长期志愿服务治理履行各分量表维度释义

组织治理履行	具体含义	个人治理履行	具体含义
引导与培养	引导与培养是指在全民健身长期志愿服务中，组织为志愿者的发展治理而实际履行的责任	规范治理	规范治理是指在全民健身长期志愿服务中，为保障个人履行情况的规范措施
沟通与共建	沟通与共建是指在全民健身长期志愿服务中，组织就志愿服务保障、激励等内容进行良好的沟通和交流，共同推进全民健身长期志愿服务开展	行为治理	行为治理是指在全民健身长期志愿服务中，规范个人行为和服务行为，促进志愿服务的发展

（二）全民健身长期志愿服务分量表潜变量回归分析

运用多元回归分析进一步探讨组织治理履行分量表的各维度对于个人治理

履行分量表各维度的影响情况，其中自变量为组织治理履行分量表的 2 个维度：引导与培养，沟通与共建，因变量为个人治理履行分量表的 2 个维度：规范治理、行为治理。回归结果如表 5-83 所示，对个人治理履行分量表中规范治理维度的回归分析中，组织治理履行分量表的两个维度共同解释变异量是 20.7%。其中，引导与培养和沟通与共建对于规范治理的预测力均达到了显著水平，即具有显著的正向影响。对个人治理履行分量表中行为治理维度的回归分析中，组织治理履行的两个维度共同解释变异量是 9.7%。其中，引导与培养、沟通与共建对于行为治理的预测力均达到了显著水平，即具有显著的正向影响。

表 5-83　全民健身长期志愿服务组织治理履行分量表对个人治理履行分量表的回归分析

自变量 因变量	规范治理		行为治理	
	Beta	t	Beta	t
引导与培养	0.242	4.758***	0.138	2.545*
沟通与共建	0.302	5.940***	0.230	4.240***
F	47.155		19.384	
R^2	0.207		0.097	

注：*表示 $P < 0.05$，***表示 $P < 0.001$。

（三）全民健身长期志愿服务分量表维度相关性分析

对两个分量表的主要变量进行相关分析，结果如表 5-84 所示，组织治理履行分量表和个人治理履行分量表各维度之间，即引导与培养、沟通与共建、规范治理、行为治理之间均存在显著相关（$P < 0.001$）。

表 5-84　全民健身长期志愿服务治理履行各分量表维度之间主要变量的相关性分析

题项	引导与培养	沟通与共建	规范治理	行为治理
引导与培养	1	0.390**	0.360**	0.228**

续表

题项	引导与培养	沟通与共建	规范治理	行为治理
沟通与共建	0.390**	1	0.396**	0.284**
规范治理	0.360**	0.396**	1	0.553**
行为治理	0.228**	0.284**	0.553**	1

注：** 在 0.01 级别（双尾），相关性显著。

（四）全民健身长期志愿服务组织治理履行对个人治理履行的影响

全民健身长期志愿者感知的组织治理履行的情况，会影响其作为组织内部一员对组织的长期履行，全民健身长期志愿服务治理履行量表的组织治理履行和个人治理履行相互影响，也受到一些其他变量的影响。本研究采用路径分析方法分析组织治理履行分量表对个人治理履行分量表的影响。结果如图 5-6 所示，路径分析的结果显示全民健身长期志愿服务可感知组织实际履行影响全民健身长期志愿者实际履行的情况。

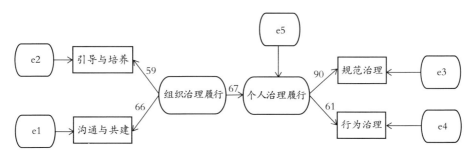

图 5-6　全民健身长期志愿服务组织治理履行分量表各维度对个人治理履行分量表各维度影响的结构模型

六、数据分析

（一）全民健身长期志愿服务组织治理履行分量表概况

如表 5-85 所示，大部分全民健身长期志愿者选择了一般、满意、非常满意三项，每个题项的平均数大于 3.6 分，可以看出志愿者对于组织治理履行情况认可度还需要提高。组织治理履行得分越高，反映出组织用自己的行为为志愿服务贡献力量效果越好。

表 5-85　全民健身长期志愿服务组织治理履行分量表选项分布

题项		分布形态 /%					平均数	标准差
		完全不满意	不满意	一般	满意	非常满意		
引导与培养	AOG4	4.9	11.5	26.0	27.1	30.4	3.66	1.16
	AOG5	4.4	10.7	26.8	27.9	30.1	3.68	1.13
	AOG6	3.0	10.7	21.6	28.2	36.4	3.84	1.12
	AOG7	4.9	11.2	26.0	27.4	30.4	3.67	1.16
	AOG9	4.4	13.4	24.4	27.1	30.7	3.66	1.17
	AOG11	3.6	11.0	23.8	29.6	32.1	3.75	1.12
	AOG13	3.3	11.8	25.2	28.5	31.2	3.72	1.12
	AOG14	4.4	12.3	23.8	27.7	31.8	3.70	1.16
沟通与共建	AOG1	1.1	4.9	28.5	32.9	32.6	3.91	0.94
	AOG2	1.6	6.8	25.2	32.3	34.0	3.90	1.00
	AOG3	1.1	7.7	25.2	32.9	33.2	3.89	0.99
	AOG8	1.1	4.7	28.2	32.3	33.7	3.92	0.94
	AOG10	0.8	6.6	27.4	32.3	32.9	3.89	0.96
	AOG12	1.4	4.4	28.2	34.5	31.5	3.90	0.94

（二）全民健身长期志愿服务个人治理履行分量表概况

如表 5-86 所示，大部分的全民健身长期志愿者选择了一般、比较满意和非常满意三项，每个题项的平均得分均大于 4.3 分。面对自己实际履行的情况，志愿者还是表现出有担当、严格要求自身行为的品质，这也体现出志愿者对组织的服从和认可。

表 5-86　全民健身长期志愿服务个人治理履行分量表选项分布

题项		分布形态 /%					平均数	标准差
		完全不满意	不满意	一般	满意	非常满意		
规范治理	APG1	1.1	2.2	15.3	22.7	58.6	4.35	0.89
	APG2	1.1	3.0	15.9	21.4	58.6	4.33	0.92
	APG3	2.2	2.2	15.3	21.4	58.9	4.32	0.96
	APG6	1.1	3.3	15.9	20.8	58.9	4.33	0.93
	APG7	0.8	2.7	15.3	22.2	58.9	4.35	0.89
	APG9	1.6	3.0	15.1	21.4	58.9	4.32	0.95
行为治理	APG4	0.3	1.6	10.7	21.6	65.8	4.51	0.77
	APG5	0.5	3.0	11.2	18.6	66.6	4.47	0.85
	APG8	0.3	1.1	10.4	18.6	69.6	4.56	0.74
	APG10	0.3	1.9	11.8	23.8	62.2	4.45	0.79
	APG11	0.5	2.2	12.9	20.5	63.8	4.44	0.83

（三）全民健身长期志愿服务治理履行维度得分概况

全民健身长期志愿服务治理履行量表问卷调查结果如表 5-87 所示。组织治理履行（总体）分量表的均值为 3.79，标准差为 0.83，其中引导与培养维度的均值为 3.71，标准差为 1.05；沟通与共建维度的均值为 3.90，标准差为 0.90，反映了志愿者对组织的实际治理履行行为总体来说是满意的，组织能够保障志愿者权益，建立有效的激励机制，促进志愿服务组织的发展。其中，沟通与共建维度的得分最高，志愿者在参与志愿服务时，和组织有良好的沟通，能够很好地开展工作，建立积极有效的沟通渠道。个人治理履行（总体）分量表的均值为4.40，标准差为0.69。其中，规范治理维度的均值为4.33，标准差为0.83；行为治理维度的均值为4.49，标准差为0.71，反映了志愿者对自己的责任履行给予很高的评价，反映出志愿者对自己的工作要求、奉献自我、成长发展等方面有较强的意识，故应加强对志愿者自身潜力的挖掘。行为治理维度得分最高，反映出志愿者对自己的行为有很好的约束能力，遵守志愿服务规章条例。

表5-87　全民健身长期志愿服务治理履行各分量表维度得分概况

题项	样本量 / 人	均值	标准差
组织治理履行（总体）	365	3.79	0.83
引导与培养	365	3.71	1.05
沟通与共建	365	3.90	0.90
个人治理履行（总体）	365	4.40	0.69
规范治理	365	4.33	0.83
行为治理	365	4.49	0.71

（四）全民健身长期志愿服务不同人口学特征对比分析

1. 不同性别比较

不同性别志愿者对组织治理履行分量表的描述性统计结果如表5-88所示，不同性别的全民健身长期志愿者在组织治理履行分量表各维度的得分平均值差异并不大。其中，引导与培养、沟通与共建维度中，男性分值稍高于女性，说明男性在参与志愿服务工作时更加注重治理履行行为的实施。但经过检验，以性别为因素分析组织治理履行分量表无显著性差异，志愿者并没有刻意区分性别，所有的制度基本是一视同仁的。作为长期志愿者，男女性在参与志愿服务时对工作的理解、履行程度的高低更能代表志愿服务活动开展得好坏。

表5-88　不同性别全民健身长期志愿服务组织治理履行分量表描述性统计

题项	性别	均值	样本量／人	标准差	标准误
引导与培养	男	3.75	105	1.06	0.10
	女	3.69	260	1.05	0.06
沟通与共建	男	3.93	105	0.94	0.09
	女	3.89	260	0.88	0.05

不同性别个人治理履行分量表的描述性统计结果如表5-89所示，不同性别的全民健身长期志愿者在个人治理履行分量表各维度的得分平均值差异并不大，规范治理、行为治理维度中的女性分值都高于男性，说明女性对于个人行为的规范程度是高于男性的，女性更加注重自己的现实履行。但经过检验，以性别为因素分析个人治理履行分量表的规范治理、行为治理维度无显著性差异，说明男性和女性在对个人现实履行方面没有很大的差异性。

表5-89　不同性别全民健身长期志愿服务个人治理履行分量表描述性统计

题项	性别	均值	样本量／人	标准差	标准误
规范治理	男	4.23	105	0.95	0.09
	女	4.37	260	0.78	0.04
行为治理	男	4.37	105	0.80	0.07
	女	4.53	260	0.67	0.04

2. 不同学历比较

（1）不同学历组织治理履行差异性检验。

不同学历在组织治理履行分量表两个维度上的差异性检验结果如表5-90所示。以学历为因素对组织治理履行分量表的各个维度分别进行单因素分析，其 F 值分别为1.549、0.395，P 值分别为0.202、0.757，显示在引导与培养、沟通与共建维度无显著性差异，故学历并不是影响组织治理履行的因素。志愿者积极参与志愿服务，深入且持续，与志愿服务对象建立良好的联系，在组织的范围内发挥自身潜力。为志愿者建立有效的诱导与激励措施，可促进组织治理履行的发展。

表5-90　不同学历全民健身长期志愿服务组织治理履行分量表差异性检验

学历	引导与培养		沟通与共建	
	均值	标准差	均值	标准差
高中及以下	3.85	1.04	3.92	0.88
大专	3.69	1.08	3.95	0.94
本科	3.56	1.04	3.82	0.90
硕士及以上	3.60	1.03	3.85	0.82
F	1.549		0.395	
P	0.202		0.757	

（2）不同学历个人治理履行差异性检验。

不同学历在个人治理履行分量表两个维度上的差异性检验结果如表5-91所示。以学历为因素对个人治理履行分量表的各个维度分别进行单因素分析，其F值分别为1.771、1.651，P值分别为0.152、0.177，说明以学历为因素分析个人治理履行分量表的规范治理、行为治理维度无显著性差异。不同学历的志愿者对志愿服务工作公平公正，在组织的带领下，工作顺利进行。

表5-91　不同学历全民健身长期志愿服务个人治理履行分量表差异性检验

学历	规范治理		行为治理	
	均值	标准差	均值	标准差
高中及以下	4.36	0.82	4.53	0.68

续表

学历	规范治理		行为治理	
	均值	标准差	均值	标准差
大专	4.44	0.79	4.56	0.65
本科	4.22	0.90	4.36	0.82
硕士及以上	4.14	0.79	4.39	0.69
F	1.771		1.651	
P	0.152		0.177	

3. 不同协会职务比较

（1）不同协会职务组织治理履行差异性检验。

不同协会职务志愿者对组织治理履行分量表描述性统计结果如表 5-92 所示，不同协会职务的组织治理履行分量表各维度的得分平均值差异不大。在引导与培养、沟通与共建维度中，普通成员均值高于组织管理者，说明普通成员在志愿服务中对于组织的现实履行情况有一定的监督作用，有助于共建和谐的志愿服务环境。以不同协会职务为因素分析组织治理履行分量表的引导与培养、沟通与共建维度无显著性差异。不管是组织管理者还是普通成员，都在促进志愿服务组织发展，完善组织规章条例，制定长效化治理机制，引导组织治理履行向更规范、更和谐、更美好的方向发展。

表 5-92　不同协会职务全民健身长期志愿服务组织治理履行分量表描述性统计

题项	职务	均值	样本量 / 人	标准差	标准误
引导与培养	组织管理者	3.67	196	1.12	0.08
	普通成员	3.75	169	0.98	0.07
沟通与共建	组织管理者	3.86	196	0.93	0.06
	普通成员	3.95	169	0.86	0.06

（2）不同协会职务个人治理履行差异性检验。

不同协会职务志愿者个人治理履行分量表描述性统计结果如表 5-93 所示，不同协会职务个人治理履行分量表各维度的得分平均值差异不大。规范治理、行为治理维度中，普通成员得分都高于组织管理者，说明志愿服务活动中普通成员对自身行为履行的规范要求更高。经过检验，以不同协会职务为因素分析个人治理履行分量表的规范治理维度、行为治理维度无显著性差异，说明志愿者一般经验充足，且志愿服务更多是普通成员参与。组织管理者负责制定规则，同时也是参与者，多角度为志愿服务提供方向、策略，这就要求志愿者自身的条件与志愿服务吻合，以规范志愿者行为。

表 5-93　不同协会职务全民健身长期志愿服务个人治理履行分量表描述性统计

题项	职务	均值	样本量 / 人	标准差	标准误
规范治理	组织管理者	4.30	196	0.89	0.06
	普通成员	4.38	169	0.77	0.05
行为治理	组织管理者	4.44	196	0.76	0.05
	普通成员	4.53	169	0.65	0.05

七、全民健身长期志愿服务治理期待与治理履行对比分析

综前所述，全民健身长期志愿服务活动中治理期待和治理履行的得分都比较高，反映出志愿服务组织的重要作用。充分理解全民健身长期志愿服务治理期待和治理履行之间的关系，能够规范自身，更好地履行志愿服务活动。

从组织分量表分析结果来看，不同性别的长期志愿者在组织治理期待分量表各维度的得分平均值差异并不大，女性得分都高于男性，而在治理履行方面，男性得分高于女性。男性志愿者在治理履行时，更具有行动性，而女性由于自身性别的差异，期待更完善，服务责任心更强。以性别和学历为因素分析全民健身长期志愿服务组织治理期待分量表和治理履行分量表在各维度无显著性差

异；以不同协会职务为因素分析全民健身长期志愿服务组织治理期待分量表和治理履行分量表各维度的得分平均值也差异不大，普通成员得分都高于组织管理者，各维度之间无显著性差异，说明在长期志愿服务活动中，志愿者作为志愿服务活动的主体，对组织的较高的期待需要相应的提高自身的履行行为，知行合一。

从个人量表分析结果来看，不同性别的长期志愿者，治理期待和治理履行各维度的得分平均值差异并不大，女性得分普遍高于男性，且各维度之间无显著性差异；不同学历的全民健身长期志愿服务治理期待和治理履行不存在差异性，全民健身长期志愿服务个人治理期待和治理履行中，普通成员得分高于组织管理者；在现实治理维度中，组织管理者得分高于普通成员。说明志愿者自身意识比较强，对自身要求较高，对自身行为的期待和履行普遍高于组织管理者，可能是在长期现实治理中，由于对组织的认知较低，只能对自身行为加以规范。

从全民健身长期志愿服务组织分量表的对比可以看出，志愿者作为重要的志愿服务的主体，对现实中的组织行为起到重要监督的作用，通过规范自身行为，可以促进组织和志愿服务活动的发展；从个人分量表可以看出，女性对自身要求比较高，期待和履行能够在一定程度上达到统一，但没有很大的差异性。志愿服务在不同学历和协会职务的人群中开展，不存在差异性，志愿者自身的行为促进组织往更好的方向发展。组织治理期待和组织治理履行两者之间存在落差，在长期志愿服务中，个人治理期待分量表和个人治理履行分量表是两个维度，表示个人在参与志愿服务时，个人期待的治理措施和在现实中的履行基本一致。治理期待和治理履行存在一定的关系，期待治理越高，履行的程度相对也会越高。同时，治理期待和治理履行存在一定的落差，组织治理期待中，主要包含组织在志愿服务活动中拓宽组织职能，为志愿者提供好的环境和发展空间，建立良好的沟通等方面；而在组织治理履行中，组织实际起到了一个榜样的作用，去引导和培养全民健身志愿者，积极沟通，共同营造和谐的志愿服务环境。在个人治理期待和个人治理履行方面，涵盖了一个相同的维度——行为治理，说明在志愿服务活动中不管是期待还是实际履行，个人都侧重于对行为的把握；

个人治理期待中的现实维度主要是对全民健身志愿者在服务环境中的整体落实，个人治理履行中的规范维度主要是服务过程中遵循规章制度的规范行为，期待与履行之间存在落差，这与全民健身志愿服务的精神有一定的关系。组织治理期待是一种完美的状态，组织治理履行是实际做到的程度。治理期待越高，现实履行一定程度上越会规范自身行为，促进服务的高质量发展。

第四节　全民健身短期志愿服务治理履行量表编制与分析

一、预测试

选取在北京、上海、武汉等地的全民健身赛事中服务过的全民健身志愿者进行全民健身短期志愿服务治理履行量表问卷的调查，主要通过发放电子问卷的方式进行。共发放问卷 197 份。去除不完整、不规范和样本数据显著不真实的问卷，最终得到 195 份有效问卷。预测试数据分析方法、纠正项目信度检验筛选标准和预测试的主要目的同本章第一节"全民健身长期志愿服务治理期待量表编制与分析"所述。

分析结果如表 5-94 所示，全民健身短期志愿服务组织治理履行分量表的初始 Cronbach's α 值为 0.957，删除 AOG3、AOG16 之后，Cronbach's α 值上升为 0.961，之后进行类似分析，删除任何项目，Cronbach's α 值均不能提高，组织治理履行分量表剩余 15 个题项。

表 5-94　全民健身短期志愿服务组织治理履行分量表的 CITC 和信度分析

题项编号	CITC	删除项后的 Cronbach's α 值	量表的 Cronbach's α 值
AOG1	0.648	0.956	α_1=0.957 α_2=0.961
AOG2	0.698	0.955	

续表

题项编号	CITC	删除项后的 Cronbach's α 值	量表的 Cronbach's α 值
AOG3	0.474	0.959	
AOG4	0.791	0.953	
AOG5	0.766	0.954	
AOG6	0.732	0.954	
AOG7	0.682	0.956	
AOG8	0.665	0.956	
AOG9	0.840	0.952	
AOG10	0.859	0.952	
AOG11	0.862	0.952	$\alpha_1=0.957$
AOG12	0.858	0.952	$\alpha_2=0.961$
AOG13	0.775	0.954	
AOG14	0.775	0.954	
AOG15	0.852	0.952	
AOG16	0.489	0.959	
AOG17	0.831	0.953	

如表 5-95 所示，全民健身短期志愿服务个人治理履行分量表的初始 Cronbach's α 值为 0.962，删除 APG1、APG11 之后，Cronbach's α 值上升为 0.970，之后进行类似分析，删除任何项目，Cronbach's α 值均不能提高，个人治理履行分量表剩余 13 个题项。

表 5-95　全民健身短期志愿服务个人治理履行分量表的 CITC 和信度分析

题项编号	CITC	删除项后的 Cronbach's α 值	量表的 Cronbach's α 值
APG1	0.481	0.966	
APG2	0.874	0.957	
APG3	0.790	0.959	
APG4	0.835	0.958	
APG5	0.789	0.959	
APG6	0.860	0.958	
APG7	0.821	0.959	
APG8	0.839	0.958	α_1=0.962
APG9	0.817	0.959	α_2=0.970
APG10	0.799	0.959	
APG11	0.498	0.965	
APG12	0.855	0.958	
APG13	0.847	0.958	
APG14	0.850	0.958	
APG15	0.812	0.959	

　　为了进一步保证量表测量的可靠性，本研究继续对剩余题项整体的 Cronbach's α 值进行分析，结果如表 5-96 所示，修正后全民健身短期志愿服务治理履行各分量表的信度均大于 0.9，表明该量表的内部数据符合测量要求，该量表具备统计分析的有效性。

表 5-96　全民健身短期志愿服务治理履行各分量表的信度

分量表名称	Cronbach's α 值
组织治理履行	0.961
个人治理履行	0.970

选取初始特征值大于 1 为因子提取标准，通过主成分分析及最大方差法，对剩余题目重新编码进行探索性因子分析。从表 5-97 可知，全民健身短期志愿服务组织治理履行分量表第一个因子的初始特征值总计为 8.999，可以解释 13 个原始变量总方差的 59.995%；第二个因子的初始特征值总计为 1.056，可以解释 13 个原始变量总方差的 7.040%；2 个因子的方差贡献率累计百分比为 67.035%，故全民健身短期志愿服务组织治理履行分量表提取 2 个因子。

表 5-97　全民健身短期志愿服务组织治理履行分量表的总方差解释

成分	初始特征值			提取载荷平方和			旋转载荷平方和		
	总计	方差 /%	累计占比 /%	总计	方差 /%	累计占比 /%	总计	方差 /%	累计占比 /%
1	8.999	59.995	59.995	8.999	59.995	59.995	8.997	59.978	59.978
2	1.056	7.040	67.035	1.056	7.040	67.035	1.059	7.057	67.035
3	0.938	6.253	73.288						
4	0.732	4.882	78.170						
5	0.543	3.619	81.789						
6	0.485	3.232	85.022						
7	0.437	2.911	87.933						
8	0.359	2.395	90.327						
9	0.328	2.188	92.516						

成分	初始特征值			提取载荷平方和			旋转载荷平方和		
	总计	方差 /%	累计占比 /%	总计	方差 /%	累计占比 /%	总计	方差 /%	累计占比 /%
10	0.275	1.833	94.348						
11	0.253	1.684	96.033						
12	0.190	1.267	97.300						
13	0.167	1.115	98.414						

注：提取方法为主成分分析法。

同理，从表 5-98 得知，全民健身短期志愿服务个人治理履行分量表第一个因子的初始特征值总计为 7.542，可以解释 13 个原始变量总方差的 58.016%；第二个因子的初始特征值总计为 1.104，可以解释 13 个原始变量总方差的 8.489%；2 个因子的方差贡献率累计百分比为 66.506%，故全民健身短期志愿服务个人治理履行分量表提取 2 个因子。

表 5-98 全民健身短期志愿服务个人治理履行分量表的总方差解释

成分	初始特征值			提取载荷平方和			旋转载荷平方和		
	总计	方差 /%	累计占比 /%	总计	方差 /%	累计占比 /%	总计	方差 /%	累计占比 /%
1	7.542	58.016	58.016	7.542	58.016	58.016	7.511	57.778	57.778
2	1.104	8.489	66.506	1.104	8.489	66.506	1.135	8.727	66.506
3	0.983	7.564	74.070						
4	0.835	6.426	80.495						
5	0.524	4.027	84.523						
6	0.410	3.155	87.678						

续表

成分	初始特征值			提取载荷平方和			旋转载荷平方和		
	总计	方差 /%	累计占比 /%	总计	方差 /%	累计占比 /%	总计	方差 /%	累计占比 /%
7	0.387	2.980	90.657						
8	0.272	2.093	92.750						
9	0.253	1.946	94.697						
10	0.227	1.744	96.440						
11	0.207	1.595	98.035						
12	0.146	1.127	99.162						
13	0.109	0.838	100.000						

注：提取方法为主成分分析法。

通过初步的因子分析，如表 5-99 所示，全民健身短期志愿服务组织治理履行和个人治理履行都呈现出稳定的二因子结构，但组织治理履行分量表中 AOG10 在因子 1 和因子 2 上的载荷均大于 0.5，个人治理履行分量表中 APG1 在因子 1 和因子 2 上的载荷均大于 0.5，根据相关统计原则，AOG10 和 APG1 予以删除。

表 5-99　全民健身短期志愿服务治理履行量表旋转成分矩阵

组织治理履行分量表			个人治理履行分量表		
题项	因子 1	因子 2	题项	因子 1	因子 2
AOG13	0.836		APG3	0.856	
AOG11	0.824		APG4	0.818	
AOG8	0.784		APG6	0.817	

组织治理履行分量表			个人治理履行分量表		
题项	因子 1	因子 2	题项	因子 1	因子 2
AOG15	0.775		APG7	0.813	
AOG9	0.759		APG8	0.805	
AOG14	0.758		APG5	0.794	
AOG12	0.758		APG1	0.684	0.592
AOG10	0.729	0.522	APG12		0.870
AOG1		0.769	APG11		0.829
AOG7		0.733	APG9		0.812
AOG3		0.723	APG10		0.796
AOG4		0.704	APG13		0.784
AOG5		0.618	APG2		0.728
AOG6		0.599			
AOG2		0.577			

二、探索性因子分析

在预测试的基础上，对剩余题项重新编码形成了正式测试问卷，最终共发放问卷 425 份，剔除无效问卷后，共回收有效问卷 400 份，问卷回收有效率为 94.1%。本研究抽取样本中的 120 份对全民健身短期志愿服务组织治理履行分量表和全民健身短期志愿服务个人治理履行分量表进行探索性因子分析。

（一）检验因子分析的可行性

研究采用 KMO 值和 Bartlett 球形检验表示变量间的相关性，结果如表 5-100 所示。全民健身短期志愿服务组织治理履行分量表和个人治理履行分量表的 KMO 值分别为 0.857 和 0.926；Bartlett 球形度检验的 $P=0$，说明全民健身短期志愿服务组织治理履行分量表和个人治理履行分量表都适合进行因子分析。

表 5-100　全民健身短期志愿服务治理履行各分量表 KMO 和 Bartlett 球形检验

检验参数		组织治理履行分量表	个人治理履行分量表
KMO		0.857	0.926
Bartlett 球形检验	χ^2	2 038.299	1 592.356
	df	91	66
	P	0	0

（二）探索性因子分析的结果

将全民健身短期志愿服务组织治理履行分量表和全民健身短期志愿服务个人治理履行分量表进行探索性因子分析，选择主成分分析方法，以特征根大于 1 为标准抽取共同因素，选择最大方差法旋转提取公因子，以因素负荷值大于 0.5 为条件，累计方差解释率需大于 40%。根据以上标准，如表 5-101 至表 5-103 所示，全民健身短期志愿服务组织治理履行分量表提取出 2 个因子，总方差解释为 79.379%；全民健身短期志愿服务个人治理履行分量表提取出 2 个因子，总方差解释为 81.625%。

表 5-101　全民健身短期志愿服务组织治理履行分量表探索性因子分析结果

题项	因子	
	1	2
AOG13	0.936	

题项	因子	
	1	2
AOG12	0.920	
AOG9	0.910	
AOG14	0.896	
AOG10	0.882	
AOG11	0.882	
AOG8	0.867	
AOG7		0.921
AOG5		0.893
AOG6		0.890
AOG3		0.890
AOG2		0.860
AOG4		0.854
AOG1		0.843

注：提取方法为主成分分析法；旋转方法为凯撒正态化最大方差法；旋转在 3 次迭代后已收敛。

表 5-102 全民健身短期志愿服务个人治理履行分量表探索性因子分析结果

题项	因子	
	1	2
APG2	0.873	
APG7	0.856	

题项	因子	
	1	2
APG3	0.852	
APG6	0.852	
APG4	0.832	
APG5	0.808	
APG11		0.911
APG10		0.888
APG8		0.807
APG9		0.805
APG12		0.791
APG1		0.674

注：提取方法为主成分分析法；旋转方法为凯撒正态化最大方差法；旋转在 3 次迭代后已收敛。

表 5-103　全民健身短期志愿服务治理履行量表各因子的特征根及解释总变异的占比

类型	因子	特征根	解释总变异的占比 /%	累计占比 /%
组织治理履行分量表	1	5.996	42.828	40.635
	2	5.117	36.552	79.379
个人治理履行分量表	1	8.353	69.610	42.336
	2	1.442	12.015	81.625

（三）全民健身短期志愿服务治理履行各分量表各因子命名

依据本章第一节"全民健身长期志愿服务治理期待量表编制与分析"中因子命名原则所述进行维度命名，全民健身短期志愿服务组织治理履行分量表因子 1 包含 AOG8、AOG9、AOG10、AOG11、AOG12、AOG13、AOG14，反映组织现实履行的措施，故命名为激励治理；因子 2 包含 AOG1、AOG2、AOG3、AOG4、AOG5、AOG6、AOG7，反映组织建立规章制度，规范组织的履行行为，故命名为规范治理。全民健身短期志愿服务个人治理履行分量表因子 1 包含 APG2、APG3、APG4、APG5、APG6、APG7，反映个人与组织和伙伴有和谐的氛围，故命名为关系治理；因子 2 包含 APG1、APG8、APG9、APG10、APG11、APG12，反映个人在服务中真正做到的行为措施，故命名为行为治理。

三、验证性因子分析

对 400 份问卷样本数据进行验证性因子分析，根据探索性因子分析结果，采用最大似然法建立模型以验证因子分析结果，对结构模型的拟合程度进行测评，如表 5-104、表 5-105 所示。

表 5-104　全民健身短期志愿服务组织治理履行拟合指数

模型	χ^2	df	χ^2/df	NFI	RFI	IFI	TLI	CFI	RMSEA
二因子	257.298	76	3.385	0.951	0.965	0.958	0.965	0.931	0.077

表 5-105　全民健身短期志愿服务个人治理履行拟合指数

模型	χ^2	df	χ^2/df	GFI	IFI	TLI	CFI	RMR	RMSEA
二因子	161.339	51	3.164	0.972	0.981	0.975	0.964	0.972	0.074

根据事前所建构的理论，验证性因子分析主要采用结构方程模型，利

用 AMOS 23.0 软件对两个分量表的结构进行验证性因子分析，如表 5-106、表 5-107、图 5-7 所示。

表 5-106　全民健身短期志愿服务组织治理履行分量表观测变量在潜变量上的因子负荷

激励治理		规范治理	
题项	负荷	题项	负荷
AOG8	0.883	AOG1	0.683
AOG9	0.915	AOG2	0.787
AOG10	0.906	AOG3	0.854
AOG11	0.800	AOG4	0.828
AOG12	0.822	AOG5	0.826
AOG13	0.910	AOG6	0.709
AOG14	0.872	AOG7	0.708

表 5-107　全民健身短期志愿服务个人治理履行分量表观测变量在潜变量上的因子负荷

关系治理		行为治理	
题项	负荷	题项	负荷
APG2	0.926	APG1	0.826
APG3	0.886	APG8	0.847
APG4	0.907	APG9	0.901
APG5	0.914	APG10	0.935
APG6	0.910	APG11	0.930
APG7	0.887	APG12	0.867

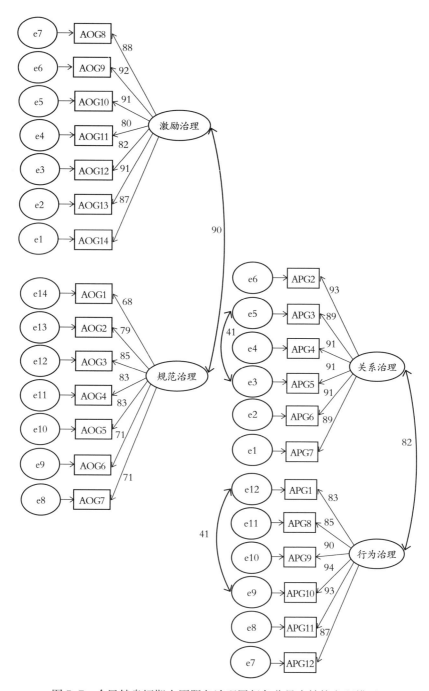

图 5-7 全民健身短期志愿服务治理履行各分量表结构方程模型

四、信度和效度分析

本研究采用分半信度和 Cronbach's α 信度对量表进行信度检验，采用内容效度和结构效度对量表进行效度检验。

（一）信度分析

1. 分半信度

两个分量表分半信度分析结果如表 5–108、表 5–109 所示，组织治理履行分量表 Guttman Split–Half 系数为 0.914，是可以接受的。题项分半后的两部分 Cronbach's α 值分别为 0.905 和 0.957，均大于 0.6。个人治理履行分量表 Guttman Split–Half 系数为 0.925，也是可以接受的。题项分半后的两部分 Cronbach's α 值分别为 0.949 和 0.950，均大于 0.6。因此，说明两个分量表的分半信度较好。

表 5–108　全民健身短期志愿服务组织治理履行分量表分半信度统计

Cronbach's α 值					表格之间的相关性	Spearman-Brown 系数		Guttman Split-Half 系数
部分 1		部分 2		总项数		等长	不等长	
值	项数	值	项数		0.844			0.914
0.905	7ª	0.957	7ᵇ	14		0.915	0.915	

注：a 项为 AOG1，AOG2，AOG3，AOG4，AOG5，AOG6，AOG7；b 项为 AOG8，AOG9，AOG10，AOG11，AOG12，AOG13，AOG14。

表 5–109　全民健身短期志愿服务个人治理履行分量表分半信度统计

Cronbach's α 值					表格之间的相关性	Spearman-Brown 系数		Guttman Split-Half 系数
部分 1		部分 2		总项数		等长	不等长	
值	项数	值	项数		0.868			0.925
0.949	6ª	0.950	6ᵇ	12		0.929	0.929	

注：a 项为 APG1，APG2，APG3，APG4，APG5，APG6；b 项为 APG7，APG8，APG9，APG10，APG11，APG12。

2. Cronbach's a 信度

从表 5-110、表 5-111 可以看出，两个分量表的信度值高于 0.9，说明问卷题项具有可信度，而且每个题项校正后总体相关系数高于 0.5。因此，说明两个分量表具有极高的可信度。

表 5-110　全民健身短期志愿服务组织治理履行分量表的 CITC 和信度分析

题项编号	CITC	删除项后的 Cronbach's a 值	量表的 Cronbach's a 值
AOG1	0.637	0.960	a=0.960
AOG2	0.753	0.957	
AOG3	0.793	0.957	
AOG4	0.770	0.957	
AOG5	0.785	0.957	
AOG6	0.702	0.960	
AOG7	0.675	0.959	
AOG8	0.845	0.955	
AOG9	0.886	0.954	
AOG10	0.857	0.955	
AOG11	0.769	0.957	
AOG12	0.773	0.957	
AOG13	0.873	0.955	
AOG14	0.835	0.956	

表 5-111　全民健身短期志愿服务个人治理履行分量表的 CITC 和信度分析

题项编号	CITC	删除项后的 Cronbach's a 值	量表的 Cronbach's a 值
APG1	0.785	0.967	a=0.969

题项编号	CITC	删除项后的 Cronbach's α 值	量表的 Cronbach's α 值
APG2	0.851	0.966	
APG3	0.808	0.967	
APG4	0.864	0.965	
APG5	0.836	0.966	
APG6	0.855	0.965	
APG7	0.838	0.966	$\alpha=0.969$
APG8	0.805	0.967	
APG9	0.862	0.965	
APG10	0.860	0.965	
APG11	0.854	0.965	
APG12	0.826	0.966	

（二）效度分析

基于前述理论，量表的效度检验采用内容效度和结构效度。本量表的题项是在国内外学者研究成果的基础上，查阅国内外相关文献并结合访谈，尽可能找出完备的全部题项，再进行小组访谈，对题项进行修订和补充，后逐条对题项的必要性进行论证。内容效度是针对测量工具的目标和内容，以系统的逻辑方法来详细分析，采用专家定性判断，对于内容效度不好的题项进行删除或修正，形成了初步量表后，经过预测试，删除了影响量表信度和效度的题项，得到了最终的量表。然后，通过探索性因子分析和验证性因子分析对量表进行验证，以保证量表的内容效度。结构效度如表 5-112 所示，组织治理履行分量表和个人治理履行分量表 KMO 值均大于 0.8，KMO 值越接近于 1，意味着变量间的相关性越强，说明两个分量表的各变量之间都有很强的相关性；同时，P 值均小于 0.01，具有显著性，说明两个分量表都具有很高的效度。

表 5-112　全民健身短期志愿服务治理履行各分量表效度

检验参数		组织治理履行分量表	个人治理履行分量表
KMO		0.962	0.952
Bartlett 球形检验	χ^2	5 149.355	5 771.379
	df	91	66
	P	0	0

五、内部关系分析

（一）全民健身短期志愿服务治理履行内容分析

综上所述，我国全民健身短期志愿服务治理履行量表中，组织治理履行分量表由规范治理和激励治理两个维度组成，个人治理履行分量表由行为治理和关系治理两个维度组成，各维度阐释如表 5-113 所示。

表 5-113　全民健身短期志愿服务治理履行各分量表维度释义

组织治理履行	具体含义	个人治理履行	具体含义
规范治理	规范治理是指在全民健身短期志愿服务中，组织建立规章制度，规范组织的履行行为	行为治理	行为治理是指在全民健身短期志愿服务中，个人在服务中真正做到的行为措施
激励治理	激励治理是指在全民健身短期志愿服务中，为推进志愿服务有效开展，组织现实履行的措施	关系治理	关系治理是指在全民健身短期志愿服务中，个人与组织和伙伴有和谐的氛围

（二）全民健身短期志愿服务分量表潜变量回归分析

运用多元线性回归分析进一步探讨组织治理履行分量表对个人治理履行分量表的影响，其中自变量为组织治理履行分量表的两个维度：规范治理和激励治理，因变量为个人治理履行分量表的两个维度：行为治理和关系治理。回归结果如表5-114所示。

表5-114 全民健身短期志愿服务组织治理履行分量表对个人治理履行分量表的回归分析

自变量 因变量	行为治理		关系治理	
	Beta	t	Beta	t
规范治理	0.138	2.940**	0.282	5.419***
激励治理	0.746	15.929***	0.579	11.135***
F	592.202		442.643	
R^2	0.749		0.690	

注：** 表示 $P < 0.01$，*** 表示 $P < 0.001$。

个人治理履行分量表行为治理维度的回归分析中，组织治理履行分量表的两个维度共同解释变异量是74.9%。规范治理维度和激励治理维度对于信任治理维度的预测力均达到了显著水平，即具有显著的正向影响。个人治理履行分量表关系治理维度的回归分析中，组织治理履行分量表的两个维度共同解释变异量是69%。规范治理维度和激励治理维度对于关系治理维度的预测力也均达到显著水平，即具有显著的正向影响。

（三）全民健身短期志愿服务分量表维度相关性分析

对两个分量表的主要变量进行相关分析，发现组织治理履行分量表和个人治理履行分量表各维度之间，即规范治理、激励治理、行为治理和关系治理之间均存在显著相关（$P < 0.01$），如表5-115所示。

表5-115　全民健身短期志愿服务治理履行各分量表维度之间主要变量的相关性分析

题项		组织治理履行			
		规范治理	激励治理	行为治理	关系治理
个人治理履行	规范治理	1	0.844**	0.767**	0.771**
	激励治理	0.844**	1	0.862**	0.817**
	行为治理	0.767**	0.862**	1	0.805**
	关系治理	0.771**	0.817**	0.805**	1

注：** 在 0.01 级别（双尾），相关性显著。

（四）全民健身短期志愿服务组织治理履行对个人治理履行的影响

全民健身短期志愿者感知的组织治理履行的情况，会影响其作为组织内部一员对组织的短期履行情况，全民健身短期志愿服务治理履行量表的组织治理履行和个人治理履行相互影响，也受到一些其他变量的影响。本研究采用路径分析方法分析组织治理履行分量表对个人治理履行分量表的影响。如图 5-8 所示，路径分析的结果显示全民健身短期志愿服务可感知组织实际履行影响全民健身短期志愿者实际履行的情况。

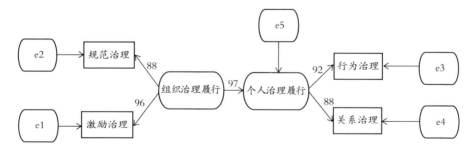

图 5-8　全民健身短期志愿服务组织治理履行分量表各维度对个人治理履行分量表各维度影响的结构模型

六、数据分析

（一）全民健身短期志愿服务组织治理履行分量表概况

大部分全民健身短期志愿者选择了一般、满意、非常满意三项，如表 5-116 所示，每个题项的平均数都大于 4 分，可以看出志愿者对于组织的履行情况基本满意度。组织治理履行得分越高，反映出组织对志愿工作越重视，积极采取措施规范治理，积极提高志愿服务质量。

表 5-116　全民健身短期志愿服务组织治理履行分量表选项分布

题项		分布形态 /%					平均数	标准差
		完全不满意	不满意	一般	满意	非常满意		
规范治理	A0G1	2.0	3.0	21.3	29.3	44.5	4.11	0.97
	A0G2	1.0	2.5	18.5	24.3	53.8	4.27	0.91
	A0G3	1.0	2.3	13.5	19.3	64.0	4.43	0.87
	A0G4	1.0	1.5	16.3	25.0	56.3	4.34	0.87
	A0G5	1.0	2.5	22.3	20.3	54.0	4.24	0.94
	A0G6	4.0	8.5	21.5	15.5	50.5	4.00	1.19
	A0G7	3.0	4.8	14.5	22.8	55.0	4.22	1.05
激励治理	A0G8	2.0	2.8	19.8	20.8	54.8	4.23	0.99
	A0G9	2.5	2.0	17.3	26.0	52.3	4.23	0.97
	A0G10	2.0	2.8	17.8	23.8	53.8	4.25	0.97
	A0G11	2.5	2.5	16.8	22.8	55.5	4.26	0.99
	A0G12	1.0	2.0	18.8	23.8	54.5	4.29	0.90
	A0G13	1.5	3.5	15.3	21.8	58.0	4.31	0.95
	A0G14	2.0	1.0	12.3	24.8	60.0	4.40	0.88

（二）全民健身短期志愿服务个人治理履行分量表概况

大部分全民健身短期志愿者选择了一般、比较必要和非常必要三项，如表5–117所示，每个题项的平均得分大于4.3分。面对自己实际履行的情况，志愿者表现出有担当、严格要求，遵守组织规章条例，在组织准许的范围内提高自己的行为表现，也体现了全民健身短期志愿者这一群体崇高的道德感。

表5–117　全民健身短期志愿服务个人治理履行分量表选项分布

题项		分布形态 /%					平均数	标准差
		完全不满意	不满意	一般	满意	非常满意		
行为治理	APG1	1.5	1.5	14.3	24.8	58.0	4.36	0.88
	APG8	2.0	4.0	15.5	15.3	63.3	4.34	1.00
	APG9	2.0	2.8	15.3	20.3	59.8	4.33	0.96
	APG10	1.5	3.8	15.5	20.8	58.5	4.31	0.96
	APG11	3.0	3.3	15.3	17.5	61.0	4.30	1.03
	APG12	1.5	2.3	14.8	22.0	59.5	4.36	0.91
关系治理	APG2	2.0	0.5	7.8	18.8	71.0	4.56	0.82
	APG3	1.5	0.5	9.0	23.0	66.0	4.52	0.80
	APG4	1.5	1.3	11.5	20.0	65.8	4.47	0.85
	APG5	2.0	0.8	9.5	19.3	68.5	4.52	0.85
	APG6	2.0	0	10.5	21.3	66.3	4.50	0.83
	APG7	1.5	1.8	10.0	17.3	69.5	4.51	0.85

（三）全民健身短期志愿服务治理履行维度得分概况

全民健身短期志愿服务治理履行量表问卷调查结果如表5–118所示。组织治理履行（总体）分量表的均值为 4.25，标准差为 0.78。其中，规范治理维度的均值为 4.23，标准差为 0.78，激励治理维度的均值为 4.28，标准差为 0.85，反映了全民健身短期志愿服务组织积极履行自身职责，规范组织行为，制定激励措施为志愿服务打造良好的环境，加强志愿服务组织治理。激励治理维度的得分最高，表明组织积极打造多种形式的激励平台，促进组织治理履行发展，以便更好地开展工作。个人治理履行（总体）分量表的均值为 4.42，标准差为 0.77。其中，行为治理维度的均值为 4.33，标准差为 0.86；关系治理维度的均值为 4.51，标准差为 0.77。志愿者在现实中对自己的履行给予很高的评价，反映了志愿者严格要求自己，为志愿服务奉献自我，在组织准许的范围内开展活动。最高分是关系治理维度，反映出志愿者在参与志愿服务时，能够与组织和个人保持良好的关系，遵守组织规章，规范自身行为，更好地参与志愿服务工作。

表 5-118　全民健身短期志愿服务治理履行各分量表维度得分概况

题项	样本量 / 人	均值	标准差
组织治理履行（总体）	400	4.25	0.78
规范治理	400	4.23	0.78
激励治理	400	4.28	0.85
个人治理履行（总体）	400	4.42	0.77
行为治理	400	4.33	0.86
关系治理	400	4.51	0.77

（四）全民健身短期志愿服务不同人口学特征对比分析

1. 不同性别比较

不同性别志愿者对组织治理履行分量表各维度的得分结果如表5-119所示，不同性别全民健身短期志愿者在组织治理履行分量表各维度的得分平均值差异并不大，在规范治理和激励治理维度中，男性分值都高于女性，说明男性在短期志愿服务中更需要组织规章条例的约束，用高效的激励治理措施规范志愿者的工作。因短期志愿服务工作时间较短，男女性别的差异显现不出来，经验证以性别为因素分析组织治理履行分量表在规范治理和激励治理维度无显著性差异。需要组织自身完善相关治理条例，保障志愿者权益，制定长效化培养机制等，促进组织治理履行的提高。

表 5-119 不同性别全民健身短期志愿服务组织治理履行分量表描述性统计

题项	性别	均值	样本量 / 人	标准差	标准误
规范治理	男	4.23	237	0.85	0.05
	女	4.22	163	0.66	0.05
激励治理	男	4.30	237	0.89	0.05
	女	4.24	163	0.78	0.06

不同性别志愿者对个人治理履行分量表各维度统计结果如表 5-120 所示，不同性别的全民健身短期志愿者在个人治理履行分量表各维度的得分平均值差异并不大，在行为治理维度中均值相等，在关系治理维度中女性得分稍高于男性，说明女性更重视人际关系维护。此外，男女性志愿者可以控制自己的行为，明确自己的岗位职责，应对志愿服务工作中的突发事件，提升个人治理履行行为。总体来说，性别在对个人治理履行方面没有很大的差异性。

表 5-120 不同性别全民健身短期志愿服务个人治理履行分量表描述性统计

题项	性别	均值	样本量 / 人	标准差	标准误
行为治理	男	4.33	237	0.94	0.06
	女	4.33	163	0.75	0.05
关系治理	男	4.46	237	0.87	0.05
	女	4.57	163	0.57	0.04

2. 不同学历比较

（1）不同学历组织治理履行差异性检验。

不同学历在组织治理履行分量表两个维度上的差异性检验结果如表 5–121 所示。以学历为因素对组织治理履行分量表的各个维度分别进行单因素分析，其 F 值分别为 2.688 和 5.843，P 值分别为 0.021 和 0，说明以不同学历为因素分析组织治理履行分量表的规范治理维度、激励治理维度都存在显著性差异。不同学历的志愿者在参与志愿服务时，由于自身思想觉悟的高低对志愿服务的履行有所不同，这就需要组织开展多样的培训活动，增强其荣誉感及责任心，制定激励与评价机制，吸引更多的志愿者参与，促进组织治理履行。

表 5–121　不同学历全民健身短期志愿服务组织治理履行分量表差异性检验

学历	规范治理		激励治理	
	均值	标准差	均值	标准差
大专及以下	4.17	0.61	4.21	0.70
本科一年级	4.15	0.68	3.71	1.41
本科二年级	4.42	0.74	4.57	0.78
本科三年级	4.17	0.94	4.21	0.95
本科四年级	4.13	0.85	4.20	0.86
硕士及以上	4.09	0.68	4.07	0.72
F	2.688		5.843	
P	0.021		0	

（2）不同学历个人治理履行差异性检验。

不同学历在个人治理履行分量表两个维度上的差异性检验结果如表 5–122 所示。以学历为因素对个人治理履行分量表的各个维度分别进行单因素分析，其 F 值分别为 5.596 和 2.793，P 值分别为 0 和 0.017，说明以学历为因素分析个人治理履行分量表的行为治理维度、关系治理维度都存在显著性差异。不同学历的志愿者在志愿服务中履行程度不同。志愿者应积极参与组织举办的各种培训活动，增强与志愿者之间的交流与沟通，规范自身行为，促进个人治理履行的提高。

表 5-122　不同学历全民健身短期志愿服务个人治理履行分量表差异性检验

学历	行为治理		关系治理	
	均值	标准差	均值	标准差
大专及以下	4.25	0.81	4.29	0.89
本科一年级	4.18	0.88	4.30	0.78
本科二年级	4.61	0.77	4.68	0.72
本科三年级	4.35	0.96	4.35	0.99
本科四年级	4.23	0.93	4.56	0.78
硕士及以上	4.06	0.80	4.39	0.63
F	5.596		2.793	
P	0		0.017	

3. 不同协会职务比较

（1）不同协会职务组织治理履行差异性检验。

不同协会职务志愿者对组织治理履行分量表描述性统计结果如表 5-123 所示，不同协会职务的组织治理履行分量表各维度的得分平均值差异不大。在规范治理维度、激励治理维度中，组织管理者得分高于普通成员，说明组织管理者对于现实履行有一定的要求，追求更高的成长发展，提高组织治理水平。经检验，以不同协会职务为因素分析组织治理履行分量表的规范治理、激励治理维度无显著性差异。协会中的组织管理者和普通成员都是为了志愿服务工作。志愿服务组织制度的完善、培训活动的开展、有效的激励与诱导等措施都是组织应该加强的方面，以提高组织治理履行的水平。

表 5-123　不同协会职务全民健身短期志愿服务组织治理履行分量表描述性统计

题项	职务	均值	样本量 / 人	标准差	标准误
规范治理	组织管理者	4.29	61	0.66	0.08
	普通成员	4.21	339	0.80	0.04
激励治理	组织管理者	4.35	61	0.69	0.08
	普通成员	4.26	339	0.87	0.04

（2）不同协会职务个人治理履行差异性检验。

不同协会职务个人治理履行分量表描述性统计结果如表 5-124 所示，不同协会职务的个人治理履行分量表各维度的得分平均值差异不大。但在行为治理维度、关系治理维度中，组织管理者得分高于普通成员。经检验，以不同协会职务为因素分析个人治理履行分量表的行为治理、关系治理维度均无显著性差异。组织管理者和普通成员参与志愿服务，在志愿服务规则下工作，更多依靠的是志愿者自身能力的发挥、自身行为的约束等。建立良好的志愿服务治理环境可提高个人履行的程度。

表 5-124　不同协会职务全民健身短期志愿服务个人治理履行分量表描述性统计

题项	职务	均值	样本量 / 人	标准差	标准误
行为治理	组织管理者	4.41	61	0.70	0.09
	普通成员	4.31	339	0.89	0.04
关系治理	组织管理者	4.65	61	0.57	0.07
	普通成员	4.48	339	0.79	0.04

七、全民健身短期志愿服务治理期待与治理履行对比分析

组织治理期待主要侧重于对组织希望治理的方面，更好地发展志愿服务；组织治理履行是现实中对组织实际履行情况的描述，组织是否做到期待治理的部分，从而激励组织治理履行的推进。个人治理期待与个人治理履行反映组织和志愿者之间的信任和认同关系，现实履行中更多的是自身行为和组织与志愿者之间、志愿者与志愿者之间的关系问题。以心理契约理论为基础，对全民健身短期志愿服务的治理期待和治理履行进行分析，虽然组织治理期待强调组织提供的保障措施和沟通机制，组织治理履行实际做到的却是规范和激励志愿者，以期更好地为体育赛事服务。个人治理期待侧重志愿者之间能够相互信任和认同，创建和谐的环境；个人治理履行侧重自身的行为与志愿者之间关系的创建，虽有不同，但也有相同之处，与心理契约期待方面异曲同工。

从组织分量表分析结果来看，不同性别和不同学历的志愿者在组织治理期待和组织治理履行分量表各维度的得分平均值差异不大，再进行 t 检验显示以性别为因素分析组织治理期待和组织治理履行分量表各维度之间无显著性差异。以不同学历为因素分析组织治理期待无差异性，而组织治理履行存在差异性。以不同协会职务为因素分析组织治理期待分量表各维度，保障治理维度无显著性差异，沟通治理维度存在显著性差异，组织管理者得分普遍都高于普通成员。从组织分量表的对比分析可以看出男女性在参加短期志愿服务时，女性期待组织治理较多，期待组织提供多方面的帮助，男性积极性高。不同学历对组织治理期待和组织治理履行存在差异：在期待方面，各个群体的期待是一致的；在具体履行时，由于知识水平层次的不同，在行为方面出现了不一致。

从个人分量表分析结果来看，不同性别的志愿者得分差异性不大，个人治理期待中女性得分都高于男性，个人治理履行中男性得分高于女性；在个人治理期待中，信任治理维度存在差异性，认同治理维度无差异性；在个人治理履行中，行为治理维度均值相等，关系治理维度女性得分高于男性。以不同学历为因素分析个人治理期待分量表各维度之间都存在显著性差异，而治理履行各分量表各维度无显著性差异。不同协会职务个人治理期待和治理履行分量表各

维度的得分平均值差异不大，在信任治理维度存在显著性差异，组织管理者得分都高于普通成员。个人分量表的对比分析说明男女性在对个人治理履行分量表各维度没有很大的差异性，行为一致，不同学历的志愿者在治理期待存在差异性，在治理履行无差异性，说明学历不能作为评判志愿者志愿服务好坏的标准。在个人治理期待中，组织管理者得分比普通成员高，组织和志愿者之间拥有良好的氛围，组织能够提供一定的保障和引导。在全民健身短期志愿服务中，志愿者参与的主要是大型体育赛事，由组织引导志愿者，对个人的现实履行要求比较高。

综上所述，在全民健身短期志愿服务中，志愿者的治理期待和治理履行得分都比较高，表现出有担当、自我严格要求，这也体现了志愿者这一群体崇高的道德感。

八、全民健身志愿服务治理量表小结

本章第一节和第二节主要对全民健身志愿服务治理期待量表的构建过程进行了详细说明，最终确定了全民健身志愿服务治理期待量表分为全民健身长期志愿服务治理期待量表和全民健身短期志愿服务治理期待量表。其中全民健身长期志愿服务治理期待量表又分为组织治理期待分量表（规范治理、诱导治理和沟通治理）和个人治理期待分量表（现实治理和行为治理）；全民健身短期志愿服务治理期待量表又分为组织治理期待分量表（保障治理和沟通治理）和个人治理期待分量表（信任治理和认同治理）。探讨了全民健身长期志愿服务期待与短期志愿服务期待之间的关系和影响因素。第三节和第四节主要构建了全民健身志愿服务治理履行量表，最终确定了全民健身志愿服务治理履行量表分为全民健身长期志愿服务治理履行量表和全民健身短期志愿服务治理履行量表。全民健身长期志愿服务治理履行量表又分为组织治理履行分量表（引导与培养和沟通与共建）和个人治理履行分量表（规范治理和行为治理）；全民健身短期志愿服务治理履行量表又分为组织治理履行分量表（规范治理和激励治理）和个人治理履行分量表（关系治理和行为治理）。

（一）全民健身志愿服务治理量表的信效度

本量表用分半信度和 Cronbach's α 信度来加以检验，检验量表的内部一致性，一般认为当 Cronbach's α 值大于 0.7 时，表明该量表的信度较高。本研究所编制的全民健身志愿服务治理量表分为全民健身长期志愿服务治理期待和治理履行量表、全民健身短期志愿服务治理期待和治理履行量表。全民健身志愿服务治理期待和治理履行量表又分为组织治理期待和个人治理期待分量表。全民健身长期志愿服务组织治理期待、全民健身长期志愿服务个人治理期待、全民健身短期志愿服务组织治理期待、全民健身短期志愿服务个人治理期待、全民健身长期志愿服务组织治理履行、全民健身长期志愿服务个人治理履行、全民健身短期志愿服务组织治理履行、全民健身短期志愿服务个人治理履行等分量表的分半信度和 Cronbach's α 信度分析的结果表明，全民健身志愿服务治理量表具有较好的内部一致性和稳定性。本研究对于量表效度的评估，经探索性因子分析和验证性因子分析后，全民健身长期志愿服务组织治理期待形成 3 个维度 18 个因子；全民健身长期志愿服务个人治理期待形成 2 个维度 12 个因子；全民健身短期志愿服务组织治理期待形成 2 个维度 11 个因子；全民健身短期志愿服务个人治理期待形成 2 个维度 10 个因子；全民健身长期志愿服务组织治理履行形成 2 个维度 14 个因子；全民健身长期志愿服务个人治理履行形成 2 个维度 11 个因子；全民健身短期志愿服务组织治理履行形成 2 个维度 14 个因子；全民健身短期志愿服务个人治理履行形成 2 个维度 12 个因子。组织治理层面共 22 个题项，个人治理层面共 15 个题项，CFI、TLI 值均大于 0.90，说明全民健身志愿服务治理量表具有良好的结构效度。

总体而言，全民健身志愿服务治理量表结构较为合理，具有良好的信效度，符合心理测量学指标，可以当作全民健身志愿者志愿服务的评测工具，为志愿服务治理提供重要参照，也可以作为研究工具用于全民健身志愿服务治理情况的调查研究。

（二）编制全民健身志愿服务治理量表的意义

以心理契约理论为依据，编制全民健身志愿服务治理量表，可以实现志愿服务治理的定量化评定，从而对志愿服务期待治理内容和实际履行行为进行分析，为全民健身志愿者的治理提供科学依据。全民健身志愿者在参与志愿服务过程中的积极性，与全民健身志愿者在志愿服务活动中的行为息息相关。对全民健身志愿者在参加志愿服务时的心理活动、期待治理的措施和实际做到的活动进行分析，可以从组织层面和个人层面评价全民健身长期志愿服务和短期志愿服务的治理情况。组织层面涵盖了志愿组织对志愿者提供的后勤保障、个人能力发挥、专业培训以及发展前景等方面所负的责任与担当，表明组织期待往更好的方向发展。个人层面主要展现为全民健身志愿者对自身行为的规范约束、积极服务志愿服务对象，通过在志愿服务治理中的期待和表现，评测全民健身志愿者的行为。

第五节　全民健身志愿服务治理绩效问卷构建与分析

一、治理绩效内涵及相关研究

绩效是指组织、团队或个人在一定的资源、条件和环境下，完成任务的出色程度，是对目标实现程度及达成效率的衡量与反馈，是一种管理学概念，指成绩与成效的综合，是一定时期内的工作行为、方式、结果及其产生的客观影响。在企业等组织中，绩效通常用于评定员工工作完成情况、职责履行程度和成长情况等。绩效从管理学角度分为组织绩效和个人绩效。治理绩效是政府、公司或组织等治理主体通过实施战略行为与控制行为，履行主体治理的战略职能和控制职能而达成的治理效果，包括以组织为治理主体，通过实施其战略行为与控制行为，履行组织治理的战略职能和控制职能而达成的治理效果和以个人为治理主体，通过实施战略行为与控制行为，履行其治理的战略和控制职能而达成的治理效果。

社会工作者参与社会治理的规范一般包括两层含义：一是对社会工作者参与社会治理的角色、作用的规定，即社会工作者能做什么，或应该做什么；二是对社会工作者行动的规范化和效果的监督评价。就我国当前的情况而言，对社会工作者进行规范的任务首先是制度化，要建立相关制度，引导、指导、约束、激励社会工作者的行为，规范方法是对社会工作者参与社会治理的活动领域、专业服务要求、工作纪律等给出的具体指引和约束。或者说，这些规范会具体地载明，社会工作者参与社会治理应该做什么、不能做什么以及做到什么程度。[1] 社会工作者为提升绩效应该在价值理念、工作伦理、实施服务、社会交代等方面自我约束，自我规范行为，并对其行为进行治理。叶继红（2021）[2]认为，提高农转居社区的治理绩效在于优化各治理主体结构，强化各主体的能力建设，注重形成整体合力。张廷君等（2021）[3]认为，政府公共服务效能存在机关内部绩效管理推行难、组织绩效与个人绩效衔接机制不完善等问题。王杨（2021）[4]认为在发展以社区为载体的社区社会资本中，应该发挥信任、网络和规范提高社区管理和秩序水平的作用，在原有单位认同的基础上，建立社区认同，提高社区治理绩效。郑姗姗（2021）[5]认为社区治理绩效增进是邻里社区建构、社会距离、权力距离和社区融合同时改善的共同结果。治理绩效运用在全民健身志愿服务中表示志愿者在志愿服务活动中的完成和满意程度，主要探讨在长、短期志愿服务过程中，志愿者对组织和个人责任期待和行为履行的满意程度。

[1] 王思斌. 在发展中规范社会工作参与社会治理 [J]. 中国社会工作，2021（7）：9.
[2] 叶继红. 农转居社区治理能力：维度、影响因素与提升路径 [J]. 中州学刊，2021（2）：59–65.
[3] 张廷君，胡佳君，林娟. 治理导向型绩效管理：政府绩效管理中的税务模式及保障体系 [J]. 税务研究，2021（8）：101–106.
[4] 王杨. 政策工具与治理绩效：党建引领社区治理的多案例分析 [J]. 东北大学学报（社会科学版），2021，23（5）：54–62.
[5] 郑姗姗. 参与式社区治理的实践路径与建构机制——基于互动仪式理论的多案例研究 [J]. 中国地质大学学报（社会科学版），2021，21（2）：119–129.

二、治理绩效问卷的编制、发放和相关分析

（一）治理绩效问卷的编制和发放

通过查阅国内外治理绩效文献，了解相关概念和理论，并参考相关问卷收集测量项目，编制全民健身志愿服务治理绩效问卷，发放问卷 380 份，回收有效问卷 365 份，有效问卷率为 96.05%，问卷采用利克特量表 5 点计分法，"1"表示非常不同意，"2"表示比较不满意，"3"表示一般，"4"表示比较满意，"5"表示非常同意，以下题项编号中 POG 和 PPG 分别表示组织治理绩效和个人治理绩效。

（二）治理绩效问卷相关分析

1. 治理绩效问卷信度分析

（1）全民健身长期志愿服务治理绩效问卷信度分析。

从表 5–125、表 5–126 可以看出，全民健身长期志愿服务治理绩效各分问卷的信度值均高于 0.8，说明问卷题项都是具有可信度的，且每个题项校正后总体相关系数高于 0.5。因此，说明全民健身长期志愿服务组织治理绩效分问卷和个人治理绩效分问卷具有极高的可信度。

表 5–125　全民健身长期志愿服务组织治理绩效分问卷的 CITC 和信度分析

题项编号	CITC	删除项后的 Cronbach's α 值	量表的 Cronbach's α 值
POG1	0.684	0.902	
POG2	0.729	0.898	
POG3	0.703	0.901	
POG4	0.754	0.896	
POG5	0.699	0.900	$\alpha=0.911$
POG6	0.762	0.895	
POG7	0.710	0.900	
POG8	0.679	0.903	

表 5-126 全民健身长期志愿服务个人治理绩效分问卷的 CITC 和信度分析

题项编号	CITC	删除项后的 Cronbach's α 值	量表的 Cronbach's α 值
PPG1	0.740	0.906	
PPG2	0.766	0.903	
PPG3	0.788	0.900	
PPG4	0.767	0.903	α=0.911
PPG5	0.763	0.903	
PPG6	0.776	0.901	

（2）全民健身短期志愿服务治理绩效问卷信度分析。

从表 5-127、表 5-128 可以看出，全民健身短期志愿服务治理绩效各分问卷的信度值均高于 0.9，且每个题项校正后总体相关系数均高于 0.5。因此，说明全民健身短期志愿服务组织治理绩效分问卷和个人治理绩效分问卷具有极高的可信度。

表 5-127 全民健身短期志愿服务组织治理绩效分问卷的 CITC 和信度分析

题项编号	CITC	删除项后的 Cronbach's α 值	量表的 Cronbach's α 值
POG1	0.819	0.930	
POG2	0.801	0.932	
POG3	0.809	0.931	
POG4	0.798	0.932	
POG5	0.681	0.941	α=0.940
POG6	0.814	0.931	
POG7	0.786	0.933	
POG8	0.816	0.930	

表 5-128　全民健身短期志愿服务个人治理绩效分问卷的 CITC 和信度分析

题项编号	CITC	删除项后的 Cronbach's α 值	量表的 Cronbach's α 值
PPG1	0.867	0.941	
PPG2	0.852	0.943	
PPG3	0.852	0.943	α=0.952
PPG4	0.861	0.943	
PPG5	0.842	0.944	
PPG6	0.846	0.944	

2. 治理绩效问卷效度分析

（1）全民健身长期志愿服务治理绩效问卷效度分析。

如表 5-129 所示，全民健身长期志愿服务组织治理绩效分问卷和个人治理绩效分问卷的 KMO 值均大于 0.8，KMO 值越接近于 1，意味着变量间的相关性越强，说明组织治理绩效分问卷和个人治理绩效分问卷中的各变量之间都有很强的相关性；P 值均小于 0.01，具有显著性，说明组织治理绩效分问卷和个人治理绩效分问卷都具有较好效度。

表 5-129　全民健身长期志愿服务治理绩效各分问卷效度

检验参数		组织治理绩效分问卷	个人治理绩效分问卷
KMO		0.890	0.881
Bartlett 球形检验	χ^2	1 958.704	1 486.410
	df	28	15
	P	0	0

（2）全民健身短期志愿服务治理绩效问卷效度分析。

如表 5-130 所示，全民健身短期志愿服务组织治理绩效分问卷和个人治理绩效分问卷的 KMO 值均大于 0.9，KMO 值越接近于 1，意味着变量间的相关性越强，说明组织治理绩效分问卷和个人治理绩效分问卷中的各变量之间都有很强的相关性；P 值均小于 0.01，具有显著性，说明组织治理绩效分问卷和个人治理绩效分问卷都具有较好效度。

表 5-130　全民健身短期志愿服务治理绩效各分问卷效度

检验参数		组织治理绩效分问卷	个人治理绩效分问卷
KMO		0.925	0.902
Bartlett 球形检验	χ^2	2 636.797	2 442.464
	df	28	15
	P	0	0

3. 治理绩效问卷描述性统计分析

（1）全民健身长期志愿服务治理绩效问卷描述性统计分析。

全民健身长期志愿服务治理绩效问卷描述性统计结果如表 5-131 所示，包括均值、样本量、标准差、极小值和极大值。结果显示全民健身长期志愿服务的组织治理绩效的得分平均值小于个人治理绩效的得分，表明个人更能在现实中很好地履行自己的责任和义务，言行一致。

表 5-131　全民健身长期志愿服务治理绩效问卷描述性统计

题项	均值	样本量 / 人	标准差	极小值	极大值
组织治理绩效	3.96	365	0.81	1	5
个人治理绩效	4.39	365	0.71	1	5

（2）全民健身短期志愿服务治理绩效问卷描述性统计分析。

全民健身短期志愿服务治理绩效问卷描述性统计结果如表 5-132 所示，包括均值、样本量、标准差、极小值和极大值。结果显示在全民健身短期志愿服务活动中，组织治理绩效和个人治理绩效得分平均值差异并不大，其中个人治理绩效的平均值得分大于组织治理绩效，表示个人在短期志愿服务活动中能够规范自身行为。

表 5-132　全民健身短期志愿服务治理绩效问卷描述性统计

题项	均值	样本量 / 人	标准差	极小值	极大值
组织治理绩效	4.28	400	0.79	1	5
个人治理绩效	4.39	400	0.82	1	5

三、治理期待、治理履行和治理绩效三者分析

全民健身志愿服务治理期待量表分为全民健身长期志愿服务治理期待量表和全民健身短期志愿服务治理期待量表；全民健身志愿服务治理履行量表分为全民健身长期志愿服务治理履行量表和全民健身短期志愿服务治理履行量表。前述分析了全民健身长、短期志愿服务治理期待之间的关系，治理期待与治理履行的关系，发现治理期待与治理履行息息相关，治理期待在一定程度上影响着治理履行的程度；治理履行做得好不好，在一定程度上也影响着治理绩效的好坏。全民健身志愿者治理期待的高低反映着其自身的思想和在志愿服务中期待做到的程度，治理履行反映志愿者在现实生活中的行为。履行情况的高低影响全民健身志愿服务组织活动的开展，对治理绩效产生作用。治理绩效是志愿服务活动中实施治理情况的完成结果。治理期待和治理履行对治理绩效的好坏起着很大的作用。

第六章

全民健身志愿服务治理机制

第一节 研究假设与理论模型构建

一、全民健身志愿服务治理维度梳理

本研究选取全民健身长、短期志愿服务的志愿者进行治理期待、治理履行、治理绩效各维度及关系的探讨。

（一）全民健身志愿服务治理期待维度

根据前文对心理契约理论的分析，全民健身志愿服务的治理期待包括组织治理期待和个人治理期待两个维度。

1. 组织治理期待

依据前述研究，全民健身志愿服务组织治理期待主要包含四个维度：规范治理、诱导治理、沟通治理、保障治理。全民健身长期志愿服务组织治理期待包含三个维度：①规范治理。指在全民健身长期志愿服务中，组织期待相应的制度规范。②诱导治理。指在全民健身长期志愿服务中，组织期待能够提供保障和奖励引导全民健身志愿者参与全民健身长期志愿服务工作。③沟通治理。指在全民健身志愿服务过程中，组织期待有良好的沟通，领会组织意图，建立良好的沟通治理机制。

全民健身短期志愿服务组织治理期待包含两个维度：①保障治理。指在全民健身短期志愿服务中，组织希望提供的保障措施。②沟通治理。指在开展全民健身短期志愿服务中，组织期待与各行为主体建立良好的沟通。

2. 个人治理期待

依据前文相关理论研究，全民健身志愿服务个人治理期待主要包含四个维度：现实治理、行为治理、信任治理、支持治理。

全民健身长期志愿服务个人治理期待包含两个维度：①现实治理。指在参与全民健身志愿服务过程中，个人对志愿服务环境的期待治理措施。②行为治理。指在全民健身志愿服务中，个人期待能够达到的现实履行行为。

全民健身短期志愿服务个人治理期待包含两个维度：①信任治理。指在全民健身志愿服务中，志愿者期待彼此之间的信任。②支持治理。指在全民健身志愿服务开展过程中，个人期待一定的认同。

（二）全民健身志愿服务治理履行维度

全民健身志愿服务治理履行是依据心理契约理论，分析全民健身志愿服务的治理达到了治理期待的履行程度和实际满足程度，主要分为组织治理履行和个人治理履行。由于全民健身志愿者有着很强的自愿性和无偿性，个人感受占很大比重，更想要得到自身个人的提升，会以此评价组织和个人治理的履行情况。

1. 组织治理履行

根据前文相关研究，全民健身长期志愿服务组织治理履行包含两个维度：①引导与培养。指组织在现实中为志愿者的发展治理而实际履行的责任。②沟通与共建。指在全民健身长期志愿服务中，组织有良好的沟通和交流，共同推进志愿服务的开展。全民健身短期志愿服务组织治理履行包含两个维度：①规范治理。指在全民健身短期志愿服务中，组织建立规章制度规范组织的履行行为。②激励治理。指在全民健身短期志愿服务中，为推进志愿服务有效开展，组织现实履行的措施。

2. 个人治理履行

根据前文相关研究，全民健身长期志愿服务个人治理履行包含两个维度：

①规范治理。指在全民健身长期志愿服务中，保障个人履行情况的规范措施。②行为治理。指在全民健身长期志愿服务中，规范个人行为，促进志愿服务的发展。全民健身短期志愿服务个人治理履行包含两个维度：①行为治理。指在全民健身短期志愿服务开展过程中，个人在服务中真正做到的行为措施。②关系治理。指在全民健身短期志愿服务中，个人与组织和伙伴有和谐的氛围。

（三）全民健身志愿服务治理绩效维度

全民健身志愿服务治理绩效表示志愿者在志愿服务活动中的完成和满意程度，是针对其行为进行组织治理从而达成的治理效果，用于评定全民健身志愿服务治理完成情况、职责履行程度，分为组织治理绩效和个人治理绩效。组织治理绩效是以全民健身志愿服务组织作为治理主体，通过实施其战略行为与控制行为，履行组织治理的战略职能和发挥职能而达成的治理效果。个人治理绩效是以全民健身志愿者个人行为作为治理主体，通过实施战略行为与控制行为，履行个人治理的战略职能和发挥职能而达成的治理效果。

二、理论模型构建的相关文献综述

（一）心理契约与治理的内在关系研究

综前所述，心理契约理论发展较为成熟，被广泛地应用于社会领域的人员管理，近几年延伸至志愿服务领域。国外的研究内容稍多，多涉及零碎个案；国内研究较为单一，稍显粗略。国内鲜有心理契约理论在体育领域的研究，尤其是与全民健身志愿服务治理与其管理绩效相关的研究更是少之又少。

（二）心理契约与治理绩效的内在关系研究

师曙光和孙利虎（2011）[1]认为心理契约达成度高，员工便会感知到满意，

---

[1] 师曙光，孙利虎. 心理契约对工作满意度的影响研究 [J]. 中共太原市委党校学报，2011（1）：62–65.

工作绩效也会提高；否则，满意度会降低，工作绩效也会随之下降。臧迪（2019）[1]发现，心理契约破裂与员工工作绩效显著负相关，关系维度破裂对员工工作绩效的影响并不显著，规范维度破裂和发展维度破裂对员工工作绩效的影响是显著负相关的；心理契约破裂对员工敬业度的影响是显著负相关的，其中关系维度破裂、规范维度破裂、发展维度破裂均负向影响员工敬业度；员工敬业度与员工工作绩效显著正相关，员工敬业度越高，员工的总体绩效水平也会同样偏高。伊忠武（2018）[2] 研究发现，心理资本在心理契约和工作绩效的关系中起部分中介作用。胡超和李磊（2015）[3] 在对物流企业员工心理契约对工作绩效的影响中研究发现，员工心理契约对员工的任务绩效和关系绩效都有正向的显著影响。

（三）治理履行与治理绩效的内在关系研究

胡园园等（2018）[4] 为研究心理契约对组织合作绩效的影响，构建了知识链关系治理机制体系，包括关系行为治理机制、关系控制治理机制和关系激励治理机制。王德东和傅宏伟（2019）[5] 以组织间的关系绩效为中介变量，以信任、合作、沟通和承诺为情境变量，构建重大工程项目关系治理作用机制模型。研究发现，关系治理对重大工程项目绩效有显著正向影响，组织间关系绩效起到了部分中介作用；在关系治理维度中，情感信任与合作起着主导作用，并有学者实证了组织间关系治理对工程项目质量绩效具有积极影响，即组织间关系治理程度越高，工程项目质量绩效越好。

综上所述，不同研究者从不同的角度研究了治理履行对治理绩效的不同影响，揭示了其间的影响机理和内部运作机制，故提出本课题的研究假设，全民

---

[1] 臧迪. 心理契约破裂对 IT 企业知识型员工工作绩效的影响研究 [D]. 大连：大连海事大学，2019.

[2] 伊忠武. 心理契约对民警工作绩效的影响研究 [D]. 咸阳：西北农林科技大学，2018.

[3] 胡超，李磊. 物流企业员工心理契约对工作绩效的影响 [J]. 商，2015（3）：28.

[4] 胡园园，顾新，王涛. 知识链关系治理机制及其对组织合作绩效影响 [J]. 科研管理，2018，39（10）：128–137.

[5] 王德东，傅宏伟. 关系治理对重大工程项目绩效的影响研究 [J]. 建筑经济，2019，40（4）：63–68.

健身志愿服务治理期待、治理履行与治理绩效具有显著的相关性，并通过中介作用去验证三者之间的内在联系。根据下述研究假设构建研究假设理论模型，全民健身志愿服务的治理履行在治理期待和治理绩效中充当中介变量，治理期待达成度会作用在治理履行这个中介变量上，进而影响治理绩效。

（四）全民健身志愿服务治理理论模型——基于治理履行的中介效应

总的来说，构建的理论模型反映了治理期待、治理履行、治理绩效的三者关系，全民健身志愿者对组织和个人的治理期待，都会通过治理履行影响治理绩效的达成。经过理论推演和变量间的逻辑关系梳理本研究概念模型，作为本研究相关研究假设提出的依据。模型假定志愿者治理期待影响着治理履行、治理绩效；治理履行是治理期待与治理绩效之间的中介变量。其中，从心理契约的角度分析治理期待是本研究的核心变量。

三、研究假设

（一）全民健身志愿者治理期待作用于治理绩效的中介变量假设——基于治理履行

根据本研究概念模型可知，志愿者治理期待对治理履行、治理绩效产生直接影响；同时，治理履行也对治理绩效产生直接影响。因此，治理履行是治理期待作用于治理绩效的中介变量，如图 6-1 所示。

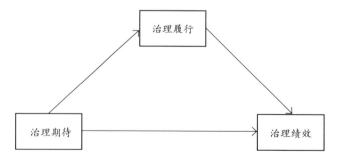

图6-1　全民健身志愿服务治理期待、治理履行与治理绩效的理论模型

1. 组织治理期待作用于治理绩效的中介变量假设

（1）假设1：全民健身长期志愿服务组织治理履行是组织治理期待与组织治理绩效之间的中介变量。

（2）假设2：全民健身短期志愿服务组织治理履行是组织治理期待与组织治理绩效之间的中介变量。

2. 个人治理期待作用于治理绩效的中介变量假设

（1）假设3：全民健身长期志愿服务个人治理履行是个人治理期待与个人治理绩效之间的中介变量。

（2）假设4：全民健身短期志愿服务个人治理履行是个人治理期待与个人治理绩效之间的中介变量。

（二）小结

本研究对主要变量进行了概念界定，并基于心理契约理论，按照全民健身志愿者的"治理期待—治理履行—治理绩效"这一逻辑关系提出了研究思路和理论框架，并在此基础上，提出了共4个相关研究假设：全民健身志愿服务治理履行在治理期待与治理绩效之间的中介效应以及这些中介变量之间的影响。研究假设的归纳如表6-1所示。

表6-1　研究假设的归纳

假设类别	编号	假设描述
治理履行的中介变量假设	假设1	全民健身长期志愿服务组织治理履行是组织治理期待与组织治理绩效之间的中介变量
	假设2	全民健身短期志愿服务组织治理履行是组织治理期待与组织治理绩效之间的中介变量
	假设3	全民健身长期志愿服务个人治理履行是个人治理期待与个人治理绩效之间的中介变量
	假设4	全民健身短期志愿服务个人治理履行是个人治理期待与个人治理绩效之间的中介变量

四、假设检验

（一）统计检验方法

本研究使用 Bootstrap 抽样法进行检验，其检验功效相对较高，并且对中介作用抽样分布并不设限。运用乘积系数检验法，配合 Bootstrap 抽样法进行中介作用检验。中介作用的检验基本理论数学模型建立如下。

方程 1：$Y=cX+e_1$

方程 2：$M=aX+e_3$

方程 3：$Y=c'X+bM+e_2$

方程中回归系数 a 和回归系数 b 的乘积项（ab）称为间接效应，如果其呈现出显著性，那么就说明具有中介作用，反之不具有显著性，则说明不具有中介作用。检验 ab 的显著性用于判断是否具有中介作用，这种做法称为乘积系数检验法。而具体 Bootstrap 抽样法检验是指 ab 这个回归系数的 95% 置信区间是否包括数字 0：如果说 95% 置信区间不包括数字 0，则说明具有中介作用；如果说 95% 置信区间包括数字 0，即说明没有中介作用。

通过 ab 的 Bootstrap 区间进行中介效应检验后，使用乘积系数检验法，c 表示 X 对 Y 时的回归系数（方程中没有中介变量 M 时），即总效应；a 表示 X 对 M 时的回归系数，b 表示 M 对 Y 时的回归系数，ab 为 a 与 b 的乘积即中介效应；c' 表示 X 对 Y 时的回归系数（方程中有中介变量 M 时），即直接效应。如图 6-2 所示，参考温忠麟和叶宝娟（2014）[1] 中介效应检验流程进行检验。

（二）全民健身志愿服务组织治理履行的中介效应分析

1. 全民健身长期志愿服务组织治理履行的中介效应分析

（1）研究方法。

探讨全民健身长期志愿服务组织治理履行在组织治理期待与组织治理绩效之间的中介作用应包括以下三个步骤。

---

[1] 温忠麟，叶宝娟. 中介效应分析：方法和模型发展 [J]. 心理科学进展，2014，22（5）：731-745.

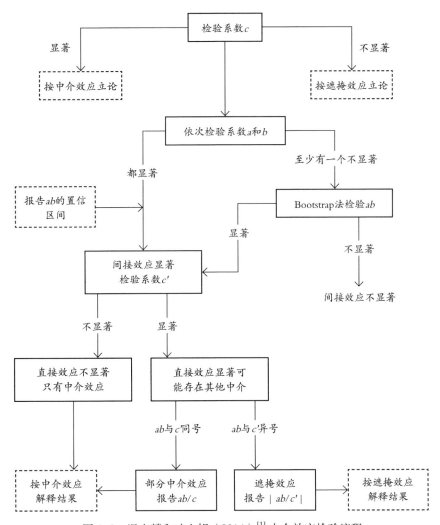

图 6-2　温忠麟和叶宝娟（2014）[1] 中介效应检验流程

[1]　温忠麟，叶宝娟. 中介效应分析：方法和模型发展 [J]. 心理科学进展，2014，22（5）：731–745.

第一，以组织治理期待为自变量，以组织治理履行为因变量，探讨组织治理期待与组织治理履行之间的关系，即探讨中介变量关系中的自变量和中介变量之间的关系，如表6–2所示。

第二，以组织治理履行为自变量，以组织治理绩效为因变量，探讨组织治理履行与组织治理绩效之间的关系，即探讨中介变量关系中的中介变量和因变量之间的关系，如表6–2所示。

第三，探讨当控制组织治理履行后，组织治理期待对组织治理绩效影响的强弱变化如表6–2所示。首先，以组织治理期待为自变量对组织治理绩效进行回归分析，以表明自变量和因变量之间的关系。然后，控制组织治理履行后，再考察组织治理期待作为自变量对组织治理绩效的回归结果，根据回归结果，判断中介变量模式中自变量对因变量作用的前后变化。

（2）回归结果。

第一，表6–3表明，组织治理期待对组织治理履行有显著的影响作用，回归系数a为0.462，表明自变量和中介变量之间存在显著的正向关系。

第二，表6–3表明，组织治理履行对组织治理绩效有显著的预测作用，回归系数b为0.800（$P < 0.01$），表明中介变量和因变量之间存在显著的正向关系。

第三，图6–3表明，组织治理期待与组织治理绩效之间存在显著的正向关系，回归系数c为0.573（$P < 0.01$），说明自变量和因变量之间存在显著的正向关系。表6–3表明，95% 置信区间 BootCI 为0.196~0.345，不包括0，说明具有显著的中介作用。回归结果表明，组织治理期待对组织治理绩效的预测效果虽然显著，但回归系数c'降低为0.204（$P < 0.01$），说明组织治理履行是组织治理期待与组织治理绩效之间的部分中介变量，组织治理期待是部分地通过组织治理履行对治理绩效起作用。组织治理履行在组织治理期待与组织治理绩效之间起中介作用，如图6–3所示。

表6-2　全民健身长期志愿服务组织治理履行的中介作用分析结果（n=365）

参数	组织治理绩效					组织治理履行					组织治理绩效				
	B	标准误	t	P	$β$	B	标准误	t	P	$β$	B	标准误	t	P	$β$
常数	1.390**	0.294	4.733	0		1.720**	0.315	5.466	0		0.015	0.158	0.096	0.923	
组织治理期待	0.573**	0.065	8.848	0	0.421	0.462**	0.069	6.658	0	0.330	0.204**	0.035	5.745	0	0.150
组织治理履行											0.800**	0.025	31.567	0	0.823
R^2	0.177					0.109					0.781				
调整R^2	0.175					0.106					0.780				
F 值	$F(1\ 363)$=78.289，P=0					$F(1\ 363)$=44.331，P=0					$F(2\ 362)$=644.713，P=0				

注：* 表示 $P < 0.05$；** 表示 $P < 0.01$。

表6-3　全民健身长期志愿服务组织治理履行中介作用检验结果汇总

c 总效应	a	b	ab 中介效应	ab （95% BootCI）	c' 直接效应
0.573**	0.462**	0.800**	0.370	0.196~0.345	0.204**

注：** 表示 $P < 0.01$。

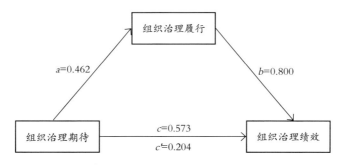

图6-3　全民健身长期志愿服务组织治理履行的中介作用示意图

2. 全民健身短期志愿服务组织治理履行的中介效应分析

（1）研究方法。

探讨全民健身短期志愿服务组织治理履行在组织治理期待与组织治理绩效之间的中介作用应包括以下三个步骤。

第一，以组织治理期待为自变量，以组织治理履行为因变量，探讨组织治理期待与治理履行之间的关系，即探讨中介变量关系中的自变量和中介变量之间的关系，如表 6-4 所示。

第二，以组织治理履行为自变量，以组织治理绩效为因变量，探讨组织治理履行与组织治理绩效之间的关系，即探讨中介变量关系中的中介变量和因变量之间的关系，如表 6-4 所示。

第三，采用分层回归分析，探讨当控制组织治理履行后，组织治理期待对组织治理绩效影响的强弱变化如表 6-4 所示。在回归中，首先以组织治理期待为自变量对组织治理绩效进行回归分析，以表明自变量和因变量之间的关系。然后控制组织治理履行后，再考察组织治理期待作为自变量对组织治理绩效的回归结果，根据回归结果，判断中介变量模式中自变量对因变量作用的前后变化。

（2）回归结果。

第一，表 6-5 表明，组织治理期待对组织治理履行有显著的影响作用，回归系数 a 为 0.497（$P < 0.01$），表明自变量和中介变量之间存在显著的正比例关系。

第二，表 6-5 表明，组织治理履行对组织治理绩效有显著的预测作用，回归系数 b 为 0.987（$P < 0.01$），表明中介变量和因变量之间存在显著的正比例关系。

第三，表 6-5 表明，组织治理期待与组织治理绩效之间存在显著的正比例关系，回归系数 c 为 0.482（$P < 0.01$），表明自变量和因变量之间存在显著的正向关系。表 6-5 表明，95% 置信区间 BootCI 为 0.310~0.541，不包括 0，说明具有显著的中介作用。回归结果表明，组织治理期待对组织治理绩效的预测效果显著消失，且 c' 不显著，说明组织治理履行是组织治理期待与组织治理

绩效之间的完全中介变量，组织治理期待是完全地通过组织治理履行对治理绩效起作用。组织治理履行在组织治理期待与组织治理绩效之间起中介作用，如图6-4所示。

表6-4　全民健身短期志愿服务组织治理履行的中介作用分析结果（n=400）

参数	组织治理绩效					组织治理履行					组织治理绩效				
	B	标准误	t	P	β	B	标准误	t	P	β	B	标准误	t	P	β
常数	2.125**	0.235	9.041	0		2.024**	0.231	8.777	0		0.128*	0.064	1.984	0.048	
组织治理期待	0.482**	0.052	9.315	0	0.423	0.497**	0.051	9.792	0	0.441	−0.009	0.014	−0.587	0.557	−0.007
组织治理履行											0.987**	0.013	76.940	0	0.977
R^2	0.179					0.194					0.948				
调整 R^2	0.177					0.192					0.948				
F 值	$F(1\ 398)=86.775, P=0$					$F(1\ 398)=95.888, P=0$					$F(2\ 397)=3\ 648.453, P=0$				

注：* 表示 $P < 0.05$；** 表示 $P < 0.01$。

表6-5　全民健身短期志愿服务组织治理履行中介作用检验结果汇总

c 总效应	a	b	ab 中介效应	ab （95% BootCI）	c' 直接效应
0.482**	0.497**	0.987**	0.491	0.310~0.541	−0.009

注：** 表示 $P < 0.01$。

图6-4　全民健身短期志愿服务组织治理履行的中介作用

（三）全民健身志愿服务个人治理履行的中介效应分析

1. 全民健身长期志愿服务治理履行的中介效应分析

（1）研究方法。

探讨个人治理履行在个人治理期待与个人治理绩效之间的中介作用应包括以下三个步骤。

第一，以个人治理期待为自变量，以个人治理履行为因变量，探讨个人治理期待与个人治理履行之间的关系，即探讨中介变量关系中的自变量和中介变量之间的关系，如表6-6所示。

第二，以个人治理履行为自变量，以个人治理绩效为因变量，探讨个人治理履行与个人治理绩效之间的关系，即探讨中介变量关系中的中介变量和因变量之间的关系，如表6-6所示。

第三，探讨当控制个人治理履行后，个人治理期待对个人治理绩效影响的强弱变化如表6-6所示。在回归中，首先以个人治理期待为自变量对个人治理绩效进行回归分析，以表明自变量和因变量之间的关系。然后，控制个人治理履行后，再考察个人治理期待作为自变量对个人治理绩效的回归结果，根据回归结果，判断中介变量模式中自变量对因变量作用的前后变化。

（2）回归结果。

第一，表6-7表明，个人治理期待对个人治理履行有显著的影响作用，回归系数 a 为0.651（$P < 0.01$）。表明自变量和中介变量之间存在显著的正比例关系。

第二，表6-7表明，个人治理履行对个人治理绩效有显著的预测作用，回归系数 b 为0.828（$P < 0.01$）。表明中介变量和因变量之间存在显著的正比例关系。

第三，表6-7表明，个人治理期待与个人治理绩效之间存在显著的正比例关系，回归系数 c 为0.734（$P < 0.01$），说明自变量和因变量之间存在显著的正比例关系。表6-7表明，95%置信区间BootCI为0.303~0.481，不包括0，说明具有显著的中介作用。回归结果表明，个人治理期待对个人治理绩效的预测

效果虽然显著，但回归系数 c' 降低为 0.195（$P < 0.01$），说明个人治理履行是个人治理期待与个人治理绩效之间的部分中介变量，个人治理期待是部分地通过个人治理履行对治理绩效起作用。个人治理履行在个人治理期待与个人治理绩效之间起中介作用，如图 6-5 所示。

表 6-6　全民健身长期志愿服务个人治理履行的中介作用分析结果（n=365）

参数	个人治理绩效					个人治理履行					个人治理绩效				
	B	标准误	t	P	β	B	标准误	t	P	β	B	标准误	t	P	β
常数	0.964**	0.282	3.416	0.001		1.365**	0.285	4.792	0		−0.165	0.161	−1.027	0.305	
个人治理期待	0.734**	0.060	12.228	0	0.540	0.651**	0.061	10.752	0	0.491	0.195**	0.038	5.136	0	0.144
个人治理履行											0.828**	0.029	28.839	0	0.807
R^2	0.292					0.242					0.785				
调整 R^2	0.290					0.239					0.784				
F 值	$F(1\ 363)$ =149.512，P=0					$F(1\ 363)$ =115.613，P=0					$F(2\ 362)$ =661.662，P=0				

注：* 表示 $P < 0.05$；** 表示 $P < 0.01$。

表 6-7　全民健身长期志愿服务个人治理履行中介作用检验结果汇总

c 总效应	a	b	ab 中介效应	ab（95% BootCI）	c' 直接效应
0.734**	0.651**	0.828**	0.538	0.303~0.481	0.195**

注：** 表示 $P < 0.01$。

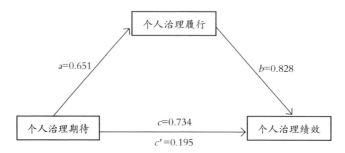

图 6-5　全民健身长期志愿服务个人治理履行的中介作用

2. 全民健身短期志愿服务治理履行的中介效应分析

（1）研究方法。

探讨全民健身短期志愿服个人治理履行在个人治理期待与个人治理绩效之间的中介作用应包括以下三个步骤。

第一，以个人治理期待为自变量，以个人治理履行为因变量，探讨个人治理期待与个人治理履行之间的关系，即探讨中介变量关系中的自变量和中介变量之间的关系，如表 6-8 中所示。

第二，以个人治理履行为自变量，以个人治理绩效为因变量，探讨个人治理履行与个人治理绩效之间的关系，即探讨中介变量关系中的中介变量和因变量之间的关系，如表 6-8 所示。

第三，探讨当控制个人治理履行后，个人治理期待对个人治理绩效影响的强弱变化如表 6-8 所示。首先，以个人治理期待为自变量对个人治理绩效进行回归分析，以表明自变量和因变量之间的关系。然后，控制个人治理履行后，再考察回归结果，根据回归结果，判断中介变量模式中自变量对因变量作用的前后变化。

（2）回归结果。

第一，表 6-9 表明，个人治理期待对个人治理履行有显著的影响作用，回归系数 a 为 0.520（$P < 0.01$），表明自变量和中介变量之间存在显著的正比例关系。

第二，表 6-9 表明，个人治理履行对个人治理绩效有显著的预测作用，回

归系数 b 为 1.026（$P < 0.01$），表明中介变量和因变量之间存在显著的正比例关系。

第三，表 6-9 表明，个人治理期待与个人治理绩效之间存在显著的正比例关系，回归系数 c 为 0.526（$P < 0.01$），表明自变量和因变量之间存在显著的正向关系。表 6-9 表明，95% 置信区间 BootCI 为 0.302~0.583，不包括 0，说明具有显著的中介作用。回归结果表明，个人治理期待对个人治理绩效的预测效果显著消失，且 c' 不显著，说明个人治理履行是个人治理期待与个人治理绩效之间的完全中介变量，个人治理期待是完全地通过个人治理履行对治理绩效起作用。个人治理履行在个人治理期待与个人治理绩效之间起中介作用，如图 6-6 所示。

表 6-8　全民健身短期志愿服务个人治理履行的中介作用分析结果（$n=400$）

参数	个人治理绩效					个人治理履行					个人治理绩效				
	B	标准误	t	P	β	B	标准误	t	P	β	B	标准误	t	P	β
常数	1.979**	0.247	8.003	0		2.033**	0.230	8.840	0		−0.106	0.081	−1.304	0.193	
个人治理期待	0.526**	0.053	9.889	0	0.444	0.520**	0.050	10.511	0	0.466	−0.007	0.018	−0.404	0.687	−0.006
个人治理履行											1.026**	0.016	63.283	0	0.966
R^2	0.197					0.217					0.928				
调整 R^2	0.195					0.215					0.927				
F 值	$F(1\,398)=97.791, P=0$					$F(1\,398)=110.488, P=0$					$F(2\,397)=2\,543.097, P=0$				

注：* 表示 $P < 0.05$；** 表示 $P < 0.01$。

表 6-9　全民健身短期志愿服务个人治理履行中介作用检验结果汇总

c 总效应	a	b	ab 中介效应	ab（95% BootCI）	c' 直接效应
0.526**	0.520**	1.026**	0.534	0.302~0.583	−0.007

注：** 表示 $P < 0.01$。

图 6-6　全民健身短期志愿服务个人治理履行的中介作用

五、总结

（一）组织治理履行中介效应总结

全民健身长期志愿服务组织治理履行是部分中介，全民健身短期志愿服务组织治理履行是完全中介；说明在全民健身长、短期志愿服务中，组织治理期待均通过治理履行影响治理绩效。

（二）个人治理履行中介效应总结

全民健身长期志愿服务个人治理履行是部分中介，全民健身短期志愿服务个人治理履行是完全中介；说明在全民健身长、短期志愿服务中，个人治理期待均通过治理履行影响治理绩效。

（三）全民健身志愿服务治理

从以上治理履行的中介作用可以发现，全民健身长期志愿服务的志愿者对组织、个人治理期待通过治理履行对治理绩效进行影响的同时，治理期待也会对治理绩效产生作用；而全民健身短期志愿服务的志愿者对组织、个人治理期待必须通过治理履行影响治理绩效，治理期待说明治理期待可以通过治理履行直接影响治理绩效，说明全民健身长期志愿服务的志愿者靠的不是心理期待，而是一种生活习惯。但是总的来说，全民健身志愿者对组织和个人的治理期待，都会通过治理履行影响治理绩效的达成。如何关注志愿者心理契约，加强社会有效治理，提升志愿服务治理绩效，成为政府和志愿服务组织共同关注的焦点问题。

因此，从心理契约的角度，通过志愿者治理期待的分析可以直接发现全民健身志愿服务治理中的薄弱环节，从根本上对全民健身志愿服务进行治理，促进治理履行的达成，从而提升全民健身志愿服务治理绩效。全民健身志愿服务治理要从治理期待出发，针对全民健身志愿服务，采用协同治理和自治治理，构建全民健身志愿服务协同治理机制和自治治理机制，促进治理履行达成，最终提升全民健身志愿服务治理绩效。

第二节 全民健身志愿服务治理机制模型的构建与分析

近年来，在政府相关部门的大力支持与推动下，我国全民健身志愿服务取得显著成效。但在实际的服务治理过程中，仍存在志愿者人员配备不足、专业化程度较低、服务质量不高、缺乏持续性、志愿服务失效等问题亟待解决。人们试图用治理机制调和国家失效和市场失效，这也是全民健身志愿服务治理机制产生的重要背景。强化公民自治、善治、乐治意识，以志愿者为主体，以心理契约理论和善治理论作为本研究的理论支撑，为全民健身志愿服务治理机制提供思路参考，以快速实现体育强国建设的目标。

一、全民健身志愿服务协同治理机制模型构建与分析

（一）全民健身长期与短期志愿服务组织治理期待维度回顾

全民健身长期志愿服务组织治理期待分量表有规范治理、诱导治理和沟通治理三个维度。其中，规范治理维度是指在全民健身长期志愿服务中，组织期待相应的制度规范措施，志愿者的准入和退出等机制合理完善，对待志愿者一视同仁；诱导治理维度指的是在全民健身长期志愿服务中，组织期待能够提供保障和奖励，引导全民健身志愿者参与长期志愿服务，培养志愿服务精神；沟通治理维度是指在全民健身志愿服务过程中，组织期待有良好的沟通，领会组织意图，建立良好的沟通治理机制。全民健身长期志愿服务组织治理期待分量表中的规范治理维度、诱导治理维度和沟通治理维度是相对于全民健身志愿者

而言，强调组织应提供良好的制度规范，建立志愿者准入退出机制，营造公正和谐的志愿服务氛围，与社会各组织协同合作，为志愿者提供有兴致的活动，根据志愿者的发展给予专业指导，肯定和激励志愿者，与外界各主体建立联系，积极参与志愿服务活动，与各主体相互协同配合，沟通交流，提升志愿服务组织的治理效能。

全民健身短期志愿服务组织治理期待分量表有保障治理和沟通治理两个维度。其中，保障治理维度是指在短期志愿服务活动中，组织希望提供的保障措施，并且给予志愿者自主权和发展的空间；沟通治理维度是指在开展全民健身志愿服务过程中，组织期待与各行为主体建立良好的沟通。全民健身短期志愿服务组织治理期待分量表中的保障治理维度和沟通治理维度是相对于全民健身体育赛事志愿者而言，组织治理主要是在保障和沟通方面，即组织期待能为志愿者提供相应的保障，开展多元化的培训，给予志愿者专业指导和一定的志愿服务自主权，经常就工作问题与各服务对象以及主体交流沟通，正确评价志愿者。

（二）协同治理机制模型构建

不管是全民健身长期志愿服务组织治理期待分量表还是全民健身短期志愿服务组织治理期待分量表，对组织的治理期待主要是反映出组织应与政府、企业、社区、社会各群体等利益相关者密切配合，同时各群体各自承担不同的社会责任，需要社会各组织与志愿服务组织共同进行治理，这与社会管理学中的协同治理理论有不谋而合之处。张元春（2021）[1]认为协同治理是在平等、主动、自愿的原则下，多个社会主体参与公共事务治理的方式，这一理论强调多元治理主体之间的合作关系。全民健身长期志愿服务组织治理和全民健身短期志愿服务组织治理都需要在协同治理下进行治理，需要各方主体共同努力，营造一个良好的环境，提升治理绩效，推动全民健身志愿服务协同治理机制模型的构建，如图 6-7 所示。

---

[1] 张元春. 智能物流生态系统演化发展：基于多中心协同治理视角 [J]. 商业经济研究，2021（6）：96–99.

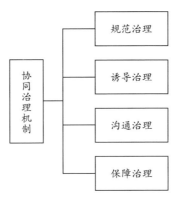

图 6-7　全民健身志愿服务协同治理机制模型

二、全民健身志愿服务自治治理机制模型构建与分析

（一）全民健身长期与短期志愿服务个人治理期待维度回顾

全民健身长期志愿服务个人治理期待分量表有现实治理和行为治理两个维度。其中，现实治理维度是指个人对志愿服务环境的期待治理措施，在参与志愿服务过程中听从组织安排，勇于承担志愿者非职责范围内的工作；行为治理维度是指在全民健身志愿服务中，个人期待能够达到的现实履行行为，认真工作，积极互动，规范个人行为。全民健身长期志愿服务个人治理期待分量表中的现实治理维度和行为治理维度是以全民健身长期志愿者为对象，强调的是个人在参与志愿服务活动中，自身期待治理的情况，以志愿者自己为中心，期待在志愿服务活动中规范自身行为，接受组织和部门的监督和管理，热情周到，积极互动沟通，参与志愿服务宣传活动，传播志愿服务精神。

全民健身短期志愿服务个人治理期待分量表有信任治理和认同治理两个维度。其中，信任治理维度是指在全民健身志愿服务中，志愿者期待彼此之间的信任，尊重和积极配合其他志愿者；认同治理维度是指在全民健身志愿服务开展过程中，个人期待一定的认同，主动把志愿服务作为一种生活习惯。全民健身短期志愿服务个人治理期待分量表中的信任治理维度和认同治理维度是对体育赛事志愿者而言，在参与志愿服务时，志愿者更加看重彼此之间的信任和沟通，以身作则，与其他志愿者平等沟通交流，强调自身的模范作用。

（二）自治治理机制模型构建

不管是全民健身长期志愿服务个人治理期待分量表还是全民健身短期志愿服务治理期待分量表，对个人在现实中的治理期待情况都与现实环境、行为做法、信任认同关系有关，这与志愿者自身行为的自我约束紧密相关。在志愿服务中，主要依靠志愿者的心理状态对自身进行治理，对组织、企业、社会等其他团体的要求相对较低，主要是志愿者自己管理自己、自己支配自己、自己负责自己。在全民健身志愿服务中，志愿者个人治理期待以志愿者自身为中心进行治理，培育积极的志愿者，使志愿者彰显个性、发挥主体性，帮助志愿者自我决策、自我管理，推动全民健身志愿服务自治治理机制模型的构建，如图 6-8 所示。

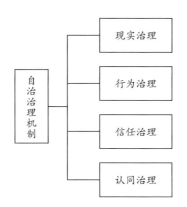

图 6-8　全民健身志愿服务自治治理机制模型

三、全民健身志愿服务治理机制模型总结

（一）模型解释

全民健身志愿服务治理机制是在心理契约理论的基础上根据全民健身治理期待构建，从志愿者角度期待对全民健身志愿服务的治理情况构建自治治理机制模型和协同治理机制模型，如图 6-9 所示。全民健身志愿服务心理契约自治

治理机制包括进行现实、行为、信任、认同治理；全民健身志愿服务心理契约协同治理机制包括规范、诱导、沟通、保障治理。

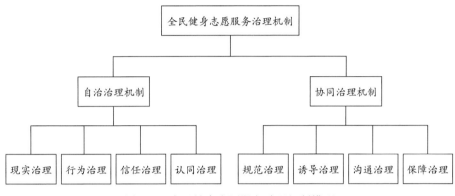

图 6-9　全民健身志愿服务治理机制模型

（二）模型特征

全民健身志愿服务自治治理机制是通过自治治理对全民健身志愿服务进行现实、行为、信任、认同治理；全民健身志愿服务协同治理机制是通过协同治理对全民健身志愿服务进行规范、诱导、沟通、保障治理。

（三）适用条件与如何应用

1. 全民健身志愿服务协同治理机制

全民健身志愿服务组织协同治理机制包括：对全民健身志愿服务组织进行规范、诱导、沟通、保障治理，根据协同治理机制进行以下分析。

（1）规范治理。

规范治理是指在全民健身长期志愿服务中，组织期待相应的制度规范措施，合理完善志愿者的准入和退出等机制，对待志愿者一视同仁。其具体治理措施为：①以政府为主导，全民健身志愿服务组织的治理离不开政策制度的规范。政府制定相关政策以保障和规范志愿组织的利益和行为。②公司、协会等为志愿组织提供相应的资金和设备以及服装、餐饮、出行等保障；同时落实相关规章制度要求给予资金支持。③学校团委或者共青团组织以及社会志愿者组织也应制定一套规范自身的行为准则，健全规范制度和组织条例，招募选拔程序要符合规范，过程要公平公正公开。在思想上，志愿者需严格遵守组织内部员工守则和志愿服务精神，遵循社会主义核心价值观的引导；同时，组织应定期举行志愿服务思想报告大会，从而使组织建设规范化、常态化。

（2）诱导治理。

诱导治理指的是在全民健身长期志愿服务中，组织期待能够提供保障和奖励引导志愿者参与长期志愿服务工作，培养志愿服务精神。其具体治理措施为：①政府引导是推动社会组织参与组织治理的重要路径，颁布相关政策，宣传志愿服务；同时，社会各组织积极响应号召，加强志愿服务的宣传工作，吸引更多的人认识、了解、加入志愿服务组织，更加重视组织的自觉性。此外，积极参与政府性创投项目，参与政府组织的社会志愿活动。②加强社会组织或者协会引导。引导组织主动自觉参与组织治理，实施公益性创投项目是引导组织参与自身治理的一种积极尝试。通过承担项目，一些组织不仅锻炼了团队、提升了能力，而且进一步激发了自身参与社会治理的热情、活力和创造力。③借助奖励制度和体系诱导。通过对志愿服务成果进行综合评比，对优秀者给予奖励，包括具体的奖品奖励、上级表扬、颁发证书以及领导激励，如职位晋升等，或者采用负向激励，对懈怠者进行批评等。

（3）沟通治理。

沟通治理是指在全民健身志愿服务过程中，组织期待有良好的沟通，能够领会组织意图，建立良好的沟通治理机制，即组织期待与各行为主体建立良好的沟通。其具体治理措施为：①内外沟通交流。采取"走出去、走进来"的方式，形成面对面的交流和沟通平台。"走出去"是指志愿者利用假期或者空闲时间通过社会实践的形式进入志愿组织，开展全民健身志愿服务；"走进来"是指政府或者社会协会进入志愿组织中，了解志愿者的服务情况，以便更深入地了解现状，共同促进志愿服务的建设。②上下级沟通交流。可以采取"一对一"或"一对多"的形式："一对一"指的就是协会组织部门针对每一个人进行沟通交流，具体指导组织的建设；"一对多"指的是对整个组织或者部分人员的指导和指示。③经验沟通交流。通过"一个点"的建设，实现"一条线"的目标。

志愿者专业能力较弱是一个普遍性问题，可以尝试从一个组织开始试点，逐渐探索解决方法，在上级和组织的指导下，用较短的时间使志愿服务组织焕发生命力。

（4）保障治理。

保障治理是指在全民健身短期志愿服务中，希望组织提供的保障措施，并且给予志愿者自主权和发展的空间。其具体治理措施为：①政府完善组织的相关保障制度，以政府为首位，加强对组织的重视和关切。②加强资金或者财物投入。改善志愿者服务与被服务环境，加强基础设施建设，从衣、食、住、行以及医疗等各方面提高志愿者服务工作后勤保障质量，构建良好的服务氛围，创造良好的志愿服务环境。

2. 全民健身志愿服务自治治理机制

全民健身志愿服务自治治理机制包括：对全民健身志愿者个人进行现实、行为、信任、认同治理，根据自治治理机制进行以下分析。

（1）现实治理。

现实治理是指在长期参与全民健身志愿服务过程中，个人对志愿服务环境的期待治理措施，听从组织安排，勇于承担志愿者非职责范围内的工作。其具体治理措施为：志愿者在政府、社会、组织的引导和支持下，转变自身的观念，以集体利益为主，严格遵守志愿者组织的规章制度，积极投身志愿服务的行业；端正个人服务态度，工作中与同事领导和谐共处，积极参与和配合组织的工作安排，规范自身的言行举止。

（2）行为治理。

行为治理是指在全民健身长期志愿服务中，个人期待能够达到的现实履行行为，认真工作，积极互动，规范个人行为。其具体治理措施为：①深化社会主义核心价值观念。了解志愿者个人需要以及参与志愿服务的动因，使其获得满足感和精神价值，引导个人形成正确的核心价值观，树立崇高至上的志愿工作价值观。②提升归属感。引导志愿者贯彻志愿组织宗旨，通过完成志愿服务工作获得成就感，自我激励。③加强专业能力学习培训。借助培训使志愿者掌握志愿服务的基本本领与技能，提升自身价值，主动认真地与服务对象沟通交流，积极参与志愿服务的宣传工作，为志愿服务献计献策。

（3）信任治理。

信任治理主要体现在全民健身短期志愿服务中，志愿者期待彼此之间的信任、尊重和积极配合其他志愿者。其具体治理措施为：①与组织之间积极配合。组织给个人提供制度保障、物质保障，培养志愿者的服务精神，从志愿者个人的需求和参与动机出发，了解志愿者的内在需要，积极带领志愿者参与各种志愿服务活动。同时，志愿者要积极热情参与组织的活动和安排，以饱满的热情和高昂的精神状态对待组织的安排，并且出色完成其服务工作。②与同事之间互相尊重，积极交流，共商共事，建立信任机制。③转变观念。以志愿服务精神为基础，礼貌友善地对待每一个服务对象，以专业的服务技术、友善的服务态度、规范的行为举止与服务对象建立信任关系。

（4）认同治理。

认同治理是指在全民健身志愿服务开展过程中，个人期待与组织文化之间的一定程度的认可，个人身体力行，主动将组织开展的志愿服务作为一种生活习惯。其具体治理措施为：①加入志愿组织之后，志愿者主动关注自身的动机需求和精神需求，积极参与志愿服务活动，亲身体验志愿服务的过程，获得自身满足感。②了解和学习志愿服务的知识、开展目标、服务内涵，以及志愿服务组织建立的初衷，建立对组织的认同感、自豪感、荣誉感。

（四）全民健身志愿服务治理机制总结

全民健身志愿服务治理机制是依据心理契约理论根据全民健身志愿服务治理期待的维度，对全民健身志愿服务开展协同治理和自治治理。由前文可知，全民健身志愿服务治理期待通过治理履行对治理绩效产生影响。因此，如图6-10所示，全民健身志愿服务治理是指在提前设定好的政治、经济、文化活动框架内，以推动全民健身运动广泛开展为目的，追求多元治理主体（政府—企业—项目协会—民间组织—志愿者个人—赞助商—参赛者和观众）之间的互助合作，根据共同制定的规则最终达到全民健身志愿服务善治，实现体育强国的战略目标。

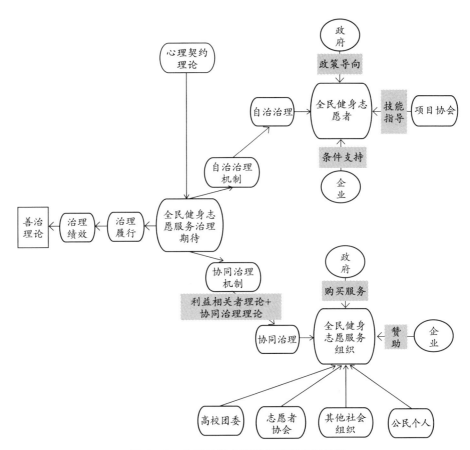

图 6-10　全民健身志愿服务治理机制总结

第三节　中国特色全民健身志愿服务治理机制案例分析

一、全民健身志愿服务协同治理机制案例分析

中国郑开国际马拉松赛（以下简称"郑开马拉松"）是我国具有代表性的全民健身赛事，郑开马拉松是经国家体育总局和河南省人民政府批准，由中国

田径协会、河南省体育局、郑州市人民政府、开封市人民政府共同主办，是河南省常设的大型国际体育赛事。我国具有能够集中力量办大事的制度优势，志愿服务事业也一直按照"党政支持、共青团承办、社会化运作"的思路开展。郑开马拉松的迅猛发展离不开马拉松赛事利益相关者成为参与协同治理的多元主体，以及治理主体间的良性互动。因此，本节选取郑开马拉松为例，对全民健身志愿服务协同治理机制进行验证分析。

（一）郑开马拉松志愿服务特征分析

郑开马拉松是河南省常设的大型国际体育比赛，同时也是河南省目前唯一被中国田径协会认定的金牌赛事，被国家体育总局评为体育旅游精品赛事，成功入选"河南省体育产业示范项目"，在社会各界掀起了一场"畅跑古都"的马拉松风潮。2007—2019 年 [1]，郑开马拉松已成功举办了 13 年。在河南省委省政府的高度重视下，在中国田径协会和河南省体育局各级领导的大力支持下，在郑州、开封两地有关部门紧密协作与配合下，在社会各界群众的关爱与参与下，郑开马拉松无论在赛事规模、赛事影响，还是赛会成绩、赛会规格等方面都取得了跨越式的发展，赛事规模已跃居全国前列，成为国内最具人气的国际马拉松赛事之一。

郑开马拉松五大特色：因地缘优势被评为最具东方文化魅力的马拉松；地处平原，赛道被称为最平坦开阔的马拉松赛道；最具人气的马拉松；最具唯一性，是世界上唯一连接两座古都的马拉松；最具发展前景的马拉松。自 2007 年首次举办以来，从首届 5600 人参赛到 2019 年来自世界各地的 49 000 名选手参赛，经历了从量变到质变、从稚嫩到成熟的蜕变过程，央视体育频道对比赛进行全程现场直播，这在河南省内尚属首次。它代表着郑开马拉松上升到一个新的社会高度，这是对郑州、开封两地 13 年努力的认可。每年有数以万计的外地跑友齐聚郑州参加这场盛会。

---

[1]　本研究数据采集和相关调研截至 2019 年。

（二）郑开马拉松志愿服务协同治理机制分析

回顾郑开马拉松初创期，赛事运营组织能力差、区分度不强、特色化不显著、同质化严重；赛事商业运作水平低、投入和收益不成正比，常常入不敷出；赛事服务保障机制不健全、风险防控机制不完善；缺乏办赛经验，在赛事组织、招商引资、服务保障、安全救援等工作中问题不断，导致参赛选手负面评价不断，甚至发生了跑步猝死安全事故等各种问题，给观众和参赛选手留下了办赛水平低下的不良印象。本研究对马拉松赛志愿服务治理相关研究进行梳理：宋利（2012）[1]采用问卷调查法和专家访谈法对国内第一个马拉松——北京马拉松赛的志愿者及管理者进行研究，发现北京马拉松赛志愿者的管理和培训工作存在不足，并建议要从内部环境和外部环境两个方面进行改善。董文辉（2017）[2]针对西昌马拉松赛志愿者管理中存在的问题，分析了其中的原因并结合其他赛事志愿者管理的先进经验，提出了"健全管理机制、建立合理的管理模式、采取有效的激励机制、完善组织管理体系"等建议。庄燕菲（2018）[3]分析了2016年和2017年两届杭州马拉松赛志愿服务的相关数据，指出通过共青团招募和选拔志愿者这种单一的招募方式存在"影响志愿精神辐射、不利于志愿者实现自我认同"等弊端，不利于志愿者长期进行体育赛事志愿服务。对于志愿者长效机制也提出了一些可行性的建议，比如"坚持自愿和无偿原则、对接社区体育、构建协同机构"等。

传统的政府一元治理模式无法有效协调各个赛事利益相关者之间的关系，难以满足各方提出的利益诉求，也削弱了赛事运营机构、赞助商、参赛者和观众等参与治理的权利和积极性。郑开马拉松的迅猛发展离不开赛事利益相关者成为参与协同治理的多元主体，以及治理主体间的良性互动。因此，下面以郑开马拉松志愿服务案例作为全民健身志愿服务协同治理机制（规范治理、诱导治理、沟通治理、保障治理）案例进行分析。

---

[1]　宋利. 北京马拉松赛志愿者管理的研究 [D]. 北京：首都体育学院，2012.

[2]　董文辉. 西昌邛海湿地国际马拉松赛志愿者的管理研究 [D]. 成都：成都体育学院，2017.

[3]　庄燕菲. 体育志愿者的长效机制初探——基于杭马志愿服务活动的思考 [J]. 浙江体育科学，2018，40（3）：21-24.

1. 规范治理分析

在组织管理上，志愿者组织都依靠于各级团组织；在活动运作上，多是由党团组织自上而下发起的。[1]2019 郑开马拉松志愿者招募也不例外。[2] 赛事从 2018 年 12 月开始组织，通过共青团河南省委官方微信订阅号"河南青年志愿者"、郑开马拉松官方网站等渠道对外发布招募公告。报名分为团队报名和个人报名，团队报名分为申请和报名两个阶段。团队负责人候选者先按要求参加面试，通过面试后，组委会审核团队，通过审核后，团队方可进行志愿者招募，并开展志愿者选拔工作。个人报名分为翻译类志愿者、接待类志愿者。面试由组委会统一组织开展。志愿者面试在黄河科技学院进行。翻译类志愿者的整个面试流程分为自我介绍、随机选取短文自由讨论、现场问答等环节，面试全程用英文交流。考官通过面试者的口语交谈及回答内容来进行选拔。在接待类志愿者面试过程中，考官从责任感、志愿服务特点等方面提出具体问题，涵盖郑开马拉松基本常识、面对突发问题如何解决、如何成为优秀的志愿者等方面进行选拔。志愿者报名人数总计三万余人，历经两个月的时间，通过志愿者笔试、面试等层层选拔，组委会最终选拔出 48 支志愿者团队、5000 余名志愿者。

2. 诱导治理分析

志愿者培训是实施诱导治理的有力手段。从培训内容来划分，志愿者培训内容包括通用培训、专项培训及岗位培训。培训均将通过课堂面授、现场实践等方式进行，培训内容包括文明礼仪、河南省情、马拉松基础知识、志愿者基础知识、紧急救护、环保知识等。除组委会专项培训外，各志愿者团队自行组织开展加强团队凝聚力和技能的培训。2019 郑开马拉松志愿者培训分为骨干培训和一般志愿者培训。[3]组委会直接负责骨干培训，培训内容分为志愿培训、赛事培训和应急医疗培训等。培训于 2019 年 3 月在河南经贸职业学院举办，团省委领导、赛事裁判长、省红十字会培训讲师参与了骨干培训。培训讲师均为

---

[1] 张广济. 中外志愿服务比较 [J]. 浙江工贸职业技术学院学报，2003（Z1）：33-36

[2] 王成. 2019 郑开国际马拉松赛志愿者满意度研究 [D]. 新乡：河南师范大学，2020.

[3] 王成. 2019 郑开国际马拉松赛志愿者满意度研究 [D]. 新乡：河南师范大学，2020.

相关领域专家，授课内容权威、专业。一般志愿者的培训由各志愿者团队根据自身情况安排培训内容及时间。除了专业技能外，组委会通过一系列思想指导和服务宗旨的培训选拔活动建立起团队凝聚力和集体荣誉感。借助各类培训，满足了志愿者学习知识的需求，也提高了思想认识。

3. 沟通治理分析

郑开马拉松为了破除政府主导模式下，其他利益相关者"事不关己，高高挂起"的参与态度，以及由于相互之间缺乏有效协调与合作致使各类问题不断发生的弊端，构建了基于"政府主导、部门协同、全社会共同参与"的赛事利益相关者协同治理模式，强调多元主体的协商合作。团队协作是志愿服务成功的基础，团队的健康运转依赖于成员之间的沟通交流、协调配合。志愿者之间相互联系、相互影响，不是脱节、孤立存在的，志愿者之间以及志愿服务组织之间关系是否融洽，不仅影响着对志愿者管理的高效，影响志愿服务的质量和效率，而且影响志愿者的情绪和态度以及志愿服务的长效发展。

4. 保障治理分析

虽然志愿服务具有公益性和无偿性，但保障和激励与其并不是冲突和对立的。保障和激励恰恰是为了调动志愿者的积极性，提供更好的志愿服务条件，更好地开展志愿服务。组委会为志愿者提供了衣、食、住、行等方面的保障以及证书、荣誉称号，志愿者服装、服务期间的餐饮、人身意外伤害保险，优秀志愿者和志愿者团队的评选和宣传等，这些都有利于志愿服务的顺利开展。

（三）郑开马拉松志愿服务对协同治理的启示

在郑开马拉松初创期的治理过程中，政府处于主导地位，对赛事的走向规范起到了很大的支持和保障，但从参与者角度来说，影响和削弱了其他赛事利益相关者参与赛事协同治理的积极性和作用。单一治理主体的政府其实质是"管理型政府"，而管理意味着管理者（政府）通过行使权力对被管理者（通常包括赛事运营机构、赞助商、参赛者、观众等赛事利益相关者）进行自上而下的组织、协调和控制等。在管理过程中，由于政府掌控了绝大多数赛事资源，并享有绝对优势的话语权，导致其他赛事利益相关者处于被动地位，这些利益相关者提出的诉求无法得到重视和满足，削弱了其他赛事利益相关者的参与积极性，导致相互之间缺乏有效协调与合作，并且各自的利益诉求和利益关系也不断发生冲突。[1] 自 2014 年以后，郑开马拉松放弃政府独立运作的模式转而采用政府主导、市场运作的模式，对赛事组织采用协同治理模式，取得了显著的效果。当年，参赛者便升至 47 000 人，取得了傲人的成绩。

二、全民健身志愿服务自治治理机制案例分析

广场舞是我国具有代表性的全民健身活动。广场舞志愿服务主要是自治模式，其组织类型、内部结构与运行逻辑均呈现出自身独有的中国特色，更能反映出体育强国背景下，全民健身活动的开展情况和全民健身志愿服务的治理情况。因此，选取广场舞对全民健身志愿服务自治治理机制进行案例验证分析。

（一）广场舞志愿服务特征分析

广场舞不仅在群众中发展迅速，还受到了国家和政府的高度重视，并出台了各种支持其发展的政策文件，引导各种力量帮助此项具有中国特色的全民健身事业的发展。广场舞通常是由一个或几个有舞蹈特长的女性（主要为中老年），带着音响设备在广场跳舞健身。因其自身所展示的个人魅力吸引有相同兴趣爱好的人群自发加入，形成自己的团队。广场舞团队的本质是由公民自发形成的基层自治组织。社会体育指导员在组织中来去自由，没有强制性的约束制度，也无需缴纳任何费用。组织运行主要靠团队成员的兴趣爱好和主动自觉的奉献精神。

为了详细阐述广场舞组织的自治性特点，本研究选取了新乡市"爱尚美"广场舞团队（以下简称"爱尚美"）的发展历程，进一步说明广场舞的健身组织自治性。"爱尚美"是一支以健身操舞为主要练习内容的广场舞团队，也是

---

[1] 马迎志. 我国城市马拉松赛事治理研究 [D]. 南昌：江西财经大学，2018.

新乡广场规模最大的广场舞团队，人数在 300 人以上。该广场舞团队是自发形成的公益性广场舞组织，创始人王老师和 8 名领舞者是团队的核心成员。王老师是新乡人，65 岁，大学本科毕业，老伴去世早，子女在外地工作，退休后独自生活。她曾是某单位的工会主席，也是单位的文艺骨干，组织与领导能力较强。团队成立以来，从不收取队员任何费用，U 盘、音箱等设备均由王老师自掏腰包，音箱充电也是由王老师和几位骨干成员负责。组织者与领舞者，以及部分骨干成员的服装均自费购买。"爱尚美"是一个纯粹的民间自发组织，团队的成立和发展几乎没有借助任何外力推动。团队形成时间大约在 2015 年，是以"滚雪球"的方式逐渐壮大的。同王老师交流获悉：她是几年前开始跳健身操的，当时觉得一人在家无聊寂寞且身体不太好，还没有退休的时候接触过健身操舞，便想锻炼一下身体。最初是在健身房跟着健身操舞教练学习了一套广场舞。操舞动作简单易学且健身效果较好，经过练习，大多数人短期内都可以较快掌握。她一开始是在自家小区小广场上一个人跳，慢慢地引起了小区其他居民的兴趣，不断有人加入进来一起跳。第一个星期，一起练习的伙伴有 20 多人，随后团队慢慢壮大，小区广场已经不能满足场地需求了，王老师就把练习地点搬到了离小区不远的公园。随着团队不断壮大，团队中的达人也越来越多，有运动技能和领导能力的成员凸显出来，被大家推选为领舞。"爱尚美"的形成和发展完全是自发性的，无论是创始人，还是其他团队成员，其最初的参与目的与行为并没有受到任何外力的推动。即便目前，所有参与者仍旧来去自由（除领舞者外），不受任何外力的约束。

"爱尚美"是完全民间自发的、以健身为目的的团队，属于大众性的广场舞团队，具有一般性民间自组织广场舞团队形成与发展的基本特征。"爱尚美"所呈现的地域特点、团队类型、活动内容、人员构成、组织结构与运行等，均具有我国基层广场舞的共性特征，因而具有广场舞团队形成与发展的典型性与代表性。"爱尚美"的特征是人们为了共同的目标相互协作、自发结合形成的集体或团体。这种组织特征非常符合自治的性质。自治指组织成员按照某种准则与规则，相互默契、各尽其责与自动协调地形成有序结构。广场舞组织是人们为追求健身、休闲娱乐与社会交往等共同目标而形成的自发型组织。它是因组织内部合作的需要，组织成员之间约定俗成的合作规则，是孕育了情感性与认同性的组织模式。由于广场舞组织主要是自治模式，其组织类型、内部结构与运行逻辑均呈现出自身的特色。

（二）广场舞志愿服务自治治理机制分析

广场舞的治理形成了三种治理模式：政府主导的广场舞治理模式、政府引导与社会自治模式、居民或村民委员会治理模式。多种治理模式协同共治形成了广场舞活动的多元规约，促进公共资源管理的科学化。因此，本研究选取广场舞志愿服务作为全民健身志愿服务自治治理机制（现实治理、行为治理、信任治理、认同治理）进行案例分析。

1. 现实治理分析——政府主导的广场舞治理模式

广场舞活动作为全民健身事业和公共服务体系建设的重要组成部分，政府部门在引导广场舞健身资源配置，整合广场舞健身资源发展等方面发挥着重要作用。政府主导对推动政府、企事业单位、社会、个人等联动机制的形成具有重要作用。首先，政府部门通过行政力量的宏观调控与资源配置，统筹社会、企事业单位与广场舞健身组织等资源主体，有效优化权力资源与空间资源配置，强化治理资源的联动效应。其次，政府管理职能逐步由管理型向服务型转变，在场地资源、安全保障、技术支持、管理制度等方面逐步实现了统一配置与结构优化。最后，问题处理实现了主动介入与先发制人，使工作机制在明确分工、责任到人与联合行动等方面有了制度保障。

2. 行为治理分析——政府主导的广场舞治理模式

首先，政府为了保障全民健身的规范与健康发展，在公共体育服务设施的建设上投入巨大，不仅建设了大量城市绿地公园、文化广场、城市健身步道等群众健身场地，还整合了众多企事业单位体育场馆等资源，为全民健身的参与者提供了健身场地和设施。政府的相关举措为开展广场舞提供了场地保障。此外，广场舞发展为健康中国与全民健身的重要组成部分后，党和国家高度重视广场舞的规范与普及工作。诸如国家卫生健康委员会、文化和旅游部、国家体育总局体操运动管理中心和社会体育指导中心等各级行政部门积极主动参与广场舞的规范与普及发展，形成了积极合力，为整合推进广场舞蓬勃开展提供了强有力的政策支持与物质保障。2015年，文化部（现为文化和旅游部）、国家体育总局、民政部、住房和城乡建设部联合发布的《关于引导广场舞活动健康开展的通知》指出，要加强对广场舞活动的规范管理：完善广场舞管理规范；鼓励群众自我管理；将广场舞活动纳入基层社会治理体系。通过强化广场舞的管理，切实解决广场舞呈现的扰民与场地纠纷等现实问题，促进广场舞活动的健康、文明、有序开展，是实现广场舞持续发展的迫切要求。

3. 信任治理分析——居民或村民委员会治理模式

志愿者和组织之间需要良好的沟通和理解，在彼此相互信任的前提下，才能稳定有序地开展志愿服务，这样可能会比文件约束更有效果。志愿者自治是通过民主协商的方式，按照志愿者自我的共同要求与原则，通过自我管理、自我教育、自我服务、自我监督，共同解决志愿服务和公益事业中存在的问题，在问题解决的方式与手段等方面更贴近问题实际，易于为志愿者接受，且效果较好。心理契约一旦遭到破坏，组织中的激励手段也相应失效，进而引发治理无效。因此，心理契约被破坏时，应该积极去解决问题，促进心理契约的建构。作为组织方，应该深入了解不同志愿者心理契约的结构，针对性地选择解决问题的方式；和志愿者保持良好的合作关系，鼓励志愿者积极在组织中建言献策，积极沟通组织中需要改变或者自己觉得不满意的地方，组织要尽快给出答复，找到合适的应对办法，尽可能避免心理契约的违背。因此，逐步健全与完善广场舞协会等志愿服务组织等自主治理资源，发挥其治理优势，实现志愿者自治的方式是长效解决广场舞矛盾与纠纷的必然举措。

4. 认同治理分析——政府引导与社会自治模式

各类治理主体都具有其局限性与适用性。一个组织的个人或社会问题很难不求助于政府的支持来解决。这需要在政府作为治理主体的协调下，通过多元化治理主体的博弈和沟通来追求治理的实现。社会自治是国家治理的基本要素与必要条件，是对政府治理的一种补充。要加强社区治理体系建设，推动社会治理重心向基层下移，发挥社会组织作用，实现政府治理和社会调节、居民自治良性互动。《全民健身计划（2021—2025年）》指出，推动完善政府主导、社会协同、公众参与、法治保障的全民健身工作机制。政府引导与社会自治的广场舞治理模式是将政府提供的公共服务与社会自治进行有效整合，促进管理与服务、自律与他律互动，推动体育社会组织成为政社分开、权责明确、依法自治的现代社会组织。通过政府与社会资源的各司其职与共同努力来优化广场舞治理资源配置。政府通过宏观调控与服务提供引导与规范广场舞的发展，其职能逐步由管理向服务转变。广场舞指导中心或协会等自治组织发挥其自治权，结合制度要求与民众需求，立足客观实际，充分运用社会资源自主解决广场舞的现实问题，优化广场舞治理资源结构与应用效率。

（三）广场舞发展对基层自治的启示

广场舞最初是民间自发组织、自娱自乐的健身活动，从组织者到参与者都以民间自组织为主，但随着广场舞的健身价值、社会效应以及所引发的社会问题逐渐受到国家与社会的关注，政府逐渐参与到广场舞的管理与治理中。回顾广场舞的发展，也是由民间基层组织自我发展倒逼国家治理的过程，即广场舞在民间自发形成了一定的社会影响力后，进而推动国家与社会参与管理或治理的过程。广场舞不仅成长为全民健身与文化事业发展的重要组成部分，而且还推动了公共健身服务体系的快速发展。广场舞组织作为自组织形式的非正式社会组织或团体，其运行与管理的逻辑显然不同于一般的体育团体或社会组织的发生与发展。其不同主体间利益关系的协调、资源争夺纠纷的化解、矛盾化解的方式等一系列问题的实践经验，表明对其治理要区别于一般的社会组织或团体的管理。广场舞组织是一种自组织型的团队，普通练习者的去留通常不受团队的限制与约束，故其组织管理主要限于组织者、领舞者与其他工作人员范围内，表现为两个层级的扁平式组织管理结构。它是一种典型的直线制的集权式组织结构形式，鲜有设立专门的职能机构，由组织者负责一切事务的管理。虽然团队的组织者在组织管理中发挥着绝对的核心作用，领舞者与其他工作人员通常有具体的工作任务与职责，但团队的组织管理仍然主要依赖于主体的自我规约与情感的维系。

广场舞的基层自治是其推广普及与治理实现的组织基础。广场舞的基层自治主要表现为其治理主体的多元性、治理过程的自主性以及治理实践的切实性。①治理主体的多元性。广场舞的治理主体包括企业、单位、社区、体育社会组织，以及广场舞参与者自身等，其治理是多元主体协同合作的过程，其间都有多元主体参与治理。②治理过程的自主性。广场舞发展的过程中，团队的管理与治理仍旧以自主形式为主，通常是通过自主治理、协同协商、自我规约等方式践行治理主体职责。③治理实践的切实性。广场舞治理的基层性，也就决定其治理实践的切实性，即治理的过程能够从民众需求与社会要求的实践角度出发，根据社会环境与实际需求推进广场舞的规范与科学发展。

第七章

研究结论与建议

一、研究结论

全民健身志愿服务具有典型的中国特色。目前，全民健身志愿服务主要有健身指导、组织管理等日常健身志愿服务类，还有全民健身赛事类志愿服务。虽然长期志愿者中，部分日常健身类志愿服务的志愿者也会偶尔参加全民健身赛事的短期志愿服务，但两者对时间的要求及强度不同。全民健身志愿者人群基本上依周期长短不同分为长期类和短期类。对全民健身志愿服务的调研也是从这个角度出发，对主要的两类典型人群，即社会体育指导员和全民健身赛事志愿者进行调研，以反映全民健身志愿服务的情况。

全民健身志愿者出于自愿参加，不存在某种显性的一纸契约，全民健身志愿服务的治理主要是志愿者个人通过志愿服务这个载体对组织和个人治理的心理期待的达成。因此，在心理契约理论的指导下，从尊重志愿者的服务动机和意愿出发，以此作为分析全民健身志愿者的治理的出发点。借鉴协同治理理论、利益相关者理论、治理与善治理论等相关治理理论分析全民健身志愿服务治理：一是以心理契约为出发点，通过对信任治理、关系治理、组织治理、规范治理、权威治理、合约治理等的研究，构建治理机制；二是要以志愿者为中心，让志愿者参与志愿服务的决策，增强志愿者的责任意识和参与能力；三是要对政府、企业、项目协会、民间组织、志愿者个人、赞助商、参赛者和观众等利益相关者进行协同治理。

（1）研究全民健身志愿服务现状：全民健身志愿服务质量、志愿者专业水平有待提高，志愿者流失是制约全民健身志愿服务质量的一大阻力。全民健身志愿服务满意度从组织和个人两方面来说，个人满意度包括精神价值和能力提升满意度；组织满意度包括招募选拔、培训、岗位、团队保障满意度。

（2）采用访谈法、问卷调查法和 SPSS 26.0、AMOS 26.0 等软件进行实证检验分析，开发治理期待量表、治理履行量表和治理绩效问卷，着重通过观测全民健身长、短期志愿服务的治理期待、治理履行、治理绩效以及存在的不同点进行分析。

（3）梳理治理期待、治理履行、治理绩效的内在关系，以治理履行为中介对理论模型："治理期待—治理履行—治理绩效"进行检验。结果表明，全民健身长期志愿服务组织和个人的治理履行是部分中介，全民健身短期志愿服务组织和个人的治理履行是完全中介；说明在全民健身长期志愿服务中，组织、个人的治理期待通过治理履行影响治理绩效；在全民健身短期志愿服务中，组织、个人治理期待必须通过治理履行直接对治理绩效产生影响。

（4）通过对全民健身志愿服务治理期待组织、个人各维度对比分析，最终提炼出协同治理机制和自治治理机制：协同治理机制包括规范治理、诱导治理、沟通治理、保障治理四个维度。自治治理机制包括现实治理、行为治理、信任治理、认同治理四个维度。

二、研究建议

（一）全民健身志愿服务心理契约协同治理机制

全民健身志愿服务组织创造良好的氛围，建设志愿服务平台，根据志愿者的诉求履行组织治理行为，为志愿者提供后勤保障、专业能力提升的培训和个人能力发挥的平台，引导与培养志愿服务行为。具体包括四个方面建议。

1. 规范治理

全民健身志愿服务组织需要制定完善的全民健身志愿者招募、选拔、再培训的制度，多渠道广泛开展志愿者招募宣传，优中选优，尽可能选拔出真正具有志愿服务精神的志愿者；针对志愿者选拔过程中存在的"关系户"问题，组委会志愿者部和各高校青联、志愿者协会等应高度重视，要结合全民健身志愿服务存在的问题和自身实际情况制定相应的监督措施，充分保证志愿者选拔的公平公正性，维护志愿者组织的良好形象；针对不同的岗位开展技能培训，提高志愿者实际操作能力，合理安排培训时间和频率。注重组织建设，从全民健身战略出发，引导组织转变发展思路，组织要积极履行对志愿者的责任，强化志愿者心理契约监测工作，及时干预志愿者心理契约违背、"志愿失灵"状态，进一步提升心理契约组织责任达成水平。

2. 诱导治理

在建设体育强国战略目标下，政府通过志愿服务相关政策条例，宣传引导全民健身志愿服务，社会体育组织或者协会主动积极参与组织治理，制定科学合理的全民健身志愿服务保障激励制度，通过奖励制度和体系诱导、物质精神双重激励，提升志愿服务参与的积极性，提高志愿者服务水平。同时，需要建立反馈机制，及时反馈志愿服务中存在问题，加强各志愿者团队间的交流与联系，分享自身经验，互相学习，不断提高治理能力和治理水平。

3. 沟通治理

全民健身志愿者和志愿组织要积极进行双向互动，组织要重视志愿者心理契约的履行情况；志愿者要根据个人感知情况对组织及时说明，及时沟通协调双方关系。满足心理契约感知需求也是影响志愿者满意度的一个重要因素，是构建良好心理契约的一个关键环节，抓住志愿服务满意度较低的志愿者，优化志愿者心理契约感知情况，对提升志愿者心理契约组织责任达成水平，促进志愿者工作满意度的提升，提高志愿服务质量有着重要意义。

4. 保障治理

在全民健身志愿服务物质基础上，一定要给予稳固的保障，包含合理的福利、补贴、荣誉等，要进一步改善服装、餐饮、车辆等基础物质保障条件。为志愿者提供必要的后勤保障，创造良好的工作环境是组织的职责。比如，为志愿者设计志愿者制服、水杯等一些既实用又具纪念价值的用品，便于志愿者收藏留念；严格保护志愿者的隐私以及人身安全；为志愿者购买保险，并体现在单位评优评先、量化考核等方面；志愿者选拔公平公正公开；提高志愿服务热情和满意度；加大优秀志愿者评比的覆盖面和宣传力度，带动其他人员参与和继续服务的积极性。

（二）全民健身志愿服务心理契约自治治理机制

根据全民健身志愿者在志愿服务治理中的表现，包括规范约束自身行为、积极配合志愿服务对象、热爱志愿服务事业等方面，评测全民健身志愿者的行为，得出以下四个方面建议。

1. 现实治理

全民健身志愿者需要积极转变自身的观念，严格遵守志愿者组织的规章制度，端正个人服务态度，积极参与和配合组织的工作安排，勇于承担志愿者非职责范围内的工作。以志愿者自身志愿服务工作的素养建设为依托，积极引导志愿者履行工作职责，加强志愿服务责任感，培养志愿者志愿服务意识，将志愿服务精神的培养作为志愿者培训的一项基本内容，引导其树立正确的服务动机，充分发挥志愿者协会的作用和职能，加强志愿者队伍的心理契约教育，引导志愿者继续发扬无私奉献、献身基层、忠于职守的精神，进一步提升志愿者心理契约、责任达成水平。

2. 行为治理

全民健身志愿组织需要深化社会主义核心价值观念，进一步提升志愿者专业能力行为表现。志愿者除奉献精神外，也会或多或少地带着其他追求和目的，伴随志愿者们参与志愿服务的内在动力，岗位分配前要了解各志愿者的服务动机，根据各岗位的特点和工作性质，在不影响整体服务需要的前提下，分配的岗位尽可能满足其服务动机，且各岗位人员数量分配要更加合理，给志愿者更好的体验感和获得感，促使其认真工作，积极互动，规范个人行为。在整个管理过程中，组织应当注意是否帮助志愿者扩大社交圈，结交更多的朋友，是否能策划丰富多样的志愿服务活动，当然也需要为志愿者提供学习和培训的机会，组织定期的培训和交流以提升专业服务技巧，在整个志愿服务过程中提供交流学习的平台，并注意对志愿者工作及时做出评价与指导。

3. 信任治理

全民健身志愿服务组织需要与管理者、服务对象、志愿者之间互相尊重、共商共事、建立信任。要根据全民健身志愿服务群体特征实行靶向施策，满足志愿者供需对接，提升志愿者心理契约达成水平。全民健身短期志愿者志愿服务时间较短，且大多为高校大学生。志愿者组织要充分了解志愿者服务动机及个人情况，给志愿者营造一个良好的志愿服务氛围，使志愿者能够在短期内适应志愿者角色，确保短期志愿者"融得进""留得住"。全民健身长期志愿者是我国全民健身事业发展的主力军，其职能的发挥和作用不言而喻。组织应重视志愿者的长期模范作用，更加关注长期志愿者的个人情况，通过靶向施策满足志愿者的差异化需求。在整个志愿服务中，发挥志愿者的特点，通过志愿者之间互相帮助、互相鼓励、互相关心，提升服务水平。长期志愿者引导短期志愿者形成正确认识，并在服务过程中给予及时反馈。在志愿服务过程中，长、短期志愿者相结合，充分调动志愿者对于志愿服务的热情，注重心得与经验分享，在志愿服务实践过程中，发现问题，共同探讨，解决问题。此外，通过形式多样的活动提升团队凝聚力，比如素质拓展等，拉近志愿者间的距离。通过专业知识讨论，团队一起协调解决志愿者出现的问题，形成并保持彼此之间的默契，达到全民健身志愿服务常态化。

4. 认同治理

全民健身志愿服务是社会主义核心价值观服务社会实践的重要体现，充分体现社会价值的志愿服务实践也是体育强国建设的重要组成部分。志愿服务具有自愿性、无偿性和公益性，因此，全民健身志愿服务的治理需要高度重视心理契约的隐性作用。志愿者心理契约破裂的主要原因之一是志愿者没有组织认同感，参加志愿服务活动的情感没有得到认同和归属。基于共同的、崇高的理念，不遗余力地从各种途径增强志愿者对组织精神的文化和价值观的认同感，在助人的过程中体验到满足感，以及组织给予的人文关怀。引导志愿者正确认识和理解组织履职尽责情况，提升志愿者组织认同感和归属感，强化志愿者心理契约组织责任达成的感知，主动干预和积极引导志愿者心理期待的达成。

主要参考文献

[1] 陈洪平. 后奥运时期我国体育志愿者保障法律制度建设研究 [J]. 武汉体育学院学报，2010，44（3）：29-33.

[2] 陈乐泉. 龙头企业感知心理契约对渠道关系治理方式的影响机理研究 [D]. 南昌：江西财经大学，2012.

[3] 代广松，姜骞，田语嫣. 组织间关系治理与工程项目质量绩效关系探究 [J]. 价值工程，2019，38（20）：13-15.

[4] 戴俭慧，冯赣梅. 《社会体育指导员国家职业标准》的颁布与我国社会体育指导员的发展 [J]. 上海体育学院学报，2003（5）：4-5.

[5] 丁一飞，于可红. 公共治理理论对构建老年体育组织服务体系的启示 [J]. 浙江体育科学，2011，33（1）：7-9.

[6] 国家体育总局群体司. 中国群众体育发展报告（2018）[M]. 北京：社会科学文献出版社，2018.

[7] 黄昆仑，汪俊. 大型体育赛事高校大学生志愿者服务动机研究——以第26届深圳世界大学生运动会为例 [J]. 广州体育学院学报，2013，33（5）：27-32.

[8] 李敏，周明洁. 志愿者心理资本与利他行为：角色认同的中介 [J]. 应用心理学，2017，23（3）：248-257.

[9] 李瑞昌，李婧超. 国内外志愿者服务动机稳定性研究述评 [J]. 复旦公共行政评论，2013（2）：209-226.

[10] 李燕平. 志愿者心理契约的质性研究 [J]. 中国青年政治学院学报，2013，32（1）：42-47.

[11] 李原. 企业员工的心理契约概念、理论及实证研究 [M]. 上海：复旦大学出版社，2006.

[12] 刘艳红，白海霞. 基于心理契约的大学生志愿者激励机制研究 [J]. 统计与管理，2013（1）：13-14.

[13] 卢志成. 我国城市全民健身志愿服务概观与创新发展研究 [J]. 山东体育学院学报，2015，31（4）：8-17.

[14] 马国华. 从心理契约角度探讨大学生志愿者激励机制研究 [J]. 才智，2011（18）：304-305.

[15] 马克·A. 缪其克，约翰·威尔逊. 志愿者 [M]. 魏娜，译. 北京：中国人民大学出版社，2013.

[16] 舒宗礼，夏贵霞. "三社联动"：我国社区青少年体育治理的模式选择、实践探索与优化策略 [J]. 体育科学，2020，40（11）：42-52.

[17] 宋玉芳. 奥运会志愿者管理研究 [D] 北京：北京体育大学，2004.

[18] 汪志刚，徐丕臻，沈克印，等. 体育赛事志愿者管理对志愿者响应的影响——社会资本的作用 [J]. 体育学刊，2019，26（1）：52-58.

[19] 王双丽. 我国大型体育赛事志愿者的激励问题与管理对策研究 [D]. 武汉：华中师范大学，2006.

[20] 王兴华. 大学生参与体育赛事志愿服务动机研究 [J]. 体育文化导刊，2017（2）：157-161.

[21] 王彦东，李妙然. 志愿服务在构建基层治理新格局中的功能及发展路径 [J]. 齐鲁学刊，2020（6）：110-118.

[22] 吴中伦，陈万明，沈春光. 私营企业劳动关系信任治理的实证研究：心理契约视角 [J]. 统计与决策，2010（7）：183-186.

[23] 许文鑫，姚绩伟，黄熔朴，等. 大型体育赛事服务观众满意度量表的研制 [J]. 成都体育学院学报，2017，43（5）：61-67.

[24] 殷星星，黄松峰. 高校志愿者参与马拉松赛事动机量表编制——基于推拉理论 [J]. 体育科学研究，2020，24（1）：38-47.

[25] 于善旭. 公益社会体育指导员工作纳入我国志愿服务体系的探讨 [J]. 体育学研究，2018，1（3）：37-47.

[26] 余可发. 顾客心理契约对品牌忠诚作用机理实证研究 [D]. 南昌：江西财经大学，2011.

[27] 余鹏彦，鞠鑫. 基于心理契约的高校图书馆服务模式探析 [J]. 现代情报，2012，32（8）：8-11.

[28] 张伟，李建国. 创新社会治理视域下社会体育组织研究述评与前瞻 [J]. 首都体育学院学报，2015，27（1）：4-7.

[29] 张元春. 智能物流生态系统演化发展：基于多中心协同治理视角 [J]. 商业经济研究，2021（6）：96-99.

[30] 郑志彬. 治理现代化背景下奥运志愿服务的发展模式研究 [J]. 体育与科学，2021，42（4）：84-90.

[31] 朱佳滨，李松梅，王学如. 城市社区社会体育指导员发展构想 [J]. 成人教育，2019，39（4）：85-88.

[32] 祝慧，谢祈星. 政策支持与治理创新：非营利组织人力资源管理策略探讨 [J]. 云梦学刊，2016，37（6）：87-92.

[33] ARGYRIS C.Understanding organizational behavior[M].Homewood, Illinois:Dorsey Press,1960.

[34] COYLE S,KESSLER J I.Consequences of the psychological contract for the employment relationship:a large scale survey[J].Journal of management studies,2000,37:903-935.

[35] WEITZ B A,JAP S D.Relationship marketing and distribution channels[J]. Journal of' the Academy of Marketing Science,1995,23（4）:305-320.

[36] ZAHEER A,VENKATRAMAN N.Relational governance as an interorganizational strategy: an empirical test of the role of trust in economic exchange[J].Strategic Management Journal,1995,16（5）:373-392.

附录

附录一至附录四全文

后记

　　全民健身志愿服务是志愿精神与全民健身战略结合的产物，具有鲜明的中国特色，是全民健身活动开展的重要基石，为全民健身活动的广泛开展提供了大量的人力、技术支持，营造了全民积极健身的氛围，引领了健康的生活方式，践行了社会主义核心价值观。当前，全民健身志愿服务仍存在服务质量不高等问题。在构建高水平的全民健身公共服务体系、促进全民健身高质量发展的今天，如何开展志愿服务治理是本研究的初衷。鉴于全民健身志愿者参与志愿服务的公益性、自愿性，对全民健身志愿者的治理不同于有组织、有约束力的公司员工。研究的关键点在于全民健身志愿者怀有提升个人能力、获得经验阅历等期待，存在实现自我价值、帮助他人、寻找感情寄托等服务动机。全民健身志愿者在心理上存在某种非"一纸协议"的心理契约，这恰恰是本研究的出发点，也是我国全民健身志愿服务治理的创新之处。

一

　　在实际开展研究工作时，首先面临的棘手问题是全民健身志愿服务群体都有哪些？谁更能代表全民健身志愿者？经过对基层事实性全民健身志愿服务行为的持续调查，发现全民健身志愿服务广泛存在于各种健身节点的全民健身活动和全民健身志愿服务品牌项目的活动中；公益性社会体育指导员协会是开展全民健身志愿者开展志愿服务的有力抓手；社会体育组织、协会和青年志愿者协会是开展全民健身志愿服务的主力军。例如，在晨、晚练点或健身站点的全民健身志愿服务活动中，志愿者多以中老年人为主，他们基本都持有社会体育指导员等级证书。再如，在全民健身赛事或健身节点的全民健身志愿服务活动中，志愿者以组织招募和社会招募为主。志愿者招募管理主要由组委会委托的团市委、高校校团委和青年志愿者协会等组织进行。虽然没有专门的全民健身志愿服务组织，也没有查阅到全民健身志愿者的注册种类，但是前述人群确实是为开展全民健身活动默默付出的事实性志愿者。本研究按照长、短期志愿者进行分类，分别调研社会体育指导员和赛会志愿者两类人群。这种分类思路在专家访谈中得到了认可。

在随后的问卷调查和数据梳理过程中，又面临新的问题：从事长、短期志愿服务的人群的服务动机不同，故其表现在心理上的治理期待和治理履行也就不同。因此，在设计调查问卷的过程中，又把治理期待和治理履行的内容，按照长期服务和短期服务进行了区分，以便更好地反映不同人群的特点。

加之本研究的调研工作量较大，除了专家访谈之外，问卷调研涉及我国8个城市（北京、西安、贵阳、厦门、广州、上海、郑州、武汉），因为区域众多，也使得问卷的发放和数据的处理变得非常繁杂。

二

本研究的特色在于改变人们传统的自上而下的研究视角，改用自下而上的研究视角，厘清全民健身志愿服务的责、权、利关系，依据心理契约理论寻找全民健身志愿服务治理的驱动力量，减少和积极应对全民健身志愿者心理契约违背问题，为全民健身志愿服务可持续发展提供有价值的决策依据。具体来说，研究的特色表现在：一是创新全民健身志愿服务两种治理机制。①协同机制：规范治理、诱导治理、沟通治理、保障治理；②自治机制：现实治理、行为治理、信任治理、认同治理。二是要以志愿者为中心进行自治治理，同时多元参与治理，让志愿者也参与志愿服务的决策。三是要鼓励政府、企业、项目协会、民间组织、志愿者个人、赞助商、参赛者和观众等利益相关者进行协同治理。

本研究通过理论构建和实证分析，虽然得到了一些理论成果，但由于在整个研究过程中，受各种原因和条件的限制，还存在许多不足和亟待研究之处。

（1）未做全民健身志愿服务治理期待与治理履行的差异分析，全民健身志愿服务治理期待是从心理契约出发，以志愿者视角作为全民健身志愿服务治理期待的切入点。但全民健身志愿服务治理履行仅对现实治理能达到的履行情况进行研究，治理履行和治理期待之间缺少深入探讨；缺少对全民健身志愿服务治理期待与治理履行之间的落差的深入剖析；缺少对全民健身治理机制的形成与发展的探讨。

（2）因受时间和精力的限制，心理契约主要从提供服务的全民健身志愿者自身进行研究，并未对全民健身志愿服务对象等利益相关主体进行深入剖析。由于个体之间存在理解上的不一致，需要从不同相关主体（如组织、管理者、服务对象等）的角度对志愿服务期待进行分析与佐证，以丰富全民健身志愿服务治理机制的内涵。未来需要加强这方面的研究。另外，全民健身志愿服务治理期待会通过治理履行的达成对治理绩效产生一定影响，而全民健身治理机制如何对治理绩效产生影响也是需进一步深入探讨的。

三

感谢在调研过程中给予大力支持的北京市社会体育管理中心的王海峰、荆本禹老师，广东省社会体育中心的陈燃冉老师，西安体育学院的杨涛、杨建设老师，郑州体育学院的肖勇、王俊杰老师，上海体育大学的蔡玉军、章悦老师，贵州师范大学的曾晓进、董如豹、步廷威老师，集美大学的蔡传明、杜建明、宋强老师，郑州大学的赵子建老师，郑开马拉松相关负责人李慧、姚立清老师，武汉体育学院青年志愿团队，以及一起调研和处理数据、分析文字的李明亮、张双、王梦悦、赵倩倩、郝家栋、崔雪芳、杨易坤同学。因为你们的一路陪伴，我克服了一个又一个困难，感谢你们！

最后，特别感谢北京体育大学出版社给予了专业、细心和耐心的指导，感谢各位专家的审读意见，感谢河南师范大学予以学术出版资助，使本书变得更加规范、专业并得以顺利出版！

夏树花

2024 年 3 月